COMMON SERIES
41

THE

OLD WAYS

A JOURNEY ON FOOT

故道

以足為度的

旅程

羅伯特·麥克法倫 著
NAKAO EKI PACIDAL 譯

旅行之著述何其之多，道路之著述又何其之少。

托馬斯，《伊克尼爾道》（*The Icknield Way*, 1913）

我的眼睛在腳上。

薛佛，《靈動之山》（*The Living Mountain*, 1977）

砂礫、浪花、鬼、魂與路上的個性
——讀旅行文學的孤峰之作《故道》

撰文 詹偉雄（文化評論人）

有好一段時間了，我一直想著我們應該對深刻的地景提出兩個問題：首先，當身處此地時，我認識了什麼，而這又是我在其他地方無從知道的？其次再徒勞地問：此地知道多少我所不自知的自己？（《故道》43頁）

個人的閱讀必定充滿偏見，這一次，我的偏見是：英格蘭青壯作家羅伯特・麥克法倫的《故道》，是我讀過的旅行文學著作中，幾近沒有匹敵者的孤峰之作。稍稍回想一下，上一回能有這麼巨大快感的閱讀經驗，要算是馬奎斯的《百年孤寂》，而那已是遙遠的往事了。

《百年孤寂》是小說，《故道》是非虛構類散文，但它們都織繪了壯闊深沈的「生命地理學」場景，我揣測，也許是那種延伸到海角天荒的空間尺度，交錯著上升與沉淪皆深邈的人心探查，敘事結構錯迭相扣（也可說是一種恰如其分的緊繃），卻又表達於白描、內省且安靜的文字句組中，所以《故道》中好幾道的思維束線得以躡手躡腳、漫漶穿透進現下台灣百無聊賴的無意義生活世界，於我產生這麼大的撞擊力，雖然作者不過只是邁開雙腳，走上一條條少有人跡的遠古步徑，向著隱隱召喚他的一縷先人幽魂，探問啓蒙的蛛絲馬跡，而已。

讀完《故道》，台北封閉的城市景觀突然門戶大開，感覺到孤涼山徑的草葉於遠方竊竊私語起來，原來，刻板和重複的生活仍有重大可能，生命終是朗朗自由——只要靈魂能夠抖擻起來，起身上路。我想，近年來許多被戶外情懷所莫名吸引的同好們，應都或有類似的同感吧：一旦「自然地景掙脫了風景畫框（lanscape scapes），它便活力飽滿而且勇於製造騷動，透過每一個時刻、每一樁事件，形塑著走路人一生的生命敘事。」

不僅是這本《故道》，麥克法倫「地景與人心三部曲」的前兩本書——*Mountains of the Mind*與*Wild Places*，也都從人類情感與自然交會的系譜學研究開始。必定是得力於網際網路的查找便利，以及遙遠訪問聯繫電郵往返之簡易，或可再加上英國浪漫主義數百年來的心靈遺緒，一九七六年出生的麥克法倫，展現了前輩作家難以企及——文獻縱深如此悠遠、地理規模這般弘大；人物行徑百般殊異，但心意卻又極其深邃——的人類心靈活動圖譜。

不論是山岳、荒野或古道，在我輩有限的歷史視界之外，早已有各種踽踽獨行於其上的先鋒探查者，許多更或可早於書寫文明誕生之前，因而，揣度或極盡合理地去探尋他們的蹤跡，去理解歷史人物那一刻的當下思緒，於寫於讀，便具備著一種系譜的魅惑，那些曾洶湧過某些人心的山、荒野和古道如今都依然在那（雖然後者愈來愈得費勁才得尋獲），人人皆可親臨現場，一方面，系譜敘事引領讀者逆溯回昔日的背景下閱讀，另一方面，讀者也必定把它放入今日的場景中感受，這是現代人追求獨特生命經驗的新興閱讀需求，而麥克法倫絕對是這套技藝中最出類拔萃的行家。

系譜學原來的旨趣，是探討家族血緣的源流圖譜，是對於起源的探索，也在於釐清脈絡，以滿足財產繼承的鑑定需求。但在十九世紀哲學家尼采那兒，系譜學卻成為一種解構的技藝，考察觀念和物件在歷史中如何被逐步安排與設定，他的《論道德的系譜》指出，基督教社會中的「道德」有多種意義：它既是結果、癥候、面具、偽善、疾病和誤解；它也是原因、醫藥、興奮劑、抑制丸與毒藥。麥克法倫的系譜學當然與尼采的用意不同，相較「道德」在人類社會的源遠流長，「自然」仍是一種青澀與懵懂的情懷，雖然，就某種意義來說，這種返歸「自然」的情懷，正孕育著尼采解構「道德」後所標舉之「超人」的自我育成之路，是當今最具時代感的議題之一。

《故道》的系譜研究這般地引人入勝，一部分原因，在於古道那湮沒著卻永不消失的特質，歷史中數百個世代將它踩踏成一條隱密卻可踏查的步徑，生命長度有限的人們透過代代接力，於此頑抗著自然，步道因此藏有特別的時空張力（墳塚、疊石、洞穴、歌謠……），引人好奇追索；另一部分原因，是時光中各個不同的行路人，懷抱著個別時代感的意義情結踏上古道，知曉這些故事，有助於我們這些「去歷史感」的工商社會人定錨自身，例如，麥克法倫親自走上的那條東英格蘭掃帚道，全憑著一雙腳捉摸水波下硬挺的砂石，方能辨識茫然海平面上那絲縷一測的走行方向，於此，脫下鞋襪的讀者便接續上那個科技仍未萌芽，但人們身體感官仍主掌知覺和判斷的古典時代，分享了一樣的躊躇忐忑與三分身心蕩漾。

身為旅行作家，「地景與人心三部曲」自是麥克法倫身歷其境的作品，三部曲壓艙作《故道》尤其如此。從劍橋大學住家旁邊的伊克尼爾古道開始，往西北來到白浪滔滔的大西洋外赫布里底群島，往東去到以色列控管的巴勒斯坦屯墾區，再向東來到康藏高原貢嘎雪山的轉山之路，作者背著帳篷與睡袋，進入風霜雨雪，折斷過幾根肋骨，迷失於古道也數度新生於古道。

這中間最關鍵的環節，是麥克法倫開放地敞開身體的感官，讓當下的經驗如電流或水流般灌滿全身（當他學會操槳時，他感到大海這名「藍人」將力量輸送到了他的臂膀，而那只瘦骨嶙峋的舵柄，則成了他胳膊的延伸。走在路上，腳自然會思想，因爲走過的地方，花崗岩會「閃閃發亮，紅紅的，如新生成的石頭」），據此，作者與遙遠的前行者對話，也與那事事想當然耳的純理性之我，對話著。這些對話，有可能是對前人之語的加以確證，也可能是更深刻化了那些系譜中的敘事，也有可能當下這些身體的感受仍無法解開歷史謎語，只得把問號埋藏在腳底板或忘不掉的嗅覺中，當然，也有可能自身的衝擊或冥想是全然新鮮生動，不與他者對話便足以滋潤生命，如貢嘎雪山腳下那轉完山、一身塵土的從容圖博農人那樣。

然而，我們當然也都知曉，不是所有現代作家都能擁有這等身體的技藝，而通常，身體技藝的敏感和嫻熟與否，也幽微地左右著作品的原創和特殊與否，這道理其實不難理解：每個人的身體其實是認識世界最本眞（authentic）的起點，同樣的一片陽光自然會有萬千種情懷，反而是那些讓人們得以彼此溝通的語言的內在結構，在嬰兒開始接受教育後，倒過來模塑人們成爲零差異的大衆化群體——能複製但無法創作，擁庸見卻不覺其腐。閱讀過馬奎茲斯的傳記或者麥克法倫「地景與人心三部曲」之後，我們應當都能肯認：愈是刻骨銘心的經驗，方能構成獨特的敘事，並且以其眞誠與反思，調動起強大說服力。

《故道》的另一個顯明啓示，便是提點著現代讀者，如何讓自己的身體具備一種抒情的技藝之同時，而又能自歷史和田野觀察中，獲取一種節制的知性。

要讓自然能走入內心世界，當然是先要讓作爲情報接收端的身體，具備捕捉事物細節變化的敏銳能力，有「美國國家公園之父」之稱的約翰．繆爾這麼說：每當他出門走向山，山便走入他心中，行路愈長，滄桑多了，身體知曉萬物的本事便愈來愈有靈性，然而麥克法倫也提醒著，驅使人們上路的動機，往往並非是那身體純然求知的渴望和衝動，而更毋寧是生命和心理上糾結的陰影謎團，它們源自主人翁的童年或前意識的更早，糾纏一世。行路人是藉著身體於地景中的遭遇式感動，對抗著也理解著自身這巨大的抑鬱和疼痛。麥克法倫很直白地承認，整本《故道》的起心動念，便是對二十世紀初英格蘭年輕詩人愛德華．托馬斯其意外的才華和意外的命運的追索，這本書的第十四章〈燧石〉說了這故事的始末，是任何人讀了都很難不泫然淚泣的一章。

「我途程中的路標不是只有支石墓、古墓和長墳，也有去年的岑樹葉（手心一捏就碎了）、昨夜的狐狸糞（仍充斥鼻端），此刻的鳥鳴（尖銳刺耳），高壓電塔那詩意的滋滋聲，以及農田作物灑水器的嘶嘶聲」，這些記憶中的細節，來自作者多種身體感覺的輔助，即便異地時空，讀來依然栩栩如生，但細心的讀者也絕不會忽略他引述卡繆所言：「他於是能寫一個當代人的故事，他的心碎唯有長時間地對著地景沈思，方能治癒。」

公元五世紀左右，一種對修士的身體實踐極爲嚴苛，且植基於一種獨處理想意念的虔敬儀式，從今日法國的高盧經由海路，傳到了不列顛島的西部和北部，這種生活風格於拉丁文中稱作「desertum」（荒野或孤獨之意），而這種風格培育出的信徒叫作「peregrini」（雲遊四方的基督徒），一群peregrini張起一面自己的帆，便開始去尋找自己的desertum，這群人在《故道》裡被麥克法倫隱約看作是「現代人」的先鋒，他引據歷史學家肯尼斯．懷特的描述：「（這些僧侶）突然開始離家遠行，在偉大的遷徙中飛翔，腦中裝滿文法學和地理學、動詞時態和暴風雨、敏快的思想和詩歌。」在人類文明的漫長時空中，這一少數的先行者，是最早揚棄永恆與安定的意念，於大自然對人的磨難中提取個人化人生滋味的人，他們於變動中不以爲苦，明白日新又新的體驗（即便有時須付出生命以爲代價）使生命無所虛度，且對來日溢滿探求的渴望。德國社會學家韋伯在他的文化社會學經典作《新教倫理與資本主義精神》中，勾勒的也約略就是這群基督教世界的叛逆後裔，如何在對死後永生的宗教追尋裡，意外地卻也合理地，孕育出對個人生命意義的確證感和主導欲。如果透過尼采的比喻來說，起初是人們依照自己的理想形象創造了上帝，讓衆人得以依循，而當人類發覺自己的理想浮凸在遠界與他鄉，並對其興動了追求的英雄念頭之後，上帝隱沒的時刻也就到來了。

這也是閱讀《故道》這本詩意的雄心壯志之書，對台灣社會別具時代意義之處——當舉國上下都在尋找破壞式創新的那個破口或轉折之際，它考察現代性的內在系譜後娓娓道來：是個人創造了時代，而不是時代創造了個人，當每一個時代壓制了個人，人們便找上一條人煙稀少的路，拓荒而去；路徑並不通向任何答案，路徑就是答案。

目次

作者說明

光是坐著不動，不可能寫成這本書。本書的主旨是步徑、步行和想像三者之間的關聯，因此其間許多思考都在步行當中完成，也只可能在步行當中完成。本書是關於地景和人心的一個鬆散三部曲的第三部，但不是非放在最後閱讀不可，也不一定要跟另兩本一起閱讀。本書講述行走上千里甚或更長的路途，追尋通往過去的道路，卻一而再再而三地發現自己被遣回當代。本書探索出沒於古道的幽魂音聲、小徑所保留講述的傳聞故事、朝聖之旅和擅闖之行、歌徑與歌者，以及存在於各個國家境內的奇異大陸。這尤其是一本關於人和地的書：人透過步行而探索內心，而我們行走其上的地景，則透過種種微妙的方式形塑了我們。

第一部 1

追蹤

英格蘭

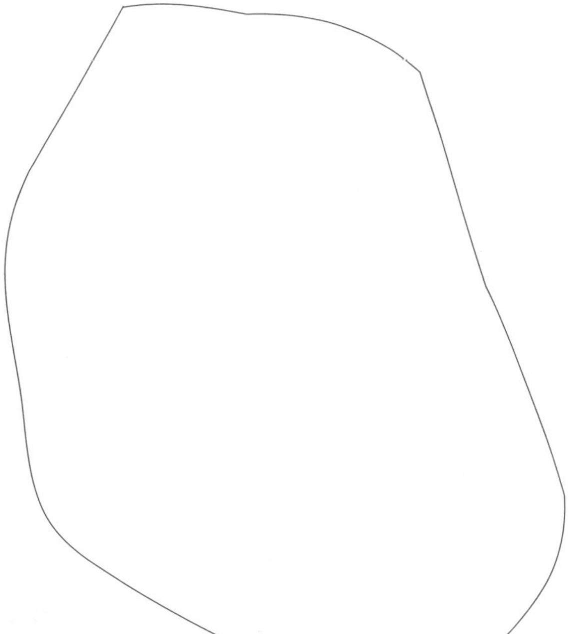

一、跡

萬事萬物都致力於書寫自身的歷史……不是踩進雪地或沿地而行的腳步，而是印記，存在於差可持久的文字裡，是自己行軍的地圖。地面滿是備忘與簽名，所有事物都被線索掩覆。大自然裡，這種自我註記永不停歇，敘事則是封印之痕。

——**愛默生**（Ralph Waldo Emerson, 1850）

冬至前兩日，又是一輪歲序來去。那寒冷的一整日，整座城市和周圍的鄉村彷彿都停止了，頓住了。冰點下五度，大地嚴陣以待。烏雲間的雪將落未落。郊區的學校全都關閉了，大家都待在家裡。人行道似溜冰場，車道滿覆髒黑的冰。太陽沿著一道淺淺弧線越過天際。而後，就在暮色將落之時，降雪了，直下了五小時，一小時便從容地積了二、三公分深。

那天傍晚，我在書桌前試圖工作，卻被天候攪得神思不屬，不時停下手邊工作，起身望向窗外。街燈映照在地，形如橙色圓錐路障，雪穿越燈光而沉落，大片雪花有如壁爐裡飛濺的星火。

八點左右，雪停了。又過了一小時，我出門散步，帶著一瓶威士忌驅寒。我沿著暗色的僻徑走了一里路，地面積雪乾淨無痕。屋宇變稀疏了。有幾戶簾幕捲起，看得見有的正闔家圍坐桌邊，有的電視聲影若隱若現。寒意入鼻，冷冽如鋼絲。眾星之下，銀色月光氾濫，淹沒了一切。

城郊南緣的最後一杆路燈倚山楂樹籬而立，一旁是樹籬上的洞，樹籬另一頭便是一條不大不小的田野小徑。

我順著這條野徑往東南東方向走，來到一座長形的白堊丘頂，黑暗中看來有若白色鯨背。北方是城市燈火，以及高塔和起重機上航空警示燈的點點紅光。乾雪在腳下嘎吱作響。一隻狐狸溜過我西方的田野。月光明亮，天地萬物都投射出鮮明的月影，白底黑形，輪廓分明有如木刻。山茱萸枝影橫陳，映照成小徑上的斑馬線，山楂影則疊出窗格。樹都滾上二、三公分的波形雪褶，大小枝上積雪可能還更厚。一切都因雪而自我延伸，因月光而自我重變。

這可能是我一生中走過最多次的小徑。路還很年輕，或許五十歲，不會更老了。它的東籬主要是高約二．五公尺的山楂，西側則是年歲較淺的樹籬，由黑刺李、山楂、榛木與山茱萸混雜而成。說來這小徑尚稱不上美麗，但兩側樹籬夾道，幽幽穿行於田野與道路之間，自有一種令我心儀的隱祕。我曾在夏日見過小群金雀翅翻湧於起絨草頂，向前盤旋後再度落定，卻始終跟我保持著一定的距離。

那天傍晚，小徑成了一條灰雪道，而我取徑向上，直直走到覆蓋著鯨背丘頂的山毛櫸林，穿過泥地，上到白堊丘。在山毛櫸林的背緣，我閃身穿過常春藤小徑上的一道裂口，來到那後方占地十六公頃的田野。

初看下，這田野完美無瑕，是一片晶瑩大地。之後我出發橫越冰雪，方開始看到種種痕跡。雪上密密麻麻印著鳥獸足跡，記錄了雪停之後的千百旅程。有齊整的鹿跡，松雞腳印像箭頭般指著去向，還有兔子的足印。這些足跡線從我立足之處蜿蜒越過田野，消失在陰影或樹籬裡。月色斜照，加深了近處的足印，看起來色如墨池。在這一切印記之外，我又印上自己的足跡。

雪上的一切都分外清晰。每一條足跡線都彷彿可以逆著時光而讀的情節，有如情事完結後的一連串暗示。我找到一條狐狸足跡線，但四處都被狐狸尾巴掃過，彷彿要滅蹤似的。我找到一處可能是雉雞起飛所留下的痕跡：上推之處的腳印深淺，足跡兩側都有疏羽的壓痕，向前愈來愈淺，直至全然消失。

我選擇追隨一道促彎過田野一隅的鹿跡而走。鹿腳印穿過一道黑刺李籬，而我跌跌撞撞追隨其後，進入一片超現實的風景。在我北方，地面猛然向下鋪展三百公尺深。在我所站之處的南邊以及上坡處，有一面巨大的雪白隆起，被一座純淨的小湖所環繞，湖心有一隻旗竿。這裡有低矮的山毛櫸林和松樹群、陡急的陷落及拔起、渾圓的山丘及一幅幅河谷。

我走到湖邊，踏上湖面，在旗竿旁坐下，喝了些威士忌。黑暗中影影綽綽，彷彿有人在打高爾夫球。郡裡最高級的高爾夫球場因降雪和月光而改觀，成了闊野裡一道奇怪的地界。我對高爾夫球俱樂部的成員不甚誠心地喃喃致歉，然後離開一號果嶺，開始探索球場。我直直往下，走在一條又一條平坦球道的中央，我的影子如實落在身邊。沙丘上細雪深積齊膝。我在五號果嶺躺下，望著斗轉星移。

球場上多數的動物腳印都是兔子所留下。若是見過雪上的兔子腳印，就會知道那看起來很像萬聖節面具，或者孟克所繪的尖叫者：兩條後腿橫踩，像是細長的眼睛，在這之間和之後是前腿的腳印，踩成一對微偏的線條，構成鼻子和橢圓形的嘴巴。數千張這樣的臉從雪地裡望著我。

向西的路上偶有車過，車頭燈投射出來仿若長長的黃光隧道。在第十二條平坦球道上，有什麼既大且暗的東西從樹邊跑向隱密的灌木叢，看起來像是狼，但想必是鹿或狐狸。沒來由的恐懼感像細針般刺入我的手背。

在球場的遠端，我跟隨兔子的足跡穿過黑刺李籬，踏上沿著低矮白堊丘綿延數公里的羅馬道。這條路在雪中看來氣象萬千，視線順著雪白路徑遠望，往前往後都視野無垠。我取道東南向。樹籬兩側可見廣闊的田野反擲一片片冷硬蒼白的月光。鳥在梣樹高枝上跳動，將雪抖落到我前方的路徑上，雪花飄落有如早期電影中的雜訊。

距離感變得古怪，又或許是時間壓縮所致。感覺上，我彷彿已經跋涉許多里路，歷經許多小時，才終於走到眼熟的地方：羅馬道與寬闊山毛櫸大道的交會處。我走上這條圍繞著一座鐵器時代大型土壘的道路，橫越路面，進入一片寬廣的草地。草地一路升到一座白堊丘的丘頂，頂點海拔七十六公尺。這裡的異色山黃麻給人一種味同嚼蠟的乏味感。

在山丘頂上，月光之下，靠近一座銅器時代墓穴的邊緣處，我坐在雪地裡，再喝一口威士忌，回頭望向自己走上丘頂的腳步所形成的線條。從那裡再往西北方望過去，有數十條其他的足跡向遠處蔓延，然後沿丘而下。我循著其中一條足跡而行，看它們走向何方。

二、徑

嗅跡—踏徑與沉徑—藍色澄冰—烏茲石—自由的迷魂陣—各方同意的造物—渴望徑—喬治伯洛—驚悚—鬼魂線—一種塵世誡命—宇宙連環畫—托馬斯—「堅韌的塵世行腳[1]」—韓森與葛莉特—路徑學—步伐之為知識—歌徑—厄亡道與流星雨—生物地理學—塔門上的詩意裂紋

人是動物，跟所有動物一樣，凡走過便留下足跡，在雪上、沙上、泥濘上、草地上、露珠上、土地上、青苔上，留下行過的痕跡。狩獵術語中有個頗具靈光的詞彙，可以形容這類印痕——嗅跡（foil）。生物的嗅跡就是足跡。但我們很容易便忘卻自己本是足跡創造者，只因如今我們多數的旅程都行在柏油路或混凝土上，而這些都是不易壓印留痕的物質。

克拉克（Thomas Clark）在雋永的散文詩〈行之頌〉裡寫道：「人無時無處不行走，於地表錯綜劃下可見與不可見之徑途，或對稱，或曲折。」確實，一旦開始留心便會發覺，大地依舊織滿徑途與行跡，在現代道路網上投下陰影，與之或斜切或直交。朝聖之途、林蔭之路、獸群之道、殯葬之徑、踏境、牧地、溝堤、夾道、鋪道、籬徑——將途徑之名朗聲快速唸出，它們便成詩歌、成儀式——沒徑、白堊步道、引水道、趕牲道、抬棺道、騎道、馬徑、貨徑、橋道、堤道、戰道。

許多地區依然保有故道，連結一地與一地，導引人通過關塞，繞過山陵，來到教堂或小禮拜堂，行至河流或海洋。它們的歷史未必都舒心。愛爾蘭有千百公里長的饑饉之路，是一八四〇年代的饑荒者所建，不過連結的是空無與空無，所得回報甚薄，未曾載入全國地形測量局的地圖。荷蘭有死亡之路和鬼魂之路，兩者交會於中世紀的墓園。西班牙不僅有至今尚在使用的廣泛趕牲道網路，也有長達數千公里的聖雅各伯巡禮路，是前往康斯波特拉聖雅各伯的朝聖路徑。對走在巡禮路上的朝聖者來說，每一步都具有雙重意義：同時落腳於現實的道路與信仰的旅途。蘇格蘭有疊石道與棚屋道，日本則有狹窄的鄉野步道，是一六八九年詩人松尾芭蕉寫作《奧之細道》時所行過。十九世紀，寬廣的「野牛道」縱橫美洲草原，是成群的野牛驅趕多種獸類時所留下，早期移民以之爲途，向西挺進，橫斷北美大草原。

歷史悠久的路徑存在於水上一如在陸上。大洋海道密布，途徑爲風向和洋流所決定，而河流也躋身最古老的道路之列。在嚴冬月份，要進出印度喜馬拉雅山區偏遠的桑噶爾谷地，唯一的途徑是一道冰封河流所形成的冰道。這條河下落穿過兩側陡峭的泥岩山谷，其險坡是雪豹狩獵之處。此處的深潭之冰既藍且澄。沿河而下的旅程叫

做 *chadar*，踏上 *chadar* 之旅的人僱航冰者爲嚮導，他們經驗豐富，清楚何處有危機潛伏。

不同的徑道自有其不同的性格，端視地質和目的而定。坎布里亞郡有些棺道在上坡那一側置有扁平的歇憩石，可供抬棺者卸下重擔，甩甩疲憊的雙臂，聳聳僵直的雙肩。愛爾蘭有些棺道有嵌壁式的歇憩石，可供弔唁者在石上的凹槽安置卵石。英格蘭白堊丘上的史前道路歷經多少世紀的踩踏，土壤變得緊實，其上雛菊繁生，欣欣向榮，因此路徑至今可辨。在外赫布里底群島的路易斯島，成千上萬的勞動道路在苔地上刻出縐痕，從空中俯瞰，外觀有若岩羚羊皮。此外我還想到蘇格蘭高地山徑間的之字形紋理、〔英格蘭東北部〕約克郡與威爾斯中部地區滿布旗幟與橋樑的馱馬徑，以及〔英格蘭東南部〕罕布郡那沒入水中的綠沙徑。綠沙徑上，羊齒蕨類植物自成蔭的堤岸中湧現，蜷曲一如宗教牧杖。

標示古道的活動本身便是一種不傳之祕，牽涉到疊石、灰色風化石、史前沙岩巨石、地界標、立長石、里程碑、巨石圈以及其他的引路標。在達特摩爾的沼澤地區，標示路徑的白瓷碎片讓人們在晨昏時分得以安全行走，有如童話故事裡韓森和葛莉特的卵石小徑。山區鄉間的巨礫通常指向可以在何處涉水而過的淺水地帶，例如紅山山脈的烏茲石②，標示著摩爾溪可以在何處涉水抵達傳統牧地，由是而來到雕刻靈動的岩畫前，每當黃昏的日光拂過岩石，馴鹿便躍然欲生。

長久以來，路徑與路徑標示者一直誘惑著我，將我的眼光引而向上向內向遠方。雙眼受路徑的誘引，心靈之眼亦如是。想像力無法不去追索地上的線條。線條在空間裡向前延伸，卻在時間裡向後回溯其作為路徑的種種歷史，及其之前的諸多追隨者。走在路上，我常好奇道路的由來，揣想是什麼樣的衝動導致路的創生，思索因路的存在而衍生的慣常旅程，以及道路所保存的各色關於冒險、相遇和啓程別離的祕密。我在至今為止的人生當中，在步道上大概已經走了上萬公里，或許比多數人多，但與某些人相比卻還相形見絀。德昆奇（De Quincey）曾揣測說，華茲華斯一生大概走了二十八萬公里路。他那名聞遐邇的虯結雙腿，被德昆奇惡毒地形容為「所有……女性鑑賞家都會認為是遭遇了嚴厲天譴」，但在行走及負重時，這樣的小腿何其可敬。就我記憶所及，我已經步行了上萬公里，只要一失眠（其實夜間我多半失眠），我就把自己的心思送去重溫舊路。有時候我就這樣慢慢踱入夢鄉。

克萊爾（John Clare）對田野小徑的形容很是淺顯：「它們在我前進時帶來喜悅。」於我心有戚戚焉。惠特曼在《草葉集》裡宣稱「我的左手摟著你的腰，我的右手指向大陸地景，以及平凡無奇的公共道路」，口吻既和善又春意蕩漾，此外還頗為強橫。若取「凡塵」（worldly）一詞的最佳內涵，「步道」可謂具有其中的世俗性，向所有人敞開。道路權以使用爲界定的依據，也因使用而得以存續，這些權利構成一種自由的迷魂陣，是公共土地上纖細的網路。我們的世界之私有化，其方式頗具侵略性，處處是電纜、閘門、閉路電視攝影機和「不得擅入」的告示牌，而將這樣的世界串連起來的便是那迷魂陣。這種迷魂陣，是不列顛和美國在土地上方面的重大差異。美國人向來羨慕英國的步道系統及其所賦予的自由，一如我艷羨斯堪地那維亞的慣習權（Allemansrätten，字義爲「人人皆有的權利」）。這種慣習誕生於不曾經歷數世紀封建統治的地區，故而對地主階級沒有世代相傳的尊重。於是，只要不造成損害，公民可以隨意走上未經開墾的土地，可以生火，除了有人居住的宅邸，可以在任何地方安睡，可以採集花朵、堅果和莓果，可以在任何水道游泳。蘇格蘭近來終於開竅的「進接權法」（access laws）可謂愈來愈接近這種權利。

路徑是大地的習性，是各方同意的造物。創造自己的步道並非易事。藝術家隆恩（Richard Long）曾經有此嘗試，他折回再折回數十次，踩出一條進入漠地的筆直線條。但那是足跡而不是步道，除了自己的終點便所向無處。隆恩那種走法像老虎在籠內踱步，也像泳者來回游動。既然沒有延伸的指望，隆恩的線條便有如斷枝之於樹木。道路接通地方，連結是道路的首要任務，也是道路存在的主因。就字面意義而言，道路連結了地方，而在引申意義上，道路更進一步連結了人。

路徑也是經各方同意的，若是沒有共同的維護、一起反覆行走，路徑就會消逝，會為植被所掩沒，為人所整犁，或者被覆以建築（雖然它們會存留於記性超凡的土地法記載）。海道需要時時疏濬以保暢通，同樣的，道路也**必須**有人行走。在十九世紀的薩福克郡，在某些經常有人行走的路徑起始處，在梯磴和崗哨上，會掛有稱為「hook」的小鐮刀，那些在村落間奔波的人或取道鄉間野徑前往牧區教會的人，可以取這種小鐮刀來砍除阻擋去路的枝節。用過的小鐮刀可以放在路的另一端，供對向來人使用。路徑以這種方式被集體維護，以充公眾之用。

引人入勝的路徑未見得都是古道。在今天的每個城鎮裡，都見得到非官方建造的小路，橫跨公園，穿過空地，是行人捨人行道或馬路而就捷徑的結果。城鎮規劃者稱這種隨興的路為「交通需求線」。底特律的某些地區長滿植被，成千上萬的屋舍遭棄置，那裡的人也負擔不起開車，於是行人和單車騎士便創造出上千條此種隨意選出的便道。

◆　◆　◆　◆　◆

我在步徑上行走多年，這些年來，我也閱讀步徑。徒步旅行的著作很多，有詩、歌、故事、專著、路徑指南、地圖、小說、散文等各種態樣。寫作和走路之間的緊密關聯幾乎跟文學一樣古老——行走與故事只有一步之遙，而每條步徑**都在訴說故事**。

伯洛（George Borrow）無疑是現代步行作家中最具魅力者，他在十九世紀的歐洲跟美國都掀起一股「隨徑小說」（path-following romance）和「古道傳奇」（old-way romance）的熱潮，影響力至今猶在。伯洛在一八二〇年代展開長途流浪，走了數千公里路，縱橫英格蘭和威爾斯，越過海峽而到法國、西班牙、葡萄牙和俄國，也去了摩洛哥，認識了沿途的風土民情，吉普賽人、游牧民族、天涯浪跡客、行會成員、牧羊人、農夫和小旅舍經營者。伯洛身高一百八十三公分以上，大骨架，通常穿著黑色套裝和白色長襪，有時會再加上一頂墨西哥闊邊帽，這樣裝扮就齊了。伯洛是道上的特出人物，在諾里奇和大雅茅斯那些懶洋洋的盎格魯城鎮裡，他的形象甚至更加鮮明（有時人們見到他不配鞍地騎著他那「出身高貴」的阿拉伯種馬，馬的名字叫做 Sidi Habismilk，大家好稱牠爲「可敬的王國砥柱」）。

伯洛是精力過人的行路者，也是天賦匪夷所思的語言學家。據說他十八歲便能操十二種語言，一生中能夠確實運用的語言超過四十種，包括納瓦特語、圖博語、亞美尼亞語和烏克蘭語。一八三二到一八三三的跨年之冬，不列顛及外國聖經學會緊急邀請他到倫敦面談，想看看他能否將聖經翻譯成數種艱澀的語言。一收到邀請，他即刻起行，從諾里奇到倫敦，總共一百八十公里，走了廿七小時，靠的就只是一品脫的麥芽啤酒、一個麵包卷和兩顆蘋果。學會對於所見甚感滿意，便委託伯洛將新約聖經翻譯成滿文。伯洛沒告訴他們，其實他不會滿文。但這不成問題。一接下任務，他就弄來了「幾本滿洲—韃靼方言」的書籍，以及阿密歐的滿法字典（竟然是滿文跟法文！），然後就回家了（這次搭的是馬車，這點可以理解），隨後便埋首書中。三週後，他已經可以「無甚困難地翻譯滿文」，最後完成了學會的委託。

伯洛花了四十年以上的時間，步行探索英格蘭、威爾斯和歐洲。他的脾性古怪，也跟許多長途行路人一樣抑鬱，自幼便無法擺脫他所謂的「驚恐感」。走路成了他驅除悲傷的方法。他以文筆精妙聞名，半自傳性作品《拉文格洛》（1851）被徒步旅人奉為信條，其中寫道：

有日，有夜，兄弟啊，二者皆愜心；太陽、月亮與星辰，兄弟啊，全部皆愜心；又有石南荒原上的風。生命何等愜心哪，兄弟；誰人樂意死去？

伯洛知曉道路的嚴苛，一如了解其甘美。在頌揚道路生活的同時，他也敏銳地察覺其間的道德難題，因為他知道，也有許多人迫不得已，慘澹地以路為家，那是失業者、流浪漢與流浪工，無依無靠之人和被壓榨者。

伯洛的散文字纏句繞，影響甚爲廣大。頰畔微風、簷緣星辰、道旁篝火、哲思的樹籬、開展的行旅——他在十九世紀的幻想上釋出這些景象。模仿他的人，最終所獲得的通常是腳上的水泡，而非行旅中的啓迪。但「從容流浪」之爲一種活動型態卻由此開展。到了一八〇〇年代尾聲，步行俱樂部數量增加，也出現了相當豐沛的古道行腳文學。以《開放之路》或《步行》爲書名、以綠色硬麻布或紅色麂皮裝訂的口袋書一時大爲暢銷。史蒂文森（Robert Louis Stevenson）寫下陰鬱迷奇的《行旅之歌》（1896），捕捉了長程行腳者那種流轉步履的節奏。鳥類學家哈德森（W. H. Hudson）是田園心理治療的先驅，他沿著英格蘭的步道走了好幾個月，等待行路杖因他所謂的「未知之魅」而顫抖（他的旅程有一部分受伯洛的影響，但也看得出早期英格蘭神祕主義者如垂恩、佛恩和布朗的痕跡）。白洛克（Hilaire Belloc）於世紀之交從法國走到義大利，寫下浮誇的朝聖故事《通往羅馬的道路》（1902）。一八六七年，繆爾（John Muir）從印第安那波里（美國印第安納州首府）步行一千六百公里到達佛羅里達礁島群，在飢餓和狂喜的兩個極端之間來回擺盪。十七年後，一個名爲路米斯（Charles Lummis）的年輕人從俄亥俄州步行到加州，宣稱他創下「有紀錄以來純然爲了愉悅而步行的最長距離」。一八九二年創立的山巒俱樂部信奉繆爾的理念，相信步行者的身體與荒野世界的接觸，能令步行者和世界同時受惠，也相信步行是「貌似走出……實爲行入」的活動。

在不列顛，第一次世界大戰所帶來的震撼，使人們對舊道燃起高度的興趣。有些身體受傷或心靈受創的返家士兵隱居到英格蘭鄉間，在大自然和地方上落葉歸根，期望藉由尋回歸屬感來重拾受創人生的尊嚴（那是一種「這一切終有**所值**」的想望）。威廉森（Henry Williamson）就是這種傷兵，他在法國受毒氣所害，被遣返回家之後，選擇安頓於德文郡的鄉間，由此步上達特摩爾之徑，追索他口中當地的野生動植物。他在那些年間鑄成大作《水獺塔卡》（1927），用他自己的話來說，那當中「字字從骨頭上削下」。

此外還有一些人在戰爭中受創，自此變得迷信，走上追尋鬼魂之路，動身去尋找失蹤者或棄卒的蹤跡。古道於是既爲交流的中介，也是行動的中介。開始有人關切這些魂徑上的幽靈。喬叟筆下怡然自得的朝聖之旅③於是沾染上病態抑鬱的歷史主義——幽靈自邊界或籬界現身，簡短致詞。馬斯菲爾（John Masefield）寫道，地景：

充斥看不見的靈魂
知我所衷而切切：

生者應當了解死人

我遍讀這些漫遊於故道的人，也常讀到各種同樣蠱惑人心的想法，以爲行走於這樣的道路，能夠使人——用哈德森的話來說：「從這個現代世界抽身而退。」這些漫遊者反覆談論關聯所帶來的顫動，談論行走之爲一種降靈會，談論一路行來聽到的種種音聲。據說松尾芭蕉曾跟一個門生說，他行於奧之細道時，曾和一些作古已久的詩人說上話，其中還包括十二世紀的西行法師，於是他將自己的旅途想入非非，成爲「鬼魂與即將成爲鬼魂者的對話」。哈代的小說裡，綿延的路徑能夠乘載人的記憶，一如人可以承載路的記憶。一八八七年，傑弗瑞（Richard Jefferies）在一本筆記的開端描述他觸及格洛斯特郡銅器時代墳塚的經驗和感受：「就好像我可以回身而望感受**彼時**，**彼時**的陽光，和他們的生活。」路徑被描繪成裂口，時光在其間是純粹的表面，近似古怪的形態學、奇詭（uncanny）的摺紙。

確實，有些古路只有在簡單意義上才是線狀，這一點，不需要成爲神祕主義者便可以接受。道路如樹，有其枝幹；亦如河川，有其支流。七年前，我與摯友羅傑一起旅行到多塞特郡，去探索乳牛綠郡裡的沒徑——holloway，源於盎格魯薩克遜語的hol weg，意指沉落的道路，因多少世紀以來人的踩踏、車的行經、天的陰晴而陷落入地。多塞特郡就跟英格蘭其他有著許多軟石的鄉郡一樣，密布著這種沒徑，有些深達六公尺，現在泰半被蔓生的懸鉤子和蕁麻所掩蓋。在一個名喚奇德的小鎮附近，羅傑跟我在一片焦糖色的礫沙岩下待了好幾天，沿著那裡的沒徑而行，探索與之有關的故事。十六世紀的反抗者曾據此逃躲迫害，十七世紀的教士在這裡的樹林舉行彌撒，二十世紀則有流亡貴族在此地躲避緝拿。沒徑的晨曦中，如此這般的過往栩栩如生，彷彿與當下同在——好像時間不知何故往回打了道褶，中斷的時刻重新接頭，成爲倖存的歷史鴻雁，過去據此而得以藏匿，得以脫逃。

那次造訪之後兩年，羅傑意外英年早逝。我在他死後四年重回多塞特郡，把之前走過的沒徑又走了一遍，而後發覺自己在追索我們早先的足跡（我們砍來充當枴杖的冬青木枝、入夜後在古老沒徑邊緣的營地等），無限清晰地重溫了或者在某個轉角，或者就在步徑上我的前方，那翩然閃現的羅傑身影。

◆　◆　◆　◆　◆

不是每個早期的古道行旅者都有迷人的性格，他們的想法也未見得都受歡迎。舊日步徑使人既得以巡弋於眞實的地面，又能翺翔於想像的疆土，這種想法吸引了一窩妄想者、偏執狂和惹人厭的狂徒。我抱著厭惡感閱讀一些著作：別有居心的厭人者

（misanthropes）、撥弄剛愎種族理論的愛國主義者、寧可順服而死也不願清醒而活的懷舊者等等。我也抱著迷惑閱讀那些重返軍伍的人所寫的書，對他們來說，行路要長時間穿著繫帶涼鞋，伴隨著精力充沛的莫里斯舞④，以此滌淨受玷的男性靈魂。

但我也遇過許多迴避這類思維陷阱和痴想的步行作家。伯洛興高采烈地繞著這些人舞動，在行旅途程中一路編織自己的宇宙連環畫。克萊爾喜歡步道，因爲步道「使心智豐沛喜悅」，步行之道就是思想之道。於華茲華斯而言，長年爲人所用的道徑是冒險的路途，通往「鄉野隱蔽之處」。哈茲利的走法很激進，爲了聆聽唯一眞神派的牧師布道，便行軍般從一座小教堂去到另一座小教堂，並且稱頌步道爲「溝通之線……市民自由和宗教自由繫此而生」。

看得越多，我便發現越多道路和小徑似乎藉由散文、詩歌、歐美及不列顚的藝術，在過去的兩個世紀間走出屬於自己的道路——華茲華斯的日記；納許（Paul Nash）充斥著曲折活動鋪板步道的戰爭記景；在包威爾和佩斯伯格的電影《一則坎特伯里的故事》（1942）當中，古代的朝聖之路被演習的坦克旅歡快地翻攪；攝影家布蘭特（Bill Brandt）則有一幀一九五〇年的照片，拍攝的正是同一條狹窄綿延的朝聖之路，照片中的路看來像是腳所踩踏出來的裂隙，通往下方的白堊丘雪——若是摔下那道縫隙，可能不只是落入另一個時間，而是進入另一片疆域、另一種風土。我開始喜歡拉維琉斯（Eric Ravilious）的畫，英格蘭白堊丘上的史前遺跡在他的水彩筆下如夢似幻。我一遍又一遍閱讀蘇格蘭作家薛佛（Nan Shepherd）的記述，她如何經由步行結識壯闊的紅山山脈，追隨它的稜線和鹿跡多年，最終發現自己不再是「上」山，而是「入」山。這些是讓我最感自在的舊道：行走開展人的視野和思緒，而非促使人去隱退或逃避；路徑所提供的不只是穿越空間的憑藉，更是感受、存在與會意的方法。

我尤其深受托馬斯（Edward Thomas）的影響。他是散文家、軍人、歌者，是極重要的現代英文詩人，也是本書的精神指引。托馬斯於一八七八年生於倫敦，父母都是威爾斯人，本身自幼便既是步行者又是作家。他寫了一系列的旅遊見聞、博物史和傳記，成爲名作家之後，在年滿三十六歲的一九一四年開始寫詩，以驚人的速度在短短兩年的時間裡寫了一百四十二首詩，改變了詩的走向，其路線至今仍爲人所追隨。一九一七年復活節次日，黎明破曉時分，托馬斯戰死於阿拉斯之役，得年三十九歲。

我第一次讀托馬斯的詩是在學校，那是一本名詩選輯，裡面收錄了他的上乘之作〈阿烈斯楚〉和〈身爲樂團首席銅管〉。在我看來，他是單純得動人的作家，可謂近乎天眞——他爲英格蘭鄉間消逝中的農人、乾草堆和繡線菊譜寫輓歌。我花了近二十年的時間才領悟，這樣描述他其實至爲淺薄。他還是經常被視爲田園詩人，歌頌地方與歸屬感，但現在我看來，他眞正的主題是斷離、差異和不定。他的詩裡滿是鬼魂、幽黯的重影、小徑逐漸消逝的深林。他筆下的地景往往是易碎的表面，隨時可能突然崩潰。他深受自信的獨行者那種浪漫人物的吸引，卻又耐人尋味地加意留心我們是如何被行經之處所消散，同時也爲行經之處所肯定。

托馬斯有一雙濟慈所謂的「堅韌的塵土行腳」，支持他走過幾千公里的古路，從知名的大路如威爾斯的薩恩海倫羅馬道、伊克尼爾道、英格蘭南部的脊道，走到地方性的小路，如他罕布郡東部家鄉一帶的林敦故道和哈爾佩斯徑。托馬斯寫道：「最早的道路像河流一樣漫行於陸，像河流一樣，必須不斷前進。」他藉由故道來使自己持續向前，因爲他就像伯洛一樣抑鬱（伯洛的傳記是他寫的，他在伯洛身上看到自己），也跟伯洛一樣，步行是少數可以使他擺脫憂鬱的方法。他會砍下一根木杖（冬青是他最喜歡的杖木），然後出發沿著「被遠古時代的蹄印、赤足和路杖所消磨」但「頑存的舊路」行走。古道「強大而富於魔力」，行走其上，「漫行過許多世紀」的同時，他可以「將時間化爲烏有」。韓森和葛莉特被引入森林，但沿途留下白色石子，藉此尋得歸途，在托馬斯心中，這就是「世界上最好的故事」。

對托馬斯來說，徑道連結著真實的地方，但也同樣向外導至形而上學，向後溯回歷史，向內引至自我。這些在概念、幽魅與個人之間的巡梭，往往渺無聲息地見於他筆下最特異的事件當中。他以地形學詞彙來想像自己。角落、節點、梯磴、指法、岔路、十字路口、瑣屑雜事、對越嶺小道頷首示意、通往危險的小徑、死亡或極樂——這些地景滿布路徑，而他將這些特徵內化，賦予自己的憂愁和希望以形式。步行是他創造個人神話的方式，也形塑了他每日的渴求：他不僅在步徑上沉思、在步徑上思索步徑，也**與步徑相依偎**。

徑道穿越人心一如穿越地方。天性便對浪漫主義抱持警惕態度的美國歷史學家兼地理學家傑克森說得好，他指出：「那數不盡的數千年歲月裡，我們步行過粗糙的路徑，不僅僅是以小販、通勤者或觀光客的身分，更是以深刻體驗過步徑和道路的男男女女的身分：自由、新的人類關係、新的地景意識。道路讓人走入未知的旅程，最終使我們得以發現自我。」

長久以來，我著迷於人之利用地景以認識自己，著迷於我們內在的自我地誌，也著迷於這些我們所創造、賴以航行於內心地帶的地圖。我們以取自地方的隱喻來思考，有時候這些隱喻不僅爲我們的思想增色，也主動地產生思想。借用艾略特的話來說，地景能夠「擴大想像的範圍，自我於是得以前行入內」。

在我的設想當中，地景映入我們內在，並非像防波堤或半島那樣有其盡頭且受限於體積和所及範圍，而是像一種陽光，搖曳閃爍，不可量測，時時加速，往往散發靈光。雖然有時不免窘迫，但我們很善於大聊自己如何創造地方，卻不太善於談論自己如何爲地方所塑造。有好一段時間了，我一直想著我們應該對深刻的地景提出兩個問題：首先，當身處此地時，我認識了什麼，而這又是我在其他地方無從知道的？其次再徒勞地問：此地知道多少我所不自知的自己？

• • • • •

我的腳跟到腳趾的量測空間是廿九．七公分，或十一．七英寸。這是行進的單位，也是思想的單位。盧梭在他的第四本《懺悔錄》中寫道：「唯有步行時我方能沉思。一旦停步，思考也停止。我的心智只與雙腿一起工作。」齊克果揣測，心智可能在每小時四．八公里的步行速度達到最佳狀態。摩利說華茲華斯「把腿當哲學工具使用」，華茲華斯則說自己有一種「感受之智」（feeling intellect）。尼采對這個課題態度向來專斷，說「唯來自**步行**的思想有其價值」，對此史蒂文斯（Wallace Stevens）則一如既往地遲疑：

也許
真理仰賴的是一趟湖畔散步

在所有這些敘述當中，步行都不是人爲了獲得知識所採取的行動：它本身就是得知的方法。

認知（cognition）既可感應移動，又固著於特定位置，這論點的出現早於浪漫主義，盧梭不過將之發揚光大罷了。如今這已是衆所熟知的看法，但有人當成規則來擁護時，我們還是會明智地存疑。步行有時是心智難以捉摸的同謀，有時是殘暴的敵手。如果你有過日復一日長途步行的經驗，你就會知道，步徑上那種疲累足以殲滅一切，卻摧毀不了最基本的腦部功能。步行超過三十二公里路後，你的目光就渙散了，空洞地看著希拉比所謂「頭骨電影院」（the skull cinema）的迴圈。

非西方文化視腳步（footfall）爲知識，行走（walking）則是思考的模式，這樣的觀念流傳甚廣，尤其常被當作回憶的隱喻，例如歷史是人可往回走入的領域。巴索曾經寫過，奇北克阿帕契人將過去想像成路徑或小道（*'intin*），是先祖踩踏而成，生者無由得見，只能透過激發某些記憶遺痕才能間接重新接近。這些記憶遺痕包括地名、故事、歌謠、遺跡等，阿帕契人通常稱爲 *biké' goz'áá*，也就是腳印、履痕。對加拿大西北部的克林瓊人來說，行與知是難以切分的活動，在他們的字彙裡，「知識」和「腳印」兩字可以替換使用。一份約六百年前的圖博佛教文件以 *shul* 這個字來表示「被行過之人所創造，且在創造之後依舊存在的印記」——腳步是 *shul*，路徑也是

shul，印痕將人往回拉，去感知過往的事件。

行走可能是思考，或雙足可能**有知**，這樣的想法乍聞之下可能令人困惑不解。我們不太會把腳想成具有表達力或感受性的肢體。腳不如手靈活，大腳趾無法翻轉，充其量也只能跟第二趾一起做出剪刀般笨拙的抓取動作。腳感覺起來比較像是義肢，是用來帶著我們行動，而不是爲我們解釋或組織世界。手當然比腳精巧得多，操作的操字，部首是「手」而非「足」⑤。然而，隆恩——他曾經從蘇格蘭北部康瓦爾郡的利薩步行三十三天，每天走五十三公里，一直走到唐尼角——給自己的書信署名，卻以紅色印泥印出雙足外廓，內嵌雙眼，凝望著觀者。行走是觀看地景的方法，觸覺乃是一種視覺——這是我所抱持的信念。

同時以腳步和心智追尋，這是維根斯坦整體哲學的一部分。他在劍橋大學羅素門下讀書，常在焦躁的沉默當中在羅素的房間裡坐立不安，有時候一連數小時，他竟在那只有幾公尺寬的房間裡來回走動達數公里長。「你是在思考邏輯還是在思考自己的罪過？」有一次羅素這樣半開玩笑地詢問他那大步走動的學生，而維根斯坦立刻回答：「兩個都有！」一九一三年，維根斯坦隱居到挪威峽灣邊上的偏遠小村莊斯岳克登，在那裡度過一季陰鬱長冬，走在峽灣邊上通往山間的小徑上，苦思冥想邏輯問題。那嚴苛、決然的風景正適合他從事那樣的思索。也就是在那個冬季，他解決了一個與眞値函數的象徵性有關的重大哲學難題。多年後他在給姊姊的信中寫道：「我難以想像自己在別處還能像在那裡一樣工作，我彷彿在自身之內孕生了新思想。」他自創 *Denkbewegungen* 這個字，可以譯爲「思想運動」、「思路」或「思途」，也就是沿著一條 Weg（道路）走動，由此油然而生的思想。

克拉克有一首平靜的詩，寫到一名行者沿著海走到一個地方，那裡有石階「自岩石鑿出／一路下到水中」，一旁是繫泊處。詩接受石階的邀請，往下走去，行者則想像自己「步下進入海中／進入另一種知識／狂野而寒冷」。這樣的暗示也見於碧許的名詩〈漁家〉。漁家進入紐芬蘭港「澄灰多冰之水」，那水「有如我們對知識樣貌的想像／暗，鹽，澄，動，無限自由」。我認爲碧許也回應了一八一五年華茲華斯就人如何接近「理智的深處」所寫的：那是個深邃的領域，「在此心智無法悠然沉入自身，只能藉由踩踏思想之階而下」。這三首詩於是變成彼此的回聲——是一道足跡，是自身的一連串腳步。

腳步、知識與記憶的關聯當中，最爲人所知者，當屬澳洲原住民的歌徑。在那種宇宙觀之下，世界乃是創生於「夢時」，祖先在那時候出現，發覺大地是一片黑沉無奇的平坦地域。他們開始橫斷這片無有之鄉，在行進時踏破地殼，釋放其下沉睡的生命，地景於是隨著步伐湧現。查特文（Bruce Chatwin）在他那儘管有瑕疵卻影響許多人的文章中解釋道：「咸信，每個圖騰先祖都在行過原野時沿著自己的足跡，撒下一列言語和音符的記號。」這些足音視其落點而與特定的地景特徵相連。世界由是而爲夢跡所覆蓋，「作爲溝通之『道』而披覆大地」，每道痕跡都有相應之歌。誠如查特文所言，如此一來，澳洲大陸可以想像成「伊里亞德和奧德賽的麵條，蜿蜒移動，每一『節』皆可在地質中讀出」。歌要唱出來才能存活於世，從以前到現在都是如此，然而愈來愈多的歌謠在世代遞嬗中悄悄流失，於是唱歌便是在尋找自己的道路，說故事則與徒步旅行密不可分。

思考與步行的關聯也深深刻印在語言的歷史當中，闡明於據我所知或許是最精采的詞源下。Trail（足跡、小徑）這個字源於動詞 to learn（學習），意思是「獲取知識」。從語言時間往回溯，我們會遭遇到古英語字 *leornian*，意爲「取得知識」、「接受薰陶」。從 *leornian* 再循徑回溯，便會進入充滿擦音的原型日耳曼語叢林，而遇到 *liznojan* 一字，其根本字義是「跟隨或尋找蹤跡」（在原型印歐語中，字首 *leis-* 意爲「蹤跡」）。故而「學習」在根本上和過程中都意味著「追隨蹤跡」。誰本來就知道這些呢？我本來並不知道，而我感謝語源探索家，是他們發掘出那些失落的痕跡，將「學習」和「循徑」連結起來。

◆ ◆ ◆ ◆ ◆

冬至的雪夜漫步後數個月，我決定要來追蹤自己，重走之前走過的路，看能從中學習到什麼。於是五月下旬的一個早晨，我離開劍橋的家，走上通常被稱爲不列顛最古老道路的伊克尼爾道（Icknield Way），一個世紀以前，托馬斯徒步走過，也騎單車行過的路。

那是我的首次徒步之旅，那些旅程本書多半都有提及，全都帶著行者那種由興奮、力有未逮、倦怠、冒險和頓悟所混合而成的非凡體驗。伊克尼爾道是我進入一張古老道路網的起點，這片網路縱橫不列顛的陸境與水域，連結此外的國境與大陸。這一路我摔斷的骨頭比過去二十年間登山摔斷的還多。我在外赫布里底群島跟一個算是巫師的人一起喝了太多琴酒，在利物浦附近跟一個五千歲老人一起大步行走。我循著乾枯的河床穿越被占領的巴勒斯坦，然後就跟多數之前的英格蘭行者一樣，發現自己在兀鷲盤旋的天空下，步履沉重地走過西班牙乾燥不毛的朝聖道支線。我走過一條被稱爲厄亡道的潮汐道，據說那是不列顛最要命的路徑，結果走起來卻十分輕鬆。我驚嘆於北大西洋上空絢爛的流星雨。我滑雪切過冬天脊道上的圓弧，而且確信自己在威爾特郡看到一隻黑豹。有好幾個晚上，我夜宿於小樹林、牧場和牧人的石板棚屋，而在薩塞克斯郡一座白堊丘的鬼魅之巔，我神經兮兮地忍受鬼魂的折磨，如今才想到，那些鬼可能不過是鴞而已。我在每一處都遇到人，尋常的人或非常的人，寡言罕語的人或高談闊論的人，一般的人或古怪的人，而對所有人來說，地景與步行都是賦與世界意義的必要手段。我遇過遊手好閒的人、作夢的人、大步向前的人、帶路的人、朝聖的人、浪跡的人、漫遊的人、擅闖的人、製圖的人——以及一個相信自己是樹而樹是人的人。

本書提到的數十個人當中，托馬斯是最重要的一個。他在我的旅程中如影隨形，督促著我一路向前。我啓程走入過往以親近托馬斯，以步徑爲途進入他的過去，最後對生的發現卻多於對死的發現。班雅明在回憶錄《一九〇〇年左右的柏林童年》當中，試探地以一種製圖的方式來表達他的人生：「確實，長年以來，我始終想著要透過圖表在地圖上展開我的生平，也就是*Bios*〔物質層面的生命〕。」我把托馬斯的「生平」想像成一種道路地圖，並以這種方式在本書的倒數第二章將之重述出來。那不是傳記，不盡然是，但或許是一種生命地理學。那一章是本書各條路徑的匯聚點，是各種行走之道的相會。

此處所訴說的旅程，緣起於遙遠的過去，但也是此刻的片段和現象，這通常也是古老地景的雙重堅持——要放到**過往**中閱讀，在**當下**立即感受。我途程中的路標不是只有支石墓、古墓和長塚，也有去年的岑樹葉（手心一捏就碎）、昨夜的狐狸糞（仍充斥鼻端），此刻的鳥鳴（尖銳刺耳），高壓電塔那詩意的滋滋聲，以及農田作物灑水器的嘶嘶聲。

*注1：引用自詩人濟慈於一八一九年七月十二日（週日）寫給友人雷諾（John Hamilton Reynolds）的書信：

「近來我在蛻變，但並非化得新羽和羽翼——它們已然逝去，而我寄望獲得一雙堅韌的塵土行腳以爲替代。我業已改變，不是從蝶蛹化成蝶，卻與此相反：我有的僅是兩個微小的孔隙，藉此得以窺看世界舞台……」譯注

*注2：位於蘇格蘭的紅山山脈（Cairngorms）通常音譯爲凱恩戈山脈。山名爲蘇格蘭語，cairn grom 的字面意義是「藍色山丘」，但山脈的岩石主體是花崗岩，外貌呈現紅色。紅色的山爲何會被命名爲藍色的山，作者也無從得知。這座山脈與作者有很深的淵源，本書第九章便以這座山脈爲主要背景。基於這座山脈在作者心中的重要性，以及該山脈的顏色反覆出現在內容中，與作者討論之後，採取意譯，但以視覺實景而非字面意義爲翻譯基礎，將之譯爲「紅山山脈」。此外，紅山山脈有一座橋，名爲「鳥茲」，橋旁有石頭標示，因此稱爲「鳥茲石」。譯注

*注3：這裡所謂「喬叟筆下怡然自得的朝聖之旅」指的是喬叟的十四世紀名著《坎特伯里故事集》。小說

中有一群各色人等組成的朝聖者，聚集在倫敦一家旅店裡，要前往一百公里外的坎特伯里。旅店主人提議在朝聖之旅中，由朝聖者輪流講述故事以排解旅程的無聊，故事講得最好的人，可以獲得一份免費餐點。朝聖者所講述的有愛情故事、騎士探險故事、宗教道德故事、動物寓言、滑稽故事等等，內容就跟朝聖者一樣多元有趣。本書當中出於同一個典故的，還有下文所提及的一部電影《一則坎特伯里的故事》。譯注

＊注4：莫里斯舞（Morris dance）是一種英格蘭土風舞，關於此種舞蹈最早的文字記載見於十五世紀中葉。男性舞者成方陣起舞，通常在小腿上繫著整排的鈴鐺，手中揮舞手帕、棍杖甚或刀劍，故而作者稱此與男性靈魂的洗滌有關。譯注

＊注5：原文為 we speak of manipulation but never of pedipulation。譯注

三、白堊丘

雲雀歡唱—堅實地質—白堊丘之夢—最早的路徑—啟程—意外—白堊丘的骨頭費—徑道是精神的方向—末日與封鎖—雲雀蛋—盲道與影址—空中攝影之為重生—長塚眠地—壕溝藝術—鬼影隨行的步行感—白金漢郡的沙袋鼠—無垠幻覺—長日晚光—崇拜者的奇異集合

……這裡所講的是一條路，早在我可以起身追蹤之前便已展開了許多里，在我停步後許多里外才終告結束。

——托馬斯（1913）

五月下旬某個早晨四點鐘，在萊奇沃斯市附近的一座丘頂，我發現世上最有效的鬧鐘——滿天的雲雀。現在我知道了，在漫天雲雀歌唱的時候，根本不可能安睡，而現在我也知道雲雀從不賴床。牠們鳴啼到昨夜，而後在破曉時分再度開唱。

本來我可以多睡兩小時的。前一天我走了約有五十公里，又騎了十一公里。我至少已經斷了一根肋骨，毀了左臂又傷到右膝。我腳上都是水泡，要用自留井的水來清洗。我以一片繁盛草地為床。我**真的**可以再睡兩小時的。但雲雀鬧鐘響了。一旦憶起自己身在何方——在白堊丘頂上，睡在新石器時代長塚旁，我馬上振作了起來。我跛行走上長塚墳頂，向下眺望貝德福郡的地景，發覺它沉入一片緩緩移動的白霧之海，心情為之一暢。雲雀不斷歌唱，為我準備好接下來漫長的一天——伊克尼爾道上的又一日，白堊丘上的又一天。

• • • • •

拿一份翔實的不列顛群島地圖，在地板或桌上攤開。這是極富美感的文件，其上的圖案有若十八世紀書末空白頁上那種精巧錯雜的大理石紋。鄉野中每一道地表岩層都記錄在這份地圖上，每一種都標上不同的顏色。花崗岩是猩紅色，威爾德黏土是帶著灰暗的陸軍綠，產煤的下西發利亞是墨紫色，倫敦黏土是對沖基金經理人襯衫的那種粉紅色。重要的城鎮和道路都標在地圖上，但畫成暗沉的灰，不細看根本看不出來。

光是英格蘭和威爾斯兩地，地圖上標示的地表岩石就有約一百三十種。在地質構造最複雜的地區，例如北威爾斯，地圖看起來就像是波洛克的畫布，顏色塗灑得到處都是。英格蘭中北部比較有秩序，絕大多數的岩線呈南北向，因此如果由西向東來閱讀地貌，比方說從奧德姆往格林斯比方向，就會遭遇到磨石砂岩（這是向上攀升的地區）、下西發利亞和上西發利亞（兩者都是產煤區）、鎂質石灰岩、二疊紀泥岩、二疊紀沙岩和三疊紀砂岩、三疊紀泥岩、下里亞斯、中里亞斯、上里亞斯、底鯆狀岩、大鯆狀岩、石灰質砂層、牛津黏土、柯拉利層黏土、安普菲層黏土及金默瑞橋黏土，最終則是白堊丘。這些岩層的名稱有的聽來宛若史詩，有的聽來毫無意義，是蔓生的空言廢語，誘人去下假想的定義：大鯆是不存在的王國裡某位顯要的尊稱。石灰質砂層①是美國中西部一種自家烘烤的食物。底鯆是大鯆的孿生弟弟，只因爲比哥哥晚了一分鐘出生就被逐出王國。

如果你半閉上眼看著這張地圖上英格蘭的南部，任由睫毛模糊視線，那麼閃耀得比其他岩層都明亮的部分便是白堊丘，被塗上明亮的蛙綠色。這白堊丘位在大陸棚海床上，是在三千五百萬年間以每世紀一毫米的速率累積而成。凡有白堊丘之處大抵皆如是，別種岩石鮮少能夠穿透。白堊丘幾乎呈連續的之字型，只被海所打斷：從約克郡向東南到諾福克郡是一撇，從諾福克郡西南向到多塞特郡是一捺，從多塞特郡向西到肯特郡與薩塞克斯郡又是一撇。白堊丘是英格蘭東南部的主要岩層，數千年來一直影響著這個地區的工業、建築與想像。它變幻出在政治上惹人猜忌的歸屬之夢：白堊丘是純正的英格蘭物質，無瑕、神聖，從異地抵達此處時，那閃閃生光的南方海崖既是英格蘭紋章，也是防禦壁壘。不過它也激起一種曖昧感較低的地方性。托馬斯認爲英格蘭的白堊丘各郡構成一種明確的生態地域區（bio-region），他稱之爲「南鄉」，起源於白堊紀，以起伏的丘陵、溪流、山毛櫸斜坡林、遍地野花的草原爲標誌地景。托馬斯寫道，由東至西橫過南鄉的是「連綿的白堊丘脈，兩側被大自然緩緩掏空……或被古路刻上鮮明的印記……丘脊正對著天空，構成流暢但極其多變的清晰線條。」這種地景比其他地方更能形塑托馬斯的想像力，這點對二十世紀另一位步徑藝術家拉維琉斯而言亦然。

首批進入不列顚的徒步旅人幾乎都會穿越白堊丘，這是與現今歐洲相通的陸橋。在薩塞克斯丘的勃克斯格洛村，有人挖出北英格蘭最早的一些人種遺骸，距今約有五十萬年。考古學家稱這古老的人種爲海德堡人。勃克斯格洛的發現賦予我們一個清晰得令人寒毛直豎的歷史視野，我們於是了解五十萬年前的「勃克斯格洛人」如何被這一帶裸露的白堊丘所吸引，在這裡揀選黑色光亮的燧石芯（製作精良屠宰工具的好材料），將之捶打成斧，切出刀片和矛頭，然後用這些武器來狩獵、肢解獵物，也就是占領這片開闊草地的馬、鹿、熊、犀牛及各種牛科動物。白堊丘在之後的年代裡可能也保存了重要的早期人類足跡（那些人類可能是跟隨著獵物的足跡而來），堪稱最早的人造地景。再晚一點的新石器時代，因爲氣候溫暖，濃密的森林在英格蘭南部蔓延開來，彼時白堊丘脈必然成爲明顯的行旅途徑。高丘的水分已然排乾，地面較爲乾燥，植被也不像地勢較低的黏土地區那般阻人去路。丘脊兼有水道與行路之便。隨著時間過去，第一批眞正的步道便沿著丘頂出現。

在十九世紀的舊路行腳熱潮中，步行者對英格蘭低地的路徑情有獨鍾。他們被這些路徑與史前時代的關係，以及它們的迂迴曲折所展現的自由理想所吸引。一種白堊丘神祕主義就這樣自行建構了起來，那是一種信念，認爲白堊丘是歷史心靈的超級指揮，引發共感，使共時性和同理心得以穿越千萬年。

太初
居於白堊高丘

生於貝爾法斯特，但在白堊丘附近的馬伯洛接受教育的麥克尼斯（Louis MacNeice）寫道：

我感覺心智

破碎乾燥有如化石海綿，我感覺
身體蜷曲如胎兒和土壤外皮
環繞我而冷硬，要透露
此後千萬年某些晦跡，屬路
屬人，早於人之發明犁與輪

伊克尼爾道無疑是白堊丘最古老的道路，從南諾福克郡某處的石南與松樹林中冒出，往西南西方向跨越白堊丘那覆蓋著礫石黏土的頂部，直抵白金漢郡埃文霍丘那別具風格的頂巔。伊克尼爾道在此與脊道相交，續行穿過牛津郡、伯克郡、威爾特郡，連結鐵器時代的丘堡、青銅時代的古墳、新石器時代的墓穴，最後在多塞特郡落入海中，由是連結了南部的英倫海峽與東部的沃什灣。

伊克尼爾道的起源與歷史深陷於層層謎團與混亂。在現今大眾眼中，它不是一條單一的道路，而是一系列平行的路跡，其外緣循著一條隨大地起伏自然形成的交通網而蜿蜒，外緣與外緣之間可能相距遠達一公里半。可能這整條路都建於羅馬時代之後，建造者對古文物深負熱忱。即使有這些不確定之事，想跟史前時代交流的步行者長久以來仍一直深受伊克尼爾道吸引。白堊散發的魔力既廣泛又深切。

◆ ◆ ◆ ◆ ◆

在離我劍橋的家不到一．五公里處，有一條綠草如茵的羅馬道（Roman road），我曾在冬夜散步走過。春天裡它那寬闊的邊緣繁花似錦，幾乎整條道路都被荊棘、山楂與田槭的樹籬圍住。這條路東南方十一公里外就是林登村，伊克尼爾道便穿過這座村莊。

五月底，天剛破曉，我在家人沉睡時溜出屋子，上了單車，沿著安靜的街道和小徑踩著踏板，上到鯨背一般的白堊丘，通過山毛櫸林後方壯闊的田野，然後轉彎上了羅馬道。天氣預報說，接下來連續一週都是溫暖乾燥的天氣，每天都有十六到十七小時的陽光。空氣裡滿是野玫瑰的甜香。一隻烏鴉從梣樹上拍翅而起，翅膀在陽光下閃著銀光。我內心充滿小男孩般的興奮之情。我的背包裡有一本托馬斯的《伊克尼爾道》，他的遊記散文伴隨著我一路前行。

事故發生的時候，我正沿著鐵器時代環狀堡壘旁的羅馬道往下騎。前進令我暢快無比，於是放任單車加速。滿是車痕的路愈加崎嶇，我的車輪晃動彈跳，撞上一塊拳頭大的堅實土壤，前輪彈起來，扭了九十度，單車向內反折，我就這樣壓了上去，胸口重重撞上左把手，撞得我直抽氣，只覺得胸腔有一陣刺骨的疼痛。我的手肘流血，膝蓋腫起彷彿長出紫色的次膝。但受傷最重的是我的自尊。我怎麼那麼愚蠢！像糊塗牧師一樣騎下這條路，未免太過沉浸在對這條路的浪漫想像。我只能一瘸一拐地回家，離我啓程的小徑還不到三公里遠。

但做了各種診斷檢查之後，看來並無大礙。膝蓋是受了傷，但沒有斷。撞裂了根肋骨，或許是兩根，不過這對步行還構不成大礙。而單車在湊合著修補之後還差堪可騎。我有點迷信地想著：警告已經降臨在我身上——前行之路不會輕鬆如意，滿腔浪漫主義很快就會遭受懲罰。又過了幾里路之後，我想起一封信，是一個朋友聽說我計畫要走伊克尼爾道時寫的。通過環狀堡壘時要小心，他回信寫道。之後我提到摔車一事，他並不驚訝，說：「這是前往古道的入場費，在一般的繳費亭繳費就可以。現在你可以往前了。你已經上了路。去白堊丘要付骨頭，而你已經繳了你的份。」這是古道之行的過程中幾樁我到現在都很難以理性解釋的事例之一。

◆　◆　◆　◆　◆

托馬斯走伊克尼爾道是一九一一年的事，其間正逢他重鬱發作。他走得快，行旅記也寫得快，幾週便完成了。《伊克尼爾道》是不合常規的書，一部分是該古道的歷史與地理指南，一部分是對古道的形而上冥想，一部分記錄著他自己那淒苦的不幸。

《伊克尼爾道》寫成於遠離海岸的乾燥夏天，竟如此充斥著海洋、溺水和島嶼，難免令人訝異。但若是想想白堊丘本就緣起水下且抑鬱病態，那麼這一點倒也不足爲奇。白堊丘滲透了托馬斯的想像，改變了他的心智，翻攪著久遠的夢境與水下的世系。他將這本書獻給當時過世不久的朋友胡頓，兩人曾一起走過「除了與己相伴之外……與人同行的最多里路」，而在托馬斯筆下，歷史不確定、路徑備受爭議、邊界莫衷一是的伊克尼爾道，成爲未知領域的隱喻，與我們相始終。

一八九〇年代一位名爲恩斯利的民俗學家走過伊克尼爾道，沿途採集聽到的故事。在這許多故事裡，伊克尼爾道——如果走得夠遠的話——穿過已知而進入神話，來到凶險但獎賞優渥的王國。恩斯利曾聽說有人「沿著這條路旅行，直到火焰山」。另外有人說伊克尼爾道「環繞世界，一直沿著路走就會回到出發點」。恩斯利寫道，他在「這旅程一路上」不斷聽到類似的故事，說這條路「環繞全世界，或環繞這整座島……起於海，至於海」。以此說來，這條路對所有人而言都是原型，在最終回返，像銜尾蛇一樣吞噬了自己的源頭。

這條路的存在交織著故事與記憶，鼓動著托馬斯。他在一篇最謎樣的散文段落裡說，路徑銘印著每個走過旅人的「夢境」，而他自己的經驗也「隨著時間經過而終將陳橫於他人腳下」。步徑是情感的沉積物，因此循徑而走可能便是步上前人的後塵。

這就是獵人所謂的「上前」，就是去攪擾所隱藏的，去驅出被掩蔽的。出發沿著伊克尼爾道而行時，我將托馬斯那隱晦的看法轉回他自身，希望能夠藉由走過他所走的路來召喚他。我是在許多里路、許多年之後，才了解這種復得之困難。

◆　◆　◆　◆　◆

在林登村，我將受損的單車藏在樹籬後，在初升旭日之下，取道村莊的主要大街，拖著我那受損的軀體走出村子。雲翳新破，一道檸檬色的光線穿越雲隙。道路引領我穿過林登動物園，一座高籬後傳來動物的呼嚕和喊叫：斑馬、獅子、鸛與鶴。我經過一座茅葺屋頂的農舍，牆邊的蜀葵和門邊的玫瑰在風中搖擺。畫面是英格蘭內陸，配樂卻是非洲大陸的塞倫蓋提。

我很快就來到野地邊緣的白堊小徑，這條路與伊克尼爾道的路徑約略相應。我穿過衛矛和山楂的狹窄隧道。沿著小徑疾奔的野兔停下來看了我一下，然後以後腳爲軸轉身再度衝走，彷彿獻身於追尋小徑。太陽在一小時內全然現身。雲雀擲下歌聲，提振我的精神。大麥在光裡散發珍珠色澤。捧車帶來的驚嚇逐漸褪去。山楂樹籬因白花而冉冉，斑鳩在岑樹間嘈嘈切切。

那天最初的十三里路上我沒見到半個人，於是興起一種奇特的感覺，彷彿占領了一個末世之後或封鎖期間的疏散地區。只有零星幾人在耕作土地，因此在步道上遇到的泰半是行路人（walker）而不是工作者（worker）。

光禿的白堊丘道沿著樹籬和田野邊緣綿延伸展，大致呈西南西向。我隨著這條線行走，遇到一群法國鷓鴣，身側有紋，頂上有跟丁丁②一樣的髮毛；三隻雄雉雞，有著銅色護甲般的側翼和白色的頸羽，看起來好像古希臘重裝備步兵；一隻池塘上的鷺鷈，有著齊格星辰③造型的龐克髮型。

這大地之空曠令我害怕。我聽到遠處傳來M十一號高速道路上輕微的聲響，隨著我走近而變成一股呼嘯，反而出乎意料地讓我鬆了一口氣。公路盤踞之處，恰正是河流可能流經之處，是位在兩座白堊丘脈之間的谷地。陽光照射在擋風玻璃和汽車鈑金上，看來有如遠處流水燦然生光。我穿過鼠尾草綠的新生作物，從高地走近公路，突然間，在一片車輛的呼嘯聲之上，我聽到有人唱歌，鬼魅般的高音讚美詩，斷斷續續，若有似無。過了好幾秒鐘我才醒悟過來，那是高壓電塔之歌。電塔一路綿延向遠方。我站在電塔下方，聽著電流的滋滋聲和劈啪聲，那哼吟的音符跟左近的電塔群一起形成鬆散的合唱。

通過高速公路之後，我來到大卻斯福鎮。愛鳥人養在路邊房舍的長尾鸚鵡在籠內褪色的聖喬治十字旗④上輕快跳躍，相互啁啾。我在公路橋邊休息，雙臂掛在欄杆上，看著車輛疾馳而過，熱浪從柏油路面升起。那裡是伊克尼爾道（約開道於西元前四千年）與M十一號公路（一九七五年通車）成直角相交之處。

那天中段的時間也都不見人影。不過還是有別的夥伴：成群的歐亞小鹿家族從作物中現身，跨著長腿穿過大麥田。我發現一顆雲雀蛋，已經被烘死在地面，但依舊完好無缺，綠色蛋殼上滿是棕色塗鴉。我蜷起手指將蛋握住，帶著它走了二、三公里路，既是爲了獲取好運，也是想在手心中感受它的重量。我穿過幾座村莊，看到燧石牆上嵌著鹿的頭骨，爲那片彷彿布萊頓[5]想像出來的風景添增了一股若隱若現的異教風。綠野平順有如司諾克撞球檯的厚毛氈呢。長著黃菖蒲的村莊池塘裡，鯉魚打著嗝，吐著氣泡。此外還有初初漆就的紅色電話亭。

中午時分，我接近羅伊斯頓鎮的外緣。古老的伊克尼爾道在此與鎮上的幹道平行對齊。樹籬與古道的入口處堆滿隨地傾倒的垃圾，有電腦螢幕、輪子內胎、條狀地毯，還有一具吸塵器，透明的機身裡滿是黑色蒼蠅。野玫瑰從高高的山楂樹籬上如瀑布般傾瀉而下。稠密的椋鳥群在屋頂之上移動換位。

羅伊斯頓鎮東緣的地名很有復古田園風：小麥故弦月道、白楊道、伊克尼爾道，暗示著對此地往昔鄉村時光的嚮往。這些名字是炒作房價的開發者或想要改善鎮郊氛圍的規劃者所訂下。椋鳥有著攝影負片般柔滑亮麗的黑羽，在煙囪和天線上吱喳，發出汽車警報器的顫音、氣霧罐的咯咯聲，以及相機遮光器的喀嚓聲。我走過繁忙的道路，郊區那明亮的碎石牆彷彿伸手歡迎人來到羅伊斯頓鎮，不過那裡除了伊克尼爾道以外，什麼也沒有。

◆　◆　◆　◆　◆

除非遭海吞噬，或者鋪上柏油碎石，不然故道鮮少消逝無蹤。故道一如微妙的地標，在懂得觀看的人眼中一目了然，而托馬斯就是這樣的人。他寫道：「這些故道即使廢棄了，依舊以多種跡象存留於記憶。」他稱這些被時光淹沒的道徑為「幽魂般的……道路」，史考特則稱之為「盲道」（blind roads）。這樣的道路也見於慣習、法律和地名。托馬斯寫道：「好地圖給人的探險娛樂之一，就是追溯一條已知道路可能的路徑，或是發現一條已然失落的道路。鮮明的步道、小徑和道路之鍊……橫過鄉野並泰半與邊界相對應者，往往便是一條古老的道路。」

這就是托馬斯的擔保：縱有新者來，舊者依然並行不悖，以回聲和陰影之姿而殘存，唯敏銳的心智和雙眼能夠識察。讀地圖於他是近乎神祕主義的活動，他將之形容為一種「舊時之力」，只有某些人能「一瞥其吉光片羽」。步徑於他，不只是個別孤立的地方，也是社會性的場所，一度沉寂的聲音或能重新被聽見。他在〈楊柳〉一詩中想像一個古老的十字路口，樹木為風所擾動，向一座如今已不復在的村莊發出低語，而他竊聽到老鐵匠鋪和小旅社的「丁鈴聲、哼唧聲、呼嘯聲和隨意的歌聲」。他最喜歡跟隨線條：白色光束、與白堊丘各郡的步徑有關的樹、樹的落葉——落葉往往銀色底面朝上仰躺，蒼白直到來春——這使他想起了韓森和葛莉特的卵石小徑。

托馬斯認為長程步行會留下長存的印痕，在這一點上他是對的。二十世紀初期，許多業餘人士投入心力發掘這些痕跡，並加以分類：遺落小徑上的犁溝、零星排列的原始石器（加工過的石頭，可以回溯到人類定居的早期），以及回填的邊界壕溝，不論落雨或乾旱時，其路徑都在視野中翩閃微光。一靠近審視，會發現鄉野充滿「影址」（shadow-sites）。影址是路徑、土壘、圍籬洞或溝渠的遺跡，在尋常視野中不得而見，唯有在某些特定情況下才會清楚現身，特別是太陽低垂而光亮之時，日光斜射，由是而將隱而不顯的陰影帶上地面。

空拍在一開始發展時還是種軍事技術，但在第一次世界大戰後轉用於考古研究。空拍的興起也意味著可以從上方觀看影址，從那個角度看來，影址的形狀清晰可辨，沒有在地面層觀看的混淆感。隱形了數千年的地景魅影倏然重現。歷史學家豪瑟曾經寫道，空照造就了「無數詭異的復甦」，證實了「一個地方不論被造訪過多少次，其實在知識中早已失落」。一個此類的影址復甦要感謝艾倫少校，他協助考古研究，是空照攝影早期的先驅者，設計建造了一具大型相機，讓他在獨自駕駛飛機時也可以操作。一九三六年冬天，一場豪雨過後，艾倫少校飛過羅伊斯頓鎮附近的伊克尼爾道，拍下一張照片，堪稱他最好的攝影作品之一。一系列近乎平行的線條水平橫過畫面，最上端是一條鐵道線，上面恰巧有一列火車向東疾駛，排出長羽般的蒸汽，在那之下則是一條路，上面有一輛車正往西行駛。隱匿於火車和汽車乘客視野之外，但在相機的鳥瞰之下一目了然的，是大地上其他的線條——鐵器時代溝渠回填的南北向深色條紋、中世紀的區域疆界，還有伊克尼爾道白色的印痕，距離柏油路面只有數公尺之遙。豪瑟就這張照片精心寫道：「這些古老的地貌特徵與汲汲營營的生者暗享大地的方式，令人驚異到覺得奇詭的程度。」

走在伸展於羅伊斯頓鎮和博多克鎮之間的伊克尼爾道上，我腦中浮現艾倫少校的那幀照片——古道、新路和鐵軌羅列，過去與未來之魂共存。

◆ ◆ ◆ ◆ ◆

「綠丘坡上的白蛇」，托馬斯如此形容穿過地表的白堊丘小徑。這形象極爲精簡，是禪宗的心印。從羅伊斯頓鎮向南直到特菲爾荒原，我看到綠坡與蛇形栩栩共生。白堊丘從荒原兩側升起，留下一個杯狀的圓形空間，氛圍有如圓形露天劇場。白塱丘的高脊闊葉林一路起伏，引人入勝地綿延，最後消失於數十條白色小徑。其他的路徑通往荒原的頂點，是齊爾特恩丘陵地一帶古墳最集中之處，有十座青銅器時代的古塚和一座新石器時代的長塚。

在那明麗的午後，即使已經過了數千年之久，史前時代的人們選擇這裡作爲埋骨之所的原因依舊一目了然。荒原上人潮洶湧，步行者緩步上前觀看古墳，孩童尖聲追逐。我停下來進食，同時觀看人群。人們參觀自然景觀的愉悅感，以及我獨行多公里之後終於有人相伴的感覺，都給了我力量，使我能夠再度抬腿起行。

之後便是穿過博多克鎭的僻靜街道與萊奇沃斯市工業區的許多里路。工業區裡馬士基、三井、漢堡等公司的貨櫃在鍍鋅的帶刺圍欄後方高高堆起，等待著再次卸貨。那天稍晚，我的腳紅腫如炙，於是在克羅塔村的教堂庭院裡休息。一牆金綠月桂斜傾於墳墓上方。我昏昏欲睡，躺在墓碑和晚春的櫻草間，聽著蜜蜂的聲音，看著褐雨燕在教堂尖塔上獵食。「看著今日之事的眼睛，傾聽著的耳朵，沉思或夢想的心智」，托馬斯曾這樣寫道：「看著今日之事的眼睛，傾聽著的耳朵，沉思或夢想的心智，本身就是古老的工具，等同於有待理解的事物……而或許……我們都意識到，時間在很多方面都太過離奇，難以爲歷史學家、動物學家和哲學家所解釋。」他在自己的散文和詩中經常回到這個主題，亦即有些知識超越了哲學命題，有些知識只能因緣意會。

◆ ◆ ◆ ◆ ◆

當晚我在白堊丘海床上一個新石器時代的居所過夜。我發現自己所睡之處位於一叫做皮爾頓的中世紀村落西邊，伊克尼爾道便通過這村落的中心。我在約九點時離開皮爾頓，取道一條顯然過去自有用途的小徑，小徑寬敞、高籬夾道，兩側生長著野玫瑰、蓍草、櫻桃李和布拉斯李樹。我本可以像上岸放假的水手般，搖動臀部舒緩疲憊和痠痛的關節。那晚的空氣還是很熱，東方的天空墨藍，西方如橙。徑道上的白堊匯聚遲日之光，在日暮時分閃耀著白色光芒。旋花植物蒼白的喇叭狀花朵躍入眼簾。邊緣上有一隻被吃掉一部分的畫眉鳥屍，多鱗的雙腿脫離了身體，整整齊齊地排在一起，宛如餐後放下的刀與叉。

在靠近丘頂處，我找到我在地圖上標出的長古塚。墓穴很久以前就被劫掠過，頂部塌陷了，但輪廓依然清晰，而且那個時刻斜照的日光將古塚點亮，看來有如影址。吃了一些起司和一個蘋果之後，我在古墳南邊的草地上展開睡袋，躺了下來。在走了將近十六個小時之後休息，我的四肢幾乎立刻就開始僵直，而我感覺到一種死之寒顫潛入身體。我身上到處都是白堊——腳上、臉上、手上，全都是白堊粉，衣服也因之變白——而我躺倒在地，是道上一縷僵白的鬼魂。

天空出現一爿月。一隻雉雞在遠方的樹林裡咯咯作聲。白嘴鴉繼續飛往棲處。太陽下落了，變紅了。我以爲看到當晚的第一顆星，結果卻是一架前往魯頓市的飛機亮起的夜燈。

◆　◆　◆　◆　◆

次日早晨四點，雲雀鬧鐘將我喚醒。輕靄徐徐，充塞山谷。天空是白色的，地平線卻是藍色，彷彿一座穹頂，而藍色已落到穹頂邊緣。從我那長塚天文台望出去，我省悟了托馬斯何以將南英格蘭的高地比擬爲「數條……島嶼或環狀珊瑚礁之鏈……在雪般靜定的晨霧中若隱若現」。當時我在這島鏈最東邊的群島上，遠離西方，雖然看不見，但知道白堊丘頂上有無數玫瑰綻放。

早晨行過的里程具有一種魔力，上上下下地穿過山毛櫸和榛木林，山毛櫸林中有海藍色的光，給人一種走在沁涼水中的感覺。身在樹林內，口中有青苔味。這是綠的沉默。

到處都有人用白堊塊在灰色的樹身上寫東西——縮寫字首，星星，或是一些潦草難辨的字跡，看起來像是特林姆的步行拄杖在本當留白的史鄧恩《項狄傳》⑥書頁上畫下的迴圈狀簽名。白堊是一種可以用來畫記號，也很容易被畫上記號的物質——既可書寫，本身也被書寫。托馬斯後來戰死於西線，那裡有些地區全是白堊地形，而壕溝戰最令人動容的文化產出之一，是德軍與英軍的士兵所留下的大地藝術。這些人知道自己的生命隨時可能結束，想要留下痕跡的本能充塞胸臆。士兵撬下白堊塊，將之雕鑿成手掌大小的徽章，在上面銘刻對戰死同袍的紀念，如「提法爾紀念威廉，一九一五年」。英軍槍手用白堊塊在大型裝甲車上戲謔地寫下「願結局圓滿」或是「致讚美於弗里茨」。雙方的工兵都開鑿了長達數里的隧道穿過白堊丘，在那穴居世界裡，閒暇時分，他們在牆上刻畫了數以百計的人像、塗鴉和文字訊息。如今這些多半都已經絕跡了，但在靠近蘇瓦松一帶還留存著畫工極佳的女性身影，是春夢在令人生畏的黑暗中召喚出來的洞窟畫。

八點，我上到丘頂一個青銅器時代的圓塚邊，從那裡可以看到魯頓市。我步履蹣跚地走過城鎮外緣，下了古斯貝瑞丘，通過一條有著齊整路緣和明亮植栽的整潔小街道，走過菩提樹和一家健康中心。郵差正按響某家門鈴，同時向我點頭致意。車子從通勤替代道路上呼嘯而過。所有人都在展開一日勞動，但我已經走了數十公里路，因為頗感疲倦而羨慕大家的朝氣幹勁。我沿著墓園和房舍中間的狹小夾道而走，離開了魯頓市西郊。

之後地面開始升高，我很快就來到唐斯塔布丘的稜線，人們成群在此玩樂。我坐在涼風中休息，看著孩子放風箏。我的腿還留有鬼影隨行的步行感，一種一直重複同樣動作的肌肉記憶，這感覺即使在我休息時還是向前抽動。我的腳有一種很古怪的感覺，好像陷入地裡，彷彿我曾走過的地域將它們的輪廓刻進我的腳，有如壓入柔軟黏土的印記。歐布萊恩在《第三個警察》中是怎麼寫的？走路的時候，「你的腳不斷劈啪踩上路面，路的一部分也向上進入了你。」

今天的行腳就跟第一天一樣艱難、歡暢。我走過的已開發地區變少了，好幾度感覺自己是經由灌木籬和綠色小道偷偷摸摸地從雜木林進入小灌木林。我拖著沉重的步伐所通過的樹林當中，有一座滿是白色野蒜，空氣中充斥令人頭暈的蒜味。我沿著威斯納動物園的外緣行走，看到五隻沙袋鼠懶洋洋地躺在山楂林的蔭影裡。

托馬斯在白堊丘眾古道上走過許多里路，因而成爲這些古道個別細微之處的鑑定專家。他在夏季行過一條被茂生的榛木覆蓋的小路，兩側滾上了白色葫蘆科蔓草的花邊，花朵被蜜蜂鬧哄哄地圍繞。他走過「黑暗的山毛櫸小巷，苔蘚的金綠爲鋪面，碎裂的白堊作牆壁」。他樂於發現行將消逝的荒廢路徑，「掩埋在蕁麻和牛蒡之下，被荊棘、旅人的喜悅和葫蘆蔓阻住去路」。他深好伴隨循徑而來的跨界，例如沒徑之伸入麥田，又如樹蔭轉化成閃現光亮的草地。不過我想他可能從來沒見過沙袋鼠。

◆ ◆ ◆ ◆ ◆

向晚時分，從榛樹林起已經走了多少里路，我的身體已然習慣了行走的韻律，在那似乎永無止境的一天裡，有大約一小時左右的時間，我感覺伊克尼爾道似乎也永無止境，像白色緞帶橫越大地，而我始終想著，其實我沒有道理不能一直走到大西洋。

直到昨夜我才抵達埃文霍丘，它那壯觀的白堊丘頂還冠有鐵器時代的丘堡。我爬上一片長著草的土壘，向西而坐，讓自己沐浴於落日的溫暖。我脫去鞋襪，腳腫脹得好像發酵的麵糰。千百萬株旋花完成一日最終的循環，毛茛將最後的光彩還給太陽，威斯納的沙袋鼠要睡了，這一日緩緩來到終點。

坐在奶油色的日光裡，這條古道的許多名字——Yken、Ychen、Ycken、Ayken、Iceni、Icening、Ickeneld、Ikeneld、Ikenild、Icleton、Ickleton、Icknield——好像開始融化、結合，於是伊克尼爾道似乎不再是一條二維的平面小徑，而屬於一個更大的多元體，在時間裡纏繞編織，儘管看來只是獨自在空間裡綿延。**我找不到伊克尼爾道的起點跟終點……**

坐在那裡的約半個小時之間，有其他的步行者和我一起在丘頂看夕陽。有個男人帶著一隻小狗，狗裹在格子呢毯裡；一對中年夫妻，在爬上山丘一側的陡坡失足時笑了出來；一個穿著西裝的男人，他之前在路邊停好車，然後步行上丘，站得筆直端正；一位年長婦女循徑上了另一座土壘，之後便閉上雙眼站在那裡，在黑暗中望著落日餘暉。我們組成多麼奇怪的崇拜者集會，彼此互不相識，陌生一如墨水中的深色魚。

我在餘光將盡之時找到睡覺的地方，離丘頂不遠，是一片草地，約是雙人床的寬度，上方被一片開展的山楂枝葉覆蓋，又以一片金雀花坡與路徑相隔，可以聞到黃色金雀花散發可可般的芬香。一隻綠色的啄木鳥在遠處咄咄不休。每隔幾分鐘就有飛機飛過，拖曳著一道道噪音。樹上苔蘚閃爍幽光。三隻黑毛雌鹿從樹林走來，其中一隻望著我，眼裡閃爍一日最後的金光，然後三隻都沿著白堊丘徑向西行去。就在將要入眠之際，一個景象在我心中升起：白色路徑與白色路徑相遇，徑道之網一路綿延到大地的岸邊，而後一路向外，到水一方。

＊注1：石灰質砂層原文cornbrash，字面意義爲碎穀片。譯注

＊注2：丁丁，比利時漫畫家艾爾吉（Hergé）的暢銷作品《丁丁與白雪歷險記》（*Les Aventures de Tintin et Milou*）裡的主角。譯注

＊注3：齊格星辰（Ziggy Stardust）——英國搖滾音樂家大衛鮑伊（David Bowie）的音樂專輯《齊格星辰的興衰起落與來自火星的蜘蛛》（*The Rise and Fall of Ziggy Stardust and the Spiders from Mars*）。整張專輯敘述來自太空的搖滾明星齊格星辰的故事，鮑伊頂著燃焰般火紅的頭髮，造型誇張華麗，音樂形象超越性別，奠定了他作爲華麗搖滾巨星的地位。譯注

＊注4：聖喬治十字（Saint George's Cross / Cross of Saint George）是白底紅十字的符號，最早是熱那亞共和國的旗幟，之後被十字軍採用，最後成爲英格蘭的旗幟。作者擅於使用這種具有象徵意義的物件來描繪風景，賦予視覺一種「文化性的識別」。譯注

＊注5：布萊頓（Enid Blyton），筆名爲瑪麗波蘿（Mary Pollock），一九四〇年代英國著名的兒童文學家，所著多爲奇幻冒險，在世界各地廣受歡迎。譯注

＊注6：《項狄傳》全名爲《紳士項狄的生平與見解》（*The Life and Opinions of Tristram Shandy, Gentleman*），是出身愛爾蘭的英國作家史鄧恩的小說，被認爲是意識流小說的開山之作。特林姆是書中的一個人物，是紳士項狄的男僕。譯注

四、淤泥

銀色雙曲線—英格蘭最要命的道路—派翠克—通往鏡世界的堤道—跨界—秦始皇帝—柯琳達角—多格蘭—繁雜的蔥形曲線—我們如釋重負地發現五朔柱—重像—思維如感官—在阿斯普林岬登陸—岸視野與漲水之河—陌托邦—等向空間中的認知失調—最遠端的危機—作為真相的海市蜃樓—返家渠道

離岸八百尺，我們走在銀色的水上，穿過一條優雅延伸、向南向北都沒有明顯盡頭的小徑。這是一條淺淺的潮間水道，太陽被其間的水所捕捉圈禁。其路徑之存在，基本上是一種不斷的變動，一種光與流的現象。它那明亮的線條蜿蜒離我們遠去，那是一道曲線，我們無從解釋其由來，也無法拒絕隨行的邀請。於是我們沿著那既非水又非陸的光痕向北行去。它將我們導引向海，愈行愈遠，愈行愈遠。

◆ ◆ ◆ ◆ ◆

打開一張大比例尺的艾賽克斯郡地圖，找出克勞奇河和泰晤士河之間的海岸線，就會看到一條步道，在圖上以十字和箭頭像細密的針腳一般標示出來，在一個叫做衛克林階地（Wakering Stairs）的地方離岸，然後向東直行入海。它在離岸數百公尺處轉向東北，以這方向前行約五公里，直到漁人岬才迴轉上陸，上陸之處是座低平大沼澤島的最高點，島嶼鮮爲人知，名喚劣相島（Foulness）。

這條路就是掃帚道（Broomway），據傳是不列顛「最要命」的小徑，無疑也是我走過的所有小徑中最神祕古怪的一條。據信掃帚道曾在過去幾世紀裡奪走數百條人命，可能還有更多受害者沒有留下紀錄。死者中有六十六人葬在劣相島教堂的小庭院裡，其他身分確定的死者，遺體則始終沒有尋獲。如果掃帚道不存在，〔推理小說先驅〕柯林斯就得自行發明它。愛德華時期的報紙經常報導其惡名，甚且將之重新命名爲「厄亡道」（The Doomway）。即使全國地形測量局的地圖以節制的方式記載這條道路，還是呈現出它那哥德式的氛圍。在那道海岸線一比二萬五比例尺的地圖上，以粉紅色大字印著如下訊息：

警告
穿越梅普林沙洲的公共道路可能有危險。請向當地諮詢。

不列顛兩條最惡名昭彰的離岸步道當中，掃帚道還是較溫和的一條，另一條是從赫斯堤經由教士灘從赫斯堤穿過莫克姆灣的沙洲而到肯茲堤的路徑。就跟在莫克姆灣一樣，掃帚道橫跨一望無際的沙質與泥質平地，綿延達數公里，幾乎沒有坡度可言。退潮時分，潮水退離莫克姆灣和劣相島極遠，露出的沙丘緊實到足以支撐行人的體重。但此地返潮極快，吞沒沙丘之迅速，遠快過人類奔跑。在輕靄、雨水或濃霧中，人很容易在這種閃光細沙四下連綿、到處都很相像的地形上迷失方向，而失向與沒頂同等危險。你眼前的地面也不全然可靠，這裡有困住人的泥地和吞沒人的流沙。莫克姆灣是出了名的險惡，二〇〇四年二月的死亡事件堪稱最慘重的悲劇，死者是二十一名中國非法移民，對此地海灣傳說一無所知、對潮汐的危險沒有足夠認識，卻被幫派老大派到沙洲上撿拾鳥蛤。

莫克姆灣的路線變動不定，步行者必須兼具機變與警覺，掃帚道的路線則與此不同，至晚自一四一九年（那年有份莊園誌稱此地為厄亡島）起就相當一致。在概念上，穿越莫克姆灣和行走掃帚道一樣，都接近二律悖反。兩者都是道路權，因此都被畫入地圖，載諸法律，但它們也都一日兩次任由潮水掃淨行過的痕跡。要怎麼稱呼無徑之徑，謎語？一連串羅盤定位？死亡陷阱？

掃帚道在地質和考古兩方面都備受爭議。有各種各樣的理論被提出來解釋它的存在，其中一個解釋認為它坐落在一道堅固的白堊脈頂端。可以確定的是，它名字的由來是以前路徑兩側每隔約三十公尺和六十公尺都插有「掃帚」，共四百支左右，這樣便可以標示出夾在中間可以安全通行的硬實沙地。

直到一九三二年，除非搭船，不然掃帚道是進出劣相島的唯一途徑，原因是這座島嶼與英倫主島相隔絕，其間是無法跨越的泥流和綿延的泥灣，名為黑地。過去的幾世紀間，人們以榛木為籬，搭成浮動堤道，架於黑地之上，通往沙洲，以作為安全通道（就技術與原理而言，這些堤道均與薩默塞特郡的恬徑相類）①。有些地點以石塊防波堤取代榛木籬。十八和十九世紀的公共馬車駕駛會在衛克林村的小酒館集合，邊飲酒邊等待潮汐適當時駕車前往劣相島。有幾名駕駛客死途中，或者受天候所惑，或者酒精作祟，又或者兩者兼而有之。在一九五三年北海大風暴餘波期間，洪水奪走英格蘭東部沿海數百條人命，那時掃帚道是前往劣相島唯一的可靠途徑，陸軍車輛沿著掃帚道堅實的沙地往返，載運死者，疏散傷者。一戰期間，國防部「基於研究目的」買下劣相島，如今軍方依舊會在島上試射火砲。

◆ ◆ ◆ ◆ ◆

多年來我一直想走一趟掃帚道，多年來都因為它的惡名而裹足不前。然而從伊克尼爾道回來後不久，我透過朋友結識了一名為派翠克的男子，他在劣相島出生長大，比任何人都了解劣相島。派翠克慷慨答應陪我前往劣相島。我們說好在一個潮汐恰當、國防部不試射的週日一同步行前去。

那個週日之前的週一，來了一封信。我認得信封上派翠克的筆跡。信拘謹地起頭：「至感悲傷，我必須收回先前帶你走『英格蘭最險惡之路』的提議。」我感到一陣氣沮。派翠克接著解釋，他要照顧年邁的母親，而她身體太弱，他無法「離開許多小時而不過度憂心她的安康」。不過，他又續道——我振作了起來——他認為我可能可以「獨自在掃帚道找路，不會遭受任何不幸」。

派翠克隨信附上如下的文件：一張衛克林階地與劣相島間海岸線的手繪地圖，畫出掃帚道的路徑及附屬堤道；一系列羅盤方位及步行距離；一份行走掃帚道的適當衣物清單，標著號碼；此外還有一些怎樣做才不會命喪途中的建議。

派翠克自己的命就拜掃帚道之賜。我們初次談話時他向我說明：「我跟你說，有個叫做哈維的男人，在一八五七年啓程，搭公共馬車過海前往劣相島。嗯，他沒抵達目的地，於是大家出發去找他。沒有找到馬的蹤跡。馬車在沙地上發現，上下顛倒了，哈維的遺體躺在平地上，溺水死掉了。」

「哈維的遺孀在哀痛過後嫁給利利先生，這結合孕育了我的曾祖父。因此，那起意外是哈維先生的絕大損失——當然也是哈維太太的損失——最終卻是我的重大收穫。你看，我應該因此感謝掃帚道吧，於是我獻身於行走、研究這條路。」

派翠克言詞精準，言語略有維多利亞時代遺風。他高尙嚴謹，對事實一絲不苟。他是鍛匠也是木匠，一直在陸地上工作到退休，但他對海知之甚稔，還是倫敦到奧斯騰單人划船的紀錄保持人。他告訴我艾賽克斯郡沿海的故事，提到泰晤士河口集結的礦業拖船隊，談及東風將大船吹往下風岸上的危險，而他最常提及的便是掃帚道，他會語帶尊敬又頗爲深情地稱掃帚道爲「老朋友」。

派翠克幾乎讀遍了掃帚道的行走紀錄，熱愛過往那些駭人的傳奇故事。每次我們聊天，他總能從掃帚道的傳說裡挖掘出新故事，例如十九世紀一名驗屍官耗費苦心辨認一具臉部和手指被螃蟹加工過的屍體；又如某個道上倖存者寫信給朋友，提到他在傾盆大雨中體驗到的「透骨恐懼」，以及他跋涉過沙地，尋找安全道路的故事。

派翠克說：「他相信自己朝著茅斯燈船走去，但其實他正往外走向海，走向自己的死亡，是因爲意外在魚鍋上絆了一跤才倖免於難——那魚鍋爲了防鏽而釘著銅釘，而他知道這種鍋子必然以底部朝向大海，開口與海岸垂直，如此魚才會在退潮時困在鍋裡。因爲絆到這樣的鍋子，他於是能夠確定方位，藉此找回路徑。他可眞幸運。」聽來派翠克對掃帚道上的死刑被易科似乎略感失望。

在攜帶式羅盤普及之前，每當遇上視野不佳，從一支掃帚望不見下一支掃帚的天候，要在掃帚道上確定方位，石子和繩索便是最佳工具。步行者攜帶一條兩百公尺長的麻繩，繩子一端繫著小石頭，再將石頭放在掃帚旁，然後往自己認爲正確的方向前進，邊走邊放繩子，直到抵達下一支掃帚。如果走錯方向，步行者可以循著繩索回到起點，再做嘗試。如果走對了方向，就收繩索拉回石頭，然後再重複同樣的動作。這是緩慢艱辛的作業，但以這樣的方法，人們得以在任何天候下安然通行掃帚道。

派翠克說：「那裡的平地是個古怪的世界，一切都跟平常不一樣。海鷗看起來跟鷲一樣大。比例和距離都變了。人很容易迷失方位，尤其在早晨或黃昏時分。肯特郡岸上的燈光經常令人迷失。你可能認爲自己正在往回走向艾塞克斯郡的海岸，其實你是走向肯特郡，深入潮水。還得留心泥濘。一旦踩錯地方，就會深陷泥地無法脫身，只能等著海潮來收拾你了。」

啓程前兩天，我出身阿拉斯加的朋友詹姆士提供了有用的建議，要我帶一柄銳利的小斧頭上路，他說：「這樣一來，萬一漲潮時困在泥地，可以拿這斧頭從腳踝砍下去，這樣就可以逃命了。」

派翠克最後的警告是：「就算改天，掃帚道也不會不見，但在起霧天走那條路的話，你可能就會不見。所以，抵達衛克林階地時如果起霧了，那，你就掉頭回家吧。」

◆　◆　◆　◆　◆

我在一個起霧天抵達衛克林階地。那是一個極早的週日早晨，空氣是白色的。那並非障蔽一切的北海之霧，比較像是深重的海上氤氳。但能見度極差，霧笛響了，回聲沿著海岸上下飄移。我站在海堤上望向霧中，感覺霧笛在胸臆鼓動。我不知道能不能利用想像力重新歸類這日的天候，從而漠視派翠克的終極警告。我感覺自己有點輕微的不適，其中還混雜著焦慮，但急切渴望上路。

跟我在一起的還有被我說服一起上路的老朋友大衛，他也很緊張。他本是文藝復興文學的研究者，後來改行當了骨董書商，又改行當出庭律師，又再改行當稅務律師。他可能是全倫敦甚或全世界唯一一個信奉馬克思主義的稅務律師。他喜歡穿馬褲，喜歡赤腳走路，鎮日期待資本主義覆亡。他身高兩公尺，非常瘦，非常聰明，對於不請自來評論他身高與細瘦身型的人沒有好感。我們一起走過許多里路。

衛克林階地的空氣溫暖濕重，在鼻中口中如凝膠般厚重。潮汐才剛反轉，離岸新露出來的黑地水氣蒸騰，呈現一片棕色峽谷與拱壁的泥景，凝滯閃亮，溪流充斥。鷸和蠣鷸趾高氣揚地尋覓早餐。我感覺身體表面變得多孔具吸收性。溪流與水道汩汩起泡，閃著光亮。兩隻大海鷗從容晃過潮汐線，以懶散凶暴的眼神監視著我們。

道路與防波堤交會之處有一個金屬製的禁止進入標誌，上面是松鴉藍的塗鴉。一面紅圈狀的旗子落在一支高聳旗竿的腳下。在禁入標誌的另一邊有一個黃蜂狀黃黑相間的告示牌，上面以命令句詳載諸多規定，套套邏輯般自我定位爲警告，指稱國防部不爲溺水、爆炸和泥濘所造成的死亡負責，也對步行者提供注意事項，此外也不甘願地承認此地確實是公共通道的起點：

警告：掃帚道沒有標記，對行人有危害。

警告：物體可能爆炸致死，請勿靠近或觸摸。

防波堤旁是堤道，約五公尺寬，以碎磚墊成，穿過泥地向海伸展，之後在輕靄裡消失於水上。路徑兩旁的竿子陷入泥中，標示出捲曲的道路外緣。那裡有幾片大葉藻叢。水面閃爍綠色與銀色，好像鏡面上的綠鏽。除此之外，堤道看來就像伸入一片無紋理的白色世界。

三隻蠣鷸在空中快速振翅，飛過時尖聲啼叫。我們攀上坡道，來到防波堤頂，越過一片散落的啤酒罐走下堤道的起點。我停下腳步，在岸邊岩石處掬了一把白色的鳥蛤殼。我聽從腦中浮現的警告，沒有像自殺者那樣全副正裝地走入海中。

我們沿著碎石和被海裂解的硬地行走，沿著堤道，越過泥地。一個牽狗的男人在防波堤上駐足觀看我們。我們得不時停步，等待退潮在我們前方揭開更多路徑。我窺視著堤道的邊緣，彷彿身在碼頭，實則兩側水深都不過數公分而已。一隻刺鰭魚將肉凍般的身體蠕進沙地裡。

堤道在三百公尺外眞的來到終點，像地下河一般沉落到沙下。再過去的沙地上有一灘淺淺的水光，向外延展，散落的光線使人失去遠近感，感覺上我們好像就要這樣走入海洋。我們在堤道尾端停步，看向無徑的未來。

「我覺得那邊某處有太陽，把這一切都燒盡。我覺得今天結束時我們就會在陽光裡了。」大衛歡快地說。

似乎難以相信，不過光線在我們走到堤道尾端的二十分鐘內確實變得略爲清晰。我回頭望向防波堤，但在煙霧中幾乎已經看不見了，只有一道向海的低垂灼熱白光，一條細細的鎂質燃燒線。

沙地有著錯綜複雜的隆脊，其線條被數以百萬計的排泄物切斷，那是沙蠶和竹蟶所擠出、狀如麵條的黑色泥糞。那墨魚色的糞便讓人記起硬質沙地之下便是泥沼。我脫下鞋子，把鞋子放在一叢大葉藻上。不知何故，我不禁覺得潮汐是無常的，而非固定的；是善變的，而非受規制的。如果潮汐偏偏就在這一天悖離月球引力，會如何？

「我擔心我們沒辦法及時回來的話，我的鞋子會隨著潮水漂走。」我對大衛說。

「我們沒能及時回來的話，會隨著潮水漂走的是你本人。」他的回答不怎麼安慰人。

我們跨出堤道。觸及肌膚的水是溫暖的，纏絆著腳踝。我感覺到腳下有大腦般的硬沙褶皺，如此緊實，一點也不因腳的踩踏而鬆垮。延展於我們面前的是整片如鏡反光的水面，只隨著低淺沙堆和綠色海草而略起波折。我想著中國西安尚未開鑿的秦始皇陵，傳說中那地宮有水銀湖的拱衛，據稱皇陵方圓里許，中央是秦始皇的陵寢，青銅穹殿以迷你尺寸複製秦帝國的疆域。陵寢的天花板嵌以寶石，象徵著天空，溪流、濕地與海洋則以水銀流瀉的河湖塑成。

我們繼續步行。我聽到那男人吹口哨叫喚他的狗，現在已遠在防波堤上。此外就只有銅色的沙和汞色的水，於是我們續行穿越波光粼粼的空氣，走上平地，走回中石器時代。

◆ ◆ ◆ ◆ ◆

一九三一年，一艘名為柯琳達號的拖網漁船在諾福克郡海岸外四十公里處的北海南部夜捕。漁人收網並將魚從網住的漂流物和碎石中清理出來，有人在一團泥炭中發現一個奇特的物體，尖銳有形，長約二十公分，顯然出自人的手藝。那人將這東西交給船長洛克伍德，洛克伍德將東西交給柯琳達號的船東，船東又將東西交給一個朋友，如此這般傳遞，東西最後到了考古學家伊凡手上，他認出那是魚叉的尖端，以鹿角製成，其中一側刻著倒鉤。

現今被稱爲柯琳達角（Colinda Point）的地方是最早的考古線索之一，顯示這裡曾是廣袤的人煙之地，只是如今已湮沒。在今天的北海南部底下，是中石器時代的亞特蘭提斯，或曾有游獵採集者漫行其上。在沒有當代考古學家的技術協助下，光是想像這樣一片地景存在的可能性，在一九三〇年代便是驚人的思想實驗。想像北海之水排空的景象？想像如今的海床是乾燥的土地？想像今日的英格蘭東部沿海與德國、丹麥和荷蘭的西北沿海相連結？想像中石器時代文化曾經存在於這片如今已然消逝的世界，那時這裡不僅僅是條通道？

柯琳達角（年代約在西元前四千到一萬年間）揭露這片水下世界，有助於我們理解現在稱爲多格蘭（Doggerland）的這片土地，而我們能對這個地區有既廣且詳的認識，都要歸功於一支由考古學家、地質學家、古植物學家、荷蘭和東盎格魯漁人所組成的卓越隊伍。

距今一萬兩千年前的上一次冰河期，大量的水被鎖在冰帽和冰河裡，不列顚一帶的海平面因此比今天低了一百二十公尺。當時位於水面之上的多格蘭是一片險惡的凍原。不過隨著全球溫度升高，融冰領著淡水河進入凍原，灌溉滋養了土地，凍原於是轉變成可以居住甚至頗爲宜人的地域。我們知道多格蘭的河流裡有鱒魚，橡樹林和梣樹林裡有野豬和鹿，異種蕁麻雜生於草地之間。考古學家利用一家鑽油公司的海床震波探測資料，繪出了多格蘭一片區域的地圖，大小約與威爾斯相當。研究人員就像早期殖民者一樣，一一命名這重現世界的地景。松樹林所在之地是一片陡峭的沙丘群，向下一路延伸到河流，流量尖峰期約有今日萊茵河之寬。這條河命爲薛頓河，以紀念伯明罕出身的地質學家薛頓，其人在諾曼地登陸戰前被投放到敵後去測量諾曼地灘頭堡。大家可能都從英國國家廣播公司的氣象預報裡聽說過多格沙洲之名，這是多格蘭北部的一片高原地區。外銀窪則是兩片巨大沙洲之間的大盆地，約一百公里長，有著海口或湖沼的地形特徵。

溫度持續升高，愈來愈多的陸冰融化，多格蘭也漸漸沒入水中。多格沙洲成爲一座大島，最終在西元前五千年全然消失，多格蘭於是完全沒入水下。海平面約以每世紀一至兩公尺的速度逐步上升淹沒土地，這樣的變化在一個世代內可以察覺，不至於出人意料，即使對那些已經建立初步據點的人來說亦然。人或許無法緩解或抵抗洪水氾濫，但卻可以預見也可以適應。如此這般，中石器時代人類自多格蘭撤退的行動，可謂人類對氣候變遷最早的持久回應之一。

思及多格蘭的今日，讓人很難不在往前望的同時也往後看。居住在英格蘭脆弱東海岸的人可以從多格蘭一窺未來。諾福克郡和薩福克郡一帶的海岸正在被海回蝕，墓地的骨頭和頭骨刻正散落入海。過去住在離岸數公里地的人，現在身處崖邊，已在棄地邊緣。諾福克郡海岸的教堂在一八九五年塌陷入海。一九四〇年建在海崖上的防空砲台和掩體已經坍塌在海灘上或沉入海水中。道路消逝於半空，過去沿海而行的步道如今已然傾圮。看看東盎格魯的古地圖就會了解，這一帶有相當大面積的土地已經加入多格蘭的行列——海岸線成了鬼魂線。在過去的海下逆流強勁之地，你的腿很可能會無預警地被拖下水去。

在薩福克郡的唐寧崎，有一整個城鎮在過去數世紀間被海所吞沒。一幀十九世紀的照片拍到這個城鎮最後的一座塔歪斜佇立於海灘，但現在這個城鎮已經片瓦不存。唐寧崎的歷史資料相當豐富，因此可以在地圖上標記這裡以前的街道、建築和教堂的外廓，以及這些人造物與目前海岸的相對位置。如此一來，在這裡的礫石灘上游泳，就等於是漂浮在看不見的街道與建築上方，游得越遠，在歷史裡便回溯得越深。曾經有一次，我沒有意識到岸邊四處扯動的退潮，逕自啪啪越過礫石灘，游到大約一八四二年，然後發覺自己正被潮水迅速拉向海中，而後在一片驚恐中奮力要留在今朝。

很有可能，數千年後，當溫度循環再度啓動，當全球的水再度冰封，多格蘭也會再度暴露出來。這次將會滿載人類世的文化遺跡，那將會是座巨大的貨棧，裡面有被打上岸的起重機和擱淺的海堡、拙劣的管線、混凝土製成的反坦克防禦工事、橫七豎八擱淺的船隻、棄屋堆疊而成的廢土堆。

• • • • •

我們繼續向外走去，赤腳走入鏡像世界。我回頭瞥向海岸。空氣有如舊日的新聞影片，有著顫動閃爍的顆粒。海堤糊成一條細細的黑帶。海岸線上有用途不明的構造——白色橫桁構成的起重架和低矮的棚屋。我每隔幾百公尺就丟下一只白色烏蛤殼。光線再度變化，從珍珠虹彩變成顆粒再變得濃厚。聲音的傳播變得很奇怪。炮火聲好像被消音的爆米花聲般模糊不清，但無樹之岸上某處布穀鳥的啼聲卻鮮明地傳到我們耳中。蒼白的太陽穿透輕靄照上我們，在水塘和漣漪裡產生無數重影，有如白色的眼睛。

高脊和谷地的迷你沙景壓向我的腳底，我的腳在那趟行旅之後好幾天都還留著那種壓迫和圖形的記憶。不論望向何方，我都看見沙脊的波紋重現，在小小的雙殼貝那分離的波浪殼緣，在蜿蜒的水道之間——顯然因爲它們捕捉了光線，並以不同的方式將光投射到淺水處。所有這一切都有著賀加斯於一七五三年命名爲「曲線」或「美麗線」的那種S形雙重曲線，其不具功能、重複的高雅中自有一種精緻，線條將人的目光吸引向前。

定向點如此稀少，向我們招手的路徑卻如此繁多，我們發覺自己很難停留在路線上。我感受到一種強烈的渴望，想要直直走入海中，探索這空曠潮間世界更廣大的自由，但我們兩人仍很焦慮，唯恐遠遠岔離概念中的掃帚道，遭遇黑泥或流沙。

派翠克的說明指出，我們應該要到一個叫做五朔柱的地方，那是一根沉沒的電線杆，上面有橫木，標示著一條潮間水道的東南緣，水道名爲哈芬爵溪。但此地的尺度詭譎，我們也沒有細心留意步數和距離，於是開始望著那些此起彼落突出於泥地上的桅杆，一肚子疑惑——那些桅杆可能是船的遺骸，更有可能是長久以來被沉積的浮沙所掩沒的舊日水道標示點。最後我們找到並抵達一根肯定是五朔柱的柱子，看來像是西班牙大帆船中桅的最後一公尺，船身早已沒入深沙。在柱子的基底處，海流刻鑿出一個個盆窪，我們的腳步深陷其中的暖水，帶入疾走的小蝦。我們取道向前，續行於銀箔般的水面。

離岸世界裡攪亂心智的物質，和安然行走於水上的反直覺所生出的愜意，使我的腦袋開始異常運作。在水上，沒有什麼東西可以只是自己。眼睛接收的是錯假的色值。明喻和隱喻滋生發芽。尺度的海市蜃樓萌生，深度的騙局尾隨。鷗鷹下撲起旋，滑翔在輕靄的最遠端。沙成了水之箔（tain）——「箔」這個字源於法語的錫（tin），是一種無光澤的鏡面襯裡，用來製造反射，但會限制向上的視線，使那個點之上的概念不復有視野。

我們的倒影始終如影隨形，是我們殷勤的幽靈自我。水就像鏡射線，我們與自己的重影在腳踝處相接。我變得足有三·六公尺高，大衛比我還高三十公分。如果有人能從岸邊透過層層輕靄望來，他們會看到兩個巨人行者跋涉過海，又或者像丑角邁著極長的小腿，疲憊地走向愚蠢的死亡。

數年前，雕刻家葛雷姆（Antony Gormley）將自己的真人大小鐵像埋在劍橋考古研究所的地裡，上下顛倒，只有鐵人的腳底露出地面。在出發前去行走掃帚道的前兩天，我褪去鞋襪，赤腳站在雕像生鏽的腳印上，與那被埋的軀體腳底對腳底。如今那種重彎意外地在此地的沙上再現。視野所及之處盡是樞軸點、槓桿支點、對稱與擴散，是羽翼世界的胸廓。沙模仿水，水模仿沙，空氣複製兩者的紋理。流連的布穀鳥喚聲，竹蟶與鳥蛤，我們自己的倒影，充沛的日影，硬質上的透明滑翔。當我回想這趟步行的外圍里許，便憶起一種強烈的知覺扭曲，致使精神和眼睛產生幻覺。我憶起思緒怎樣感官化，地景的物質影響心智之重，使心智本身的物質也興起變化。

◆　◆　◆　◆　◆

人經由堤道而進出鏡中世界。阿斯普林岬（Asplin Head）有一道約有阡陌寬的礫石防波堤，一路延展到黑地，是通往岸邊的安全路徑。隨著我們接近防波堤，腳下的沙開始讓道，我們踩入吸人的黑泥裡，就好像發現油源一般，光彩耀目的豐沛滲流在我們腳邊漩湧。我們嘖嘖向前來到堤道，其上礫石已被一種鮮豔的綠草拓殖。海薰衣草和海蘆筍在鹽沼間繁盛生長。

我沒有走在堤道上，而是沿著堤道行走，因爲覺得走在泥上就會陷落下去。我穿過海蘆筍的迷你仙人掌森林，在裂開的鋼筋混凝土團塊之間行走。泥巴表面是有著砂礫紋理的凝膠糊，其上布滿蟲爬過和螃蟹塗上的絲絲細紋。堤道中央的泥巴已經乾涸，龜裂成星形圖案，上面滿是鷸、蠣鷸和海鷗等跋涉者的足印，而我憶起早先在劍橋夜間散步時留在雪上的足跡。足下愉悅於滑溜的黏土，泥巴隨著每一步在我趾尖蜷曲，膩如奶油。等我跟大衛抵達海堤時，兩人腳上都像是穿著黏土的蛙鞋。我們在一面水塘裡洗去泥巴，踏上一艘船的活動舷梯。我們登陸了。

我們坐在海堤的外坡上吃三明治聊天。大衛拍了一張國防部告示牌的照片，告示牌上寫著「禁止拍照」。太陽已經完全隱沒，早先的輕靄幾乎一縷不存。我們腳上的泥巴乾得很快，寒毛隨之蜷曲，皮膚因此收緊，我覺得自己好像被窯燒的泥人。我欣見三隻反嘴鷸從鹽沼起飛，在我們頭上尖叫盤旋，然後向海薰衣草俯衝，這讓我想起那年早先在這片海岸見到的杓鷸，想起鳥與動物的路徑實在是最早的道路——空中遷徙的路徑將鵝群從西伯利亞帶到這片海岸，遊隼來自斯堪地那維亞，數千年間在空中刻下看不見的印痕，受磁力的牽引移動。晚近關於航空的驚人研究顯示，鳥類因為有著稱為隱花色素的視網膜蛋白質，竟然真能**看到**磁場。鳥類感受到的磁力結構有著或明或暗的型式，疊印在慣常可見的地表上，鳥類藉此而能找到飛行目的地。

發亮的沙在堤道尾端一路延展到地平線。劣相島有一名為巴洛的農夫曾傷感地談到在晚秋時分來到沙上狩獵赤頸鳧：他帶了一塊板子，用來充當射擊支架，然後他靠著板子，感覺自己「在月亮的遠端」。確實如此——走入海中就是一種輕微的月狂症②，是前往異次元的通道。

哈德森在他一九〇九年出版的奇怪路書《徒步英格蘭》中形容他在諾福克郡海岸的經驗，與那個早晨我和大衛在掃帚道體驗到的差相彷彿。那時潮水很低，哈德森遠上金色沙地去看銀鷗，恰逢一片「溫軟的藍銀輕靄」開始堆疊，海天陸「交融混合」，製造出一片「非海非陸的新鄉土」。輕靄放大鷗的身形，直到看來再也不像

「熟悉的鳥類」，卻有「鷗的兩倍大，……有著耀目的白色，沒有確切的形狀」。哈德森的散文將那次經驗形容得頗爲神祕，是物質幻覺所引發的形而上妄想。一時間，銀鷗之於他，變成生活在這世界裡或飛越這世界的幽靈鷗或靈魂鳥，是只因氤氳薄霧而能短暫爲人所見的存在。而後，在一股星火四濺的反轉當中，他想像自己「遠遠站在閃亮的沙地上，一邊是閃亮的海水」，他去物質化而成了「一個無形的閃亮白色存在，立在海邊，或許是漂浮在輕靄裡一個羽翼的影子」。他作結道：「這個，就是心智的作用——這自然世界已然轉化成超自然世界。」

美國農夫作家貝瑞（Wendell Berry）在一篇題爲〈升起〉的傑出隨筆裡提到，感覺到的壓力、體察到的質感和感知到的空間都會影響身體，進而影響心智，改變思維的質地和傾向。他於文中形容在洪水中架舟漂流：「不論我們如何努力從岸邊向驟升的洶湧河水移動，總是有……數分鐘難受的過渡。河流是另一個世界，意思是人的感官和反射必須開始過另一種生活。」

◆　◆　◆　◆　◆

我們缺少（也需要）一個名稱，來代表讓人感受到「過渡」的那些所在——從已知的地景，過渡到巴洛所謂的「月亮遠端」，到哈德森的「新鄉野」，到貝瑞的「另一個世界」，到我們「以相當不同的方式感受和思考」的地方。有時候我將這樣的過渡想像爲「跨界」。那些界限不等於國境線，也不需要紙張和文件。穿越這些界限的行旅泰半不受控制，也沒有可靠的地圖標示路線和輪廓。這些過渡甚至存在於熟悉的地景，在你跨過某座分水嶺、林線或雪線之處，在進入大雨或暴風或輕靄之處，在從巨礫泥層進入砂岩或從白堊丘進入綠岩之處。那些時刻是成年禮③，重組一地的地理，使已知之地富於異國情調，變得朝氣蓬勃，在郡縣之內揭祕大陸。

我們該如何稱呼這些事件或案例，或者說，我們該如何形容我們在邊界之外發現的地域？或許可以稱之爲陌托邦，意爲「異地」或「錯位之地」，算是烏托邦或反面烏托邦的補語。於一六九〇年代啓航探索蘇格蘭海岸線的旅人作家馬汀（Martin Martin）很清楚，並不需要讓自己在空間中大幅錯位就能發掘差異。他在一六九七年寫道：「只因爲事物與我們所生之地有所距離便加以論斷，那是軟弱愚蠢的，於是人遠行去尋找異地的動植物，但對於己身自然天候下的產物卻始終有如異鄉人。」迪金（Roger Deakin）也在日記裡寫道：「人們光是在英格蘭便等於同時生活在好幾個國家，那爲什麼還有人想在國外生活？」同樣的，梭羅則說：「絕對新穎的前景帶來無上的快樂，而我每個下午都有此得。兩三個小時的散步就能將我帶入我所想見的異地鄉土。有時一棟未曾見過的農舍就跟達荷美王的領地一樣美好。」

美國藝術家福克斯（William Fox）畢生致力於探索他所謂的「等向空間中的認知失調」（cognitive dissonance in isotropic spaces），用白話講就是「我們在各個方向看來都很相似的空間裡是怎麼迷失方向的」。福克斯的假設是，我們會迷失是因爲無法在那樣的地景中自我定位，因爲我們是在稠密繁盛的叢林或草原環境裡演化起來的。在具有重複性、欠缺資訊而少有視野標示的地景中，「我們的自然導航能力就會產生災難性的潰敗。」福克斯曾旅行到南極和美洲沙漠地帶，去過太平洋的巨型火山口探索此等單調的空間，我和大衛則踉蹌來到艾賽克斯郡海岸外數百公尺之處。

◆　◆　◆　◆　◆

我們沿著堤道往回走，來到應該是掃帚道的起始點，在那裡逆著風，然後循來路返回。如今太陽已經完全沉沒，每一道沙脊都有自己的一道光線，循著自己的脊頂前行，好像鑲飾著金屬絲弦一般，而每塘池水裡也都燃燒著一顆微型太陽，是通往地球白熾核心的探鑿孔。我們有影隨行，影子也追隨我們的倒影，我們前往島嶼的一路上是四人同行，回程時則是六人，一度因爲自我增殖而變得唯我、四下散漫。

大約是在折返五朔柱的半路上，我們因這一日的經歷而變得大膽，再也不能抵擋橫跨平沙向前探索的誘惑，於是我們從陸地線轉了一個道直角，開始直走入海，將想像中掃帚道的平安拋諸腦後。

我永遠忘不了那個走出——走回——進入多格蘭的一小時。我們並不知道沙什麼時候會鬆弛成泥，卻也不知何故並不感覺危險或莽撞。潮水退去，而月亮會維持著退潮，我們有兩小時的時間探索這片廣大的揭祕之地——不會多於兩小時，這是確定的，但也確定不會少於兩小時。我們行過的空間所帶有的平靜沉穩使我冷靜到近乎刀槍不入，我們於是繼續前行。白色輕靄在一兩公里外依舊氤氳不散，我在朦朧中開始感知到不可能存在的形象與形狀——有著高高四角縱帆的維京長船船隊、阿拉伯三桅小帆船的船隊、單桅三角帆船和**蘇格蘭斜桁拉丁帆小帆船**、城市景觀（伊斯坦堡的天際線、國會兩院的剪影）。回首時，海岸線清晰可辨，身後足跡顯然已被抹消，我們於是無痕地踏濺水花前行，直至潮間帶的極限。那個時刻感覺起來，地平線似乎可以強而有力地將心智拉抬乃至山巔之高。

最後在離岸三公里處，隨著潮水達至回返點，我們的憂慮開始穿透冷靜而升高——黑泥也穿透沙地而漲起——我們頗不甘願地背離最遠點，展開一道返回海岸線和掃帚道的漫長弧行。齒輪在此倒轉，我們往陸地前進，向可辨識性安身。我們回到岸邊時，決定同年稍晚要再走一次掃帚道，下一次要在夜間來走。

我們因為太陽和行腳里數而變得遲鈍，身上沾滿泥塊，以中石器時代流浪者的身分離開衛克林階地附近沙地與堤道交界之處。標示竿立在堤道磨損的尾端，位在黑地的邊界，而在那裡——棲息在大葉藻上——忠實的鞋子還等著我。我穿上鞋子，然後我們走出了多格蘭，或者不論哪片我們那日所探索的鄉土，離開鏡世界而走上海堤。之後數日之間我都感覺沉穩、冷靜、閃亮、平坦如沙洲。

＊注1：恬徑（Sweet Track）是一條木質道路，橫跨新石器時代早期所形成的濕軟薩默塞特地層，是較乾的曼迪丘陵地與格拉斯通比圓丘之間的通道。我們透過準確度驚人的花粉定年可知，西元前三八〇六年，在靠近衛斯黑的夏比村，赤楊、榛樹、冬青、橡樹、梣樹與菩提樹的枝葉被紮成束，用來搭建橫越這條地層的通道（這些地名容易使人誤以爲是在蘇格蘭的昔德蘭群島，其實是在英格蘭薩默塞特郡）。作者注

＊注2：Lunacy，指精神失常。Luna則指月亮。譯注

＊注3：Rites of passage，字面意義爲通行的儀式。譯注

第二部 2

追隨

蘇格蘭

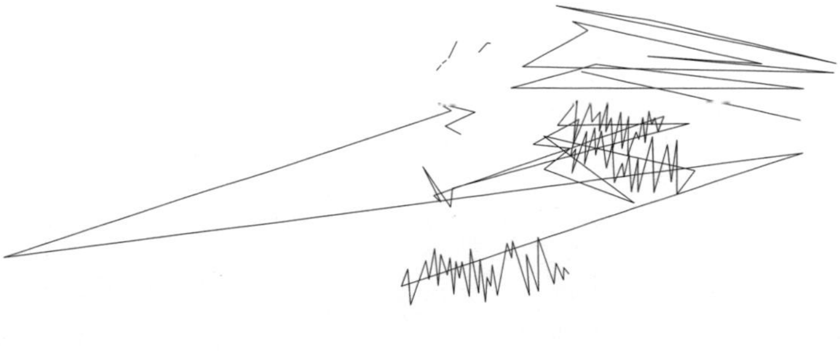

五、向水之南

鳥蛤殼般的小船—海道—陸地偏見—詩意的航海日誌—襲擊者與漫遊信徒—奇異旅程—幻夢島—壓艙石—海上故事與海路—斯托諾威港的杜鵑窩—言語如何相通—Hoil（斯托諾威港的別稱）—追求最適—明奇海峽的藍人—形狀清晰—返潮—海鸚的叫聲—磷光—熔岩玻璃—島嶼狂與知識的界線—衝浪—故事船—物質集會—北向之旅

帶著我們向南航行的是一艘有如鳥蛤殼的百年小船。初見時，她與其他三艘船並排停泊在外赫布里底群島路易斯島上的斯托諾威（Stornoway）港口裡。離碼頭最近的是一艘除役許久業已鏽蝕的拖網漁船，廢棄的船身被手臂粗的繩索繫泊住。漁船旁邊是可以遠洋航行的遊艇，長十五公尺，船身白如牙膏。繫泊在遊艇旁邊的是七公尺長的郵輪，有著磨損的柚木甲板和尖弓般的船艏。停泊在郵輪旁邊的就是我們的船，唯一的桅杆已經從桅座上卸下，赤陶色的帆連同坐板一起摺收起來，艄柱到船尾的距離，還不如三個人躺下頭腳相接的長度。

看起來好像只是救生艇或平底小艇，但其實她有名字，叫做闊灣號，是一艘有著四角縱帆的敞船，船身以蘇格蘭落葉松疊接成魚鱗狀。她的兩側高出水面半公尺，年紀則比她的那個世紀少兩歲，而我們當中有兩人要駕駛她出航明奇海峽，也就是將天空島和外赫布里底群島從蘇格蘭本土隔開的那片深水海道。首先我們會航往項恩群島（Shiant Islands），那是位於明奇海峽中心主要以輝綠岩構成的島群，然後，如果風向和天候許可的話，我們會前往哈里斯（Harris）和尤伊斯（Uist），循著蓋爾語稱爲*astar mara*[1]的海路前進，是一條人類、貨物、神祇、創意與故事循徑而行已近萬年之久的海道。

從我這戒懼海洋的人眼中看來，闊灣號小到只能勉強在港中轉一圈，就別提要進入狂暴的明奇海峽了。我們沒有引擎（只有一對槳），沒有ＧＰＳ（只有一只健行者使用的掌中羅盤），只有兩名船員，卻要划一艘四人划槳的船（而且兩人中的一人，也就是我，還是個不及格的水手）。只求在灣中能掌住浪的船身，以及航程中能頂住風的船帆——沒有比這更簡約的航行了。

• • • • •

洋道或海路，在古英語中叫做鯨魚道或天鵝道，古斯堪地那維亞語稱爲*veger*，蓋爾語稱爲*rathad mara*或*astar mara*。這樣的海道成千上萬，其中包括前往波羅的海之路，也就是從怒岬經由奧克尼群島前往俄國的海路，還有諾福克郡北部海岸的布蘭開斯特海道，以及「大路」（The Road），也就是夕利群島中分隔聖瑪麗島與垂斯科島的水道。②我們通常認為道路只存在於陸地上，其實海上也有道路，只是水體拒絕為人所標示，也不會將標示保存下來。伊克尼爾道的某些路段可能最早在五千年前開始被踩入堊土中，但在海上，半小時前的航程都不會留下痕跡。海路是立即消解的路徑，除了尾流，即船尾短暫的渦流，不留任何痕跡。海道的存在是基於協定，基於傳統，是一序列的座標，一連串的標示，是地圖上的點線，是故事，是歌謠。英格蘭航海家德萊頓（John Dryden）於一六六〇年代寫道：「……（我們）循海洋上的線條而行，海路應如陸路般為人所熟悉。」數千年來，大船、小船、人、物和語言隨著海路旅行——信件、民間傳說、海上歌謠、水手歌謠、詩歌、謠傳、俚語、笑話與幻想。掃帚道的沙質淤泥是過渡性的道路，一半引我離陸，一半引我入水。現在我來到外赫布里底群島，來見一個精通海道舉世無匹的男人，來與他共航於這些真正的水道上。

要了解海路，首先要了解海洋可以把天涯海角拉到多近。在現代汽車和飛機出現之前，船是最快的長距離旅行工具，如今依然迅捷得驚人。只要船隻駕駛得當，迎上適當的潮汐與風，就能夠在一天之內從外赫布里底群島抵達奧克尼群島，兩三天就可以抵達法羅群島。天候良好時，維京船可以航行的距離估計為九十至一百五十海里，意思是只要兩天就能從挪威的卑爾根到達昔德蘭群島，只要一週就能到達冰島。

故而對西元後第一個千禧年的入侵者來說，短程通勤便意味著能夠迅速在海面上散布暴行。

第二件關於海路的必知之事是：海路由不得人。就跟橫越陸地有最適道路一樣，揚帆過海也有最適途徑。海路是由海岸線的形狀所決定（得轉彎避開陸岬，得往重要港口、群島和礁石水域伸展），也由海象所決定。表面洋流、潮流和盛行風，對特定地域之間的海上旅程都構成限制，也提供了機會。

要一直到二十世紀初期，古老海道及其形塑史前時期的重要角色才獲得肯認，在那之前，史前史學家與歷史地理學家都有一種「陸地偏見」：過度依賴羅馬史料，總是專注於部隊、貨物與思想藉由步行跨國移動的方式。羅馬帝國的道路網確實改變了歐洲內部的遷徙模式，在帝國廣袤疆土之統合、軍事力量和經濟力量的生成上，無疑也扮演著關鍵的角色。羅馬人的俗諺有云：「海洋切分而陸地統合。」但在羅馬帝國興起之前數千年，實情卻與此相反。古典史料誤導了之後的歷史學家，這一方面也是因為歷史學家接受一個事實：海洋會抹消駛過的痕跡，陸地卻會保留行跡。

在史前考古學興起之後，海路的重要性才顯現出來。在這方面，克勞福於一九一二年做出早期的研究突破。他注意到，青銅時代一種起源於愛爾蘭的新月形金飾似乎是經由海路以及他所謂的「地峽道」（isthmus roads）而傳播，地峽道也就是早期水手不想冒險繞行暴風雨肆虐的海岬時所走的陸路，例如在康瓦爾郡靴跟形的地帶，或者威爾斯半島的聖戴維。這些水手會在一岸卸下貨物，藉由陸地將貨物運往另一岸，再到該處將貨物裝載上另一艘船。在克勞福之後，研究有了快速的進展。一次大戰後不久，研究者利用愛爾蘭、不列顛西部與北部、西班牙和法國大西洋岸的加工品及工藝技術的流通模式，開始重構後來稱爲「西方海道」的基礎地圖。

這是艱鉅的工作，但證出的結果驚人：這些海上交通至少可以回溯到中石器時代，在羅馬開始構築道路之前的三千年，這裡已有密集的海上活動。符克斯在一九三二年出版了一張知名的地圖，標示出一條主要海道，從奧克尼群島橫越蘇格蘭頂端彭特蘭灣，繞過瑞特岬，穿過明奇海峽，續行往南通過愛爾蘭海，繞過威爾斯及康瓦爾半島，然後向南通過開闊的英吉利海峽到不列塔尼和比斯開灣，最後抵達西班牙西北部。除了這條主要海道，還有其他的支線和穿越半島的航道。

更多的研究和更多的地圖隨之而來，一個將歐洲北部與西部海岸線連結起來的複雜短程運輸網路也隨之浮現。符克斯認爲，這些相互連結的海岸地區分享了一種大西洋性格，他並且設想出史前時代海洋的樣貌：海上充斥著新石器時代的阿爾戈英雄③，乘坐皮革製成的船，或划槳或揚帆，有時航行極遠。舉例來說，有證據顯示五千年前曾有人從奧克尼群島向北航行到昔德蘭群島——或許是受到從北方漂流而來的船難貨物所誘惑，又或許是被向晚時分朝北飛去的鳥群所慫恿。

早期的水手擁有一定的航海及造船技術，因而能夠找到啓程及歸返的海路。我們只能臆測這些技術的內容，至於他們踏上旅程的原因，所知則更爲稀少。康利夫（Barry Cunliffe）在關於大西洋文化的大作《面向海洋》中揣測，「海洋的躁動」本身可能就會激起旅行的欲望。他更務實地指出，遷徙的魚群和精華資源分布不均，也可能激發人們去尋找可靠的海路。最初的海道航行者可能利用的是大自然的導航技術，例如參考鸌、海燕、塘鵝等陸棲鳥類黃昏時分的飛行方向，或是在天穹中固定不動的極星或北極星④，星星看起來都圍繞著它轉。若是看到地形雲，便知道有陸地自地平線拔起。此外他們可能也探測湧浪的各種模式。這些方法都讓早期的航海者得以留在想走的航道上，也慢慢形成一種關於海岸線和最佳海路的記憶地圖，藉由故事和圖繪而保存、傳承下來。

隨著時間流逝，這樣的知識被載入航海圖和航海記事，之後則有路線之書以敘事和詩歌的方式將海道記載下來。舉例而言，《伊里亞德》中的船隻名錄跟可能撰寫於西元前六世紀的《馬賽航記》一樣，是領航者憑記憶所錄下。古斯堪地那維亞吟遊詩人的詩謠以文字描繪海道地圖，冰島的英雄傳說亦如是（這些傳說中，有些還提到從挪威航行到冰島的航向，包括每一中途站的詳細訊息、識別點和其他的主要陸標），此外還有更實用的中世紀冰島文獻，例如十四世紀卓越的《拓界書》有一百章，分成五大部，講述維京人占領冰島的故事，其中也包括 *verstrveger* 的指南 —— *verstrveger* 是大西洋西部的海路，從挪威通往奧克尼群島、蘇格蘭、外赫布里底群島與愛爾蘭，以及法羅群島、冰島和格陵蘭。在懷特（Kenneth White）引人共鳴的名句中，所有這些文獻都是「詩意的航海日誌，滿載鹽分與風浪」，最後演變成領航者之書，以各種 *routier*、*rutter*、*portolano*⑤ 之名而爲人所知（後者主要提供沿岸路線而非越洋航道資訊，以行經的陸岬來計算航程）。

海路的發現迫使一種對歐洲史的激進再想像成爲必要。現在你也可以自己試試看：在心中將不列顛、愛爾蘭和西歐地圖內外翻轉。將這些國家的內部塡滿，想像成沒有地貌特徵的空間（就像你將海洋視爲沒有地貌的空間一樣），然後在西部和北部的海域塡滿路徑和軌跡，想像一個連結起港口和港口、島嶼和島嶼、陸岬與陸岬、河口與河口的行旅體系。如此海洋變成陸地，分布其上的不再是障礙，而是通道，是日常的輸運媒介。⑥

這是一種攝影負片似的翻轉式思想實驗。這種實驗伴隨著許多結果，而其中之一具有一種離心性：物質和文化向邊緣旋轉，中心清空了，邊緣成爲中心。歐洲的大西洋海岸不再是「舊世界」的邊緣，卻是連結新世界的介面。沿海聚落是出發點和到達點，是蓬勃發展的十字路——奧克尼群島並非遙遠的地點，而是中心點，立於貿易和朝聖網絡的核心。

第二個結果是現今國界會隨之動搖崩潰。從昔德蘭群島和奧克尼群島一路南下到西班牙的加利西亞，這些朝向外界的沿海聚落不屬於剛好擁有海岸線的某些特定國家，卻自成一種連續的領土：先天具有大西洋性格，並且共享文化、技術、工藝和語言。高興的話，你可以視爲分散的西方大陸，以走向同一片大洋的足跡統合組成的區域。正如康利夫所主張的，沿著這道大西洋門面，有一個共同的文化認同在過去超過一萬年的時間裡發展起來，包括加利西亞人、凱爾特人⑦、不列塔尼人和赫布里底人，他們的相似之處，可能比他們和「內陸親屬」的相似處還多。懷特提出「失落的波長」和「大西洋感」復甦的說法，認爲有些感受和思考方式是受到長時間居住在大洋邊緣此一事實的激發和制約。懷特寫道，有些「心靈事件」只可能發生在「受奇異的精神之風吹拂」的大西洋沿岸。這種內部地景爲外部所強力塑造的看法，深深吸引著托馬斯，而懷特所言正是此種想法的另一個版本。

自中石器時代起，流動之人（海盜、虔誠信徒、移民、商人、匠人）和其想法（技術、語言、方言、信仰和價值觀）便在這些海路來來去去。新石器時代沿著海路移動的，有大酒杯和戰斧、橢圓形吊墜和石珠、蜜色法蘭西燧石製成的矛頭、喪葬習俗與建築技術。青銅時代沿著海路移動的有新月形金飾、顏料、黑玉、琥珀、銅、彩陶、青銅飾環以及往返其間的青銅匠人（帶著裝在袋中的各種零碎、蜂蠟和耐高溫的黏土）。鐵器時代沿著這些海道移動的則是康瓦爾的錫、藝術圖案、家畜和貴金屬。黑暗時代，在此移動的是暴力、貿易和宗教。中世紀則是石頭、石灰、繩子、波形瓦、木材、木雕技術、民間風格的小提琴演奏、歌曲和曲調（彭斯最完美的歌曲〈俊美的織工〉便是以斯堪地那維亞曲調譜成）。

羅馬帝權的增長和隨之而來的歐洲道路系統發展，改變了歐洲的政治地理學，海路作為行旅路線的重要性一度降低。然而在第五世紀，一種建立在孤獨的理想上，且實行起來很耗費體力的崇拜形式從高盧散播開來，經由海路而抵達不列顛西部和北部。被稱為*peregrini*的漫遊信徒乘船朝聖，在愛奧納島、北羅那島等遙遠的島嶼和陸岬登陸，遠比古斯堪地那維亞人更早抵達這些地區。懷特詳盡地描寫了基督教歷史上這特出的時刻：僧侶揚帆追尋孤獨，「突然開始離家遠行，在偉大的遷徙中飛翔，腦中裝滿文法學與地理學、動詞時態和暴風雨、敏快的思想與詩歌。」

在這幾世紀裡萌生的蓋爾特語基督教文學當中，有些具有*immram*的形式（*immram*這個字或許可以翻譯為「奇異行旅」，是前往異世界的海上旅程）。⑧這些傳說——其中以《杜茵之船的旅程》、《布蘭的冒險》和《布連登的旅程》最為知名——以海道爲背景，是關於行旅的敘事，隨意從肉眼可識走向超自然，從已知消褪到想像的地形，其間卻極少過渡的跡象。蘇格蘭、冰島、奧克尼群島和昔德蘭群島等實際存在的地域，在這些故事裡以海道和虛構之地相連，例如赫斯珀里德斯、神惠島、幸運群島（直到十四和十五世紀，這片群島都出現在西大西洋的海圖上）、布拉西島以及愛爾蘭西海岸外無憂無病的快樂島等等。⑨

這些地方於是成爲地理和神學交融的地帶，正如康利夫所言，是「隱喻和現實隨時間而融合」的地區，也是我與伊恩共航的海域。

• • • •

伊恩跟我並肩站在斯托諾威港，望向他建議搭乘出海的小船。他兩手插在口袋裡，一派輕鬆，我卻滿心憂慮地雙手扠腰。

伊恩說：「闊灣號這種船的傳統壓艙物是大石。她會裝載片麻岩的大石，會做個鏈條繞住岩石，然後這些岩石會像一窩巨蛋一樣沿著龍骨放置。」

從伊恩的語調聽來，我應該因爲這樣的訊息而感到安心，但事實不然。雖然我了解壓艙物的邏輯，卻不覺得在船隻出洋之前裝載大石是什麼明智之舉。

那之前一年左右，我在斯托諾威港初見伊恩。他是——唔，他有很多身分。首先他是水手，由大海一手塑造，也爲大海而生，所賺僅能餬口，總是巴巴望著下一場冒險旅程。他對大海的愛之強烈，近乎貪婪，但與其說是貪婪，不如說是命定。他在路易斯島出生長大，在一九八○和九○年代擔任斯托諾威港的海防工作長達十五年，最後因爲那份工作耗時太多在辦公桌前而辭職。如今他是水手，是藝術家，是講故事的人，也是實至名歸的抒情詩人。他大半生都沉迷於往來外赫布里底群島的海道，長年航行其上，也研究在這些海道流傳的故事和歌謠。他告訴我：「那些故事在大西洋不同的海岸地區各有不同的版本。遇上了你就知道，那些是在海路上流轉的故事。」

對伊恩來說，追尋故事的蹤跡是勘測海道的方法，循道而航則是繪出故事流傳途徑的方式。他追索海上故事的各種變異版本，包括「三節風」、「明奇海峽的藍人」、「賽姬海妖」和「芬恩人」的傳說——這些故事流傳海上許多世紀，在不同的陸岬登岸，以不同的口音在不同的地方被講述。伊恩在二○○七年協助三艘傳統船隻沿著三首蓋爾特歌謠和故事所講述的路徑航行，其中的「羅那石南」以一首風笛曲爲基調，歌詞主要是北尤伊斯島衆墓地的地名。那是一首離鄉者之歌，一首悼亡樂曲，羅列作者先祖安息的地名。對伊恩來說，傳統故事就跟傳統歌謠一樣，與傳統海道有極親近的血緣，既同樣難以預測，卻又被廣泛地重複。他跟我說：「歌，每次唱都不同。風、潮汐、船隻和船員的種種變化，意味著同一條海路的航程每次都不一樣。」

每一條心中計畫的海上路徑，最初都以期望的形式存在，之後變成消散的尾流，最後成爲航海日誌裡的數據。每條航路都「受等壓線，／／衛星的設站、記錄在案的朝生暮死／和操舵之手的影響」。我喜歡這樣的想法，讓我想起澳洲原住民的歌徑，也想起托馬斯視步徑爲故事的看法，每個步行者都爲道路增添一個新的音符，一段新的情節。

說起伊恩的外表，他有銀色的鬈髮，淺淺的白色鬍渣，左耳戴著兩只纖細的銀耳環，精緻得無從仿製。說起他的性格，他機敏，像狐狸，大方、淘氣。說起他的聲音，他聲調抑揚頓錯，有蓋爾人之風。說起他的個子，他矮小，幾乎像小男孩。他散發青春感，看起來比我年輕，其實長我十二歲。他的體格就跟他的言語一樣結實精幹，能及遠也能負重。在生理上，他強韌凌厲，以船的纜索和升降鋼索爲筋骨，性格卻能屈能伸。他聚精會神時顯得興高采烈，心不在焉時則意興闌珊，每段心情轉折都以倏忽一笑、音域變化或輕快隨意的不恭作結。他不喜歡傻瓜和騙子。初次見面的時候，我感覺自己被打量、被評價、被迅速地審閱。眼光在我全身上下移動。我跟通過機場安檢掃描一樣緊張。然後——狀況解除，綠燈亮起，沒有不當物品，沒有虛情假意的隱瞞。至少當時算是通過檢驗了。

伊恩的住處離斯托諾威港只有九公尺，以前是海關大樓，後來用作製帆廠，之後是製網廠，再之後瓦斯倉庫，而後荒廢多年，最後終於重建。這是他在碼頭邊的瞭望台。

我在一個暮夏傍晚初次造訪他，很驚訝地發現他似乎剛遭竊賊光顧。屋門大開，物件散落門外，像是從太滿的櫃子裡掉落出來。腳踏式充氣泵、防水袋、衣服、工具箱、槳，還有一桿裝在管子裡的魚竿。我們走近時，繃緊的釣線閃著珠子般的光亮。伊恩滿不在乎地從這一團混亂中走到敞開的門口，說：「不用介意，我前門附近一直都是這樣。進來吧，不管裡面是誰，跟他們見個面。」

那天晚上我們訂出海上航程的冒險計畫。後來我知道了，他家的運作方式就跟公社差不多。財務方面主要仰賴以物易物和餽贈。以水手和漁夫爲主的人進進出出，或者睡在閣樓裡，或者沙發後，或者划到海港中停泊的某一艘船中，投宿臥鋪。有些人出現在廚房，逗留一兩個小時，喝杯咖啡或喝個小酒。「船隻」麥可會帶著一桶橙色的鲂魚來訪，「帽子」麥可則穿著花呢衫現身，手上一份蘇格蘭啓蒙運動的論文像寫字板一樣靠在胸前，彷彿前來調查我們的才識。還有一個名叫柯林的英格蘭人，不肯多透露生平，只說工作讓他到過世上許多國家（從事進出口貿易，這是老間諜的託辭），而這人對木頭很有一手。

伊恩住在路易斯島上，旅行千里，是四海爲家的島民。對他來說，外赫布里底群島是十字路口而不是邊緣，就這個意義而言，他是海道殘存重要性的活見證。他航行大洋的成果，是形成了一種知識和世界觀，碇泊於一處，但廣及四海。他的連接線是海圖上的一連串虛線，從斯托諾威港往北往東到挪威、奧克尼群島、蘇拉岩、北羅納島、波羅的海各國，或者向南經過明奇海峽到艾雷島、都柏林、夕利群島和不列塔尼海岸。他在大西洋岸到處都有朋友和夥伴。「如果有什麼是重要的，那大概是這個吧。」他在一首詩中寫道：

關係的滋味，在鎮外
夥伴再度相遇……
言語如何相通
你經風歷雨的歷史
你同胞的觸碰

◆ ◆ ◆ ◆ ◆

半晌午，我們啓程離開斯托諾威港。這港口又名「Hoil」，既指油（oil），也指強風（hooley）。船的滑行聲，柴油的臭氣。闊灣號的尾流橫過港口，那是一道拖曳的痕跡，畫過海面上光滑的浮油，船的龍骨從油的虹彩上拖過。光在水波上散漫。我們一路嗅著港口海水裡雜燴湯的氣味：海藻、柳橙、塑膠牛奶瓶、海上的黏滑油污。大海豹四處沉浮，只有鼻孔和眼睛露在水面上，肥厚的背看起來像是謀殺被害人泡在水中膨大的厚夾克。海豹鼻孔抬起，波波波地噴氣，隨即猛然翻身入水自我漂洗。我們靠著槳或帆或縴繩向外航去，通過馬席森靠販毒得來的錢所構築的逸樂園和城堡（此人在一八四四年用他向中國人銷售鴉片所得的五十萬英鎊買下整座路易斯島）。船通過燈塔，通過海岬，大海如圓錐般向明奇海峽敞開。

太陽在我們頭頂上，既亮又高，但天空隨著距離迅速暗去。東方有雲堆疊，宛如天空的珊瑚礁。大海色如石墨，微有波濤起伏和點點白沫。風向近乎南風，風力三或四級，略略偏東。對我們這樣的小船來說風力正好，但風向卻很糟。我們應該要往南南東，但無法逆風而行，只好繞遠路。有兩艘船跟我們一起出港，一艘是全尺寸的斜桁四角縱帆小帆船⑩，名為「塘鵝」，有五名船員，另一艘是為我們護航的航海遊艇。闊灣號上則只有伊恩跟我兩個人。

「起帆吧，這樣大家就知道我們平安出航了。」伊恩說。於是我將大帆桁拖上桅杆，主帆已經收緊，鬆鬆地綁著，赤陶色的風帆逆風前行，闊灣號在水面上向南呼嘯而去，我感覺得到自己胸中的心跳。尾流在我們之後滾出一股白線，記錄著我們的行程。水像傾瀉的沙子般發出嘶嘶聲，迅速掠過。

那天我們航行了將近十二小時，從近南轉向偏南。直到在黃昏時分抵達項恩群島，我們才確信自己走得了這趟航程。我們這載著兩名船員的小船跟不上其他的船。早在離斯托諾威港海岬空曠處只有數海里的時候，遊艇跟塘鵝號已經將我們遠遠拋下。我們望得見塘鵝號的四角縱帆長長轉了道彎，就此航入明奇海峽微亮的霧靄，直到消失在視線之外。只有我們和水域、航道。我並不憂心自己身在海上，我知道不可能找到比伊恩更有經驗的水手，再者，這艘船已經存活了近一世紀，沒有道理偏偏就在今天沉沒。

我在最初數小時內盡速學習，想辦法尋回數週前學過、還約略記得的航海技術，盡全力要克服自己的不足。

伊恩說：「傍晚潮汐轉向之時就是最後期限了。我猜，我們得跟潮汐奮戰好幾個小時，之後可以穩當航行六個小時，然後可以打混一個小時……」他把手指弄得咯咯作響，然後微笑著把大拇指越過肩頭指向背後斯托諾威港的方向：「……然後在我們注意到之前，就已經回到Hoil了。」

所以，每一碼航程都已經算計好了。伊恩讓我掌舵，蹩腳水手向來就站這個位置，而我也很快就學會了借風使力，這裡偷點風，那裡偷點風，盡可能緊緊貼著偏南方向航行。若是逆風的角度太小，帆一吃空就會失去動力，還得花好幾分鐘才能把船導正，對於分秒必爭的海上航行來說，這懲罰可不算輕。

我們就這樣一路漫長孤寂地逆風換方向，彷彿在直行的海道上一針一線來回縫綴，呈之字形向南通過明奇海峽，航往項恩群島。路易斯島本島的海岸線呈灰綠色，有著內凹的海灣和高聳的海岬。陽光落在東邊不列顛本土的托利登群丘之上，山丘鍍金而燦然，我於是認得出自己曾經行過且熟諳於心的山巔——艾根峰、阿利金峰、里阿塔峰。光線流淌，改變海的質色。烏雲席捲時海面呈現鋼灰光澤，陽光灑落時則是純淨的孔雀石綠。

啓航前一日，我在路易斯島西側的水中撿拾了十六塊來自大西洋岸的白色片麻岩礫石，作爲我們漫長航程中的小壓艙石。在途程中，每航行一公里半，我就從船尾扔一塊到海裡。那些石頭會滾落明奇海峽的海床，那裡也是大約十二億年前一顆隕石撞擊地球之處，據信那是史上撞擊到陸域的最大隕石，即今日我們所知的不列顛群島撞擊。含有鋨元素的爆炸氣浪、液化的岩石、衝撞導致的岩石質變、數十公里寬的蒸氣雲覆蓋了大地，還有岩石受衝撞而從撞擊點飛上半空，高達二十五公里。

伊恩掌舵而我又不需要操作繩索時，我就沿著龍骨躺在船尾休息，伸展雙臂，目光順著桅杆和風帆望向天空，彷彿自己是隻將船身當殼背負的甲蟲。我能感覺到海水重擊木頭的驚人力道，藍人的拳頭隔著僅僅三、四公分的落葉松木板敲打著船身。

此外的時間我就觀察伊恩，試著學習他的技術。他沉迷在前往目的地的挑戰中，一直保持警覺，監測風向、留意船身、觀察尾流，對調整風帆吹毛求疵，不斷琢磨改進我們的航路。有時候他認爲我們處在最佳船速，只有此時他才會把手插進褲袋，在坐板上短暫休息一下。然後，可能風向突然有變，或者我舵掌得不好，他又會馬上起身，拉索、檢測，做些變更調整。

我開始了解，伊恩不管做什麼事情都追求最適速度。不論是行動還是言語，他的精確度都無人能及。他展現了洛威爾所謂的「精確的優雅」。他的詩作也一樣，以精準獨樹一幟，致力於精確和溝通，言詞極度簡約，但不流於格言。這當中沒有過度。他的詩句短小，有如妥善安置的風帆般井然有序。對他來說，詩不是引人遐想的曖昧形式，而是溝通的媒介，此外別無他法可以表達他的言語。我注意到，跟伊恩住在一起的人都理所當然地接受詩歌也是伊恩的工作，就跟放置捕龍蝦的籠子，或者沿著背風面的水岸航行一樣，是成敗沒有定數的技能。我也注意到，伊恩在言談和詩作當中，經常以航海和步行的語言來自我表達。每次迷失了人生的方向，他總是回到海上，以明心見性，重新定位。「偏離航道」、「下錨碇泊」、「啓程上道」、「風向變化」、「卸纜出航」、「順水漂流」，這些海洋和海道的詞彙，也是伊恩用以自我理解的詞彙，是他記憶與行腳的個人詩學。就這方面而言，就像在其他方面一樣，他總是讓我想起托馬斯，兩人都同意，爲人所愛的地景和人的自我感知之間有一種相互性，他們也都視詩歌爲表達意識開端之所思的方法。

· · · · ·

作爲水手，我那天的表現整體而言還不錯。喔，但我得承認，有一次要逆風換方向的時候，我把一支桅杆弄掉了，用連皮松木製成、高達三．六公尺的桅杆，就這樣從三公尺高處砸在伊恩的肩膀上。對於這事件的起因，我們至今莫衷一是。我很堅持，儘管加速有點過快，但那桅杆下降時並未失控。伊恩則是在咒罵完後也同樣堅持，我「根本就沒拿住」那支桅杆。

在一次很長的逆風換方向過程中，伊恩告訴我明奇海峽藍人的故事。他說：「天候惡劣或風浪很大的時候，藍人會到船上來。」這些惡毒的醜人魚（mermen）是狂風與巨浪的化身，會自行攀爬上船，海水淋漓地站在甲板上，隨時準備拖人下海。「不過呢，他們會給你一次機會。藍人的首領會丟給你一根繩索，然後他會做什麼呢，他會唸出一句詩，之後從船長以降，每個人都得用同樣的韻腳和格律回應一句。這當中如果有人出錯，那好，既然沒把握住機會，現在整艘船會被拖往海底，所有人都會溺死。如果剛好每個人都把詩做出來了，那艘船就會被放行，而這些混帳的藍人就會離開，去尋找下一船被害人。」說著他露齒一笑：「你看，非有文辭才能倖免於難。」

故事與故事，就和步徑與步徑一樣，在兩種意義上彼此相關：重述，以及連結。西伯利亞的漢提語中，譯爲「故事」的字通常也有「道路」的意思。有個尚有爭議的字源說法認爲，英語裡的 book（書）一字，源於高地日耳曼語中的 *bok*，也就是山毛櫸（beech），其樹皮光滑，人們經常在上面刻下記號以指明路徑。英語動詞 write（書寫）在歷史也一度被用來特指造路線：古英語中的 *writan* 意指「在石頭上銘刻盧恩字母」，因此，「寫」一行的意思⑪，就是將一個清晰的點畫上、刻入一道平面，也就是耙出一條路跡。

如同每寫下一個字，筆端就會離開紙面，行路人的腳在步伐之間也會抬起又落下。鹿要跳躍離地才能不停奔馳，海豚必須不斷躍出水面才能持續游行，書寫與步行也一樣是持續性的活動，是刺繡中的走針步，在同一道縫或同一條水流中不懈前行。

◆　◆　◆　◆　◆

午後不久，終於可以瞥見項恩群島黝黑的身形。島嶼的輪廓和質地在眼中慢慢確切下來：島群和拱衛著它們的岩礁看來有如鳥嘴，狀似牙齒，彷彿桌面，恰似山牆端，又像小禮拜堂。鵝群呈字母Ｖ飛來。

約當還有五公里遠的時候，陣雨從東方橫掃而來，海上氤氳使兩側海岸線籠罩在輕靄當中，還帶給我們一種幻覺，彷彿項恩群島以我們接近它的速率離我們遠去。大約半小時後，我們通過那片灰色水域，穿越了灰色輕靄，那感覺就好像我們在航往神祕的群島，散落的布拉西島群，航出現實世界，駛入無從驗證的領域。我憶起海上奇異旅程（immrama）中，雲如此常讓旅程從已知過渡到想像。我也想起掃帚道上的那種迷失方向，以及那天的輕靄給人的那種跨越邊界的感覺。之後我們駛出雨陣的南端，看見項恩島，就在那裡，清晰又眞切地落入眼中。

「噢，現在形狀很清楚了！」伊恩說著，目光直視前方。然後，他低聲自語：「人生如此，人生如此啊！」我們來到項恩群島東方的聖瑪麗島⑫水域時，感覺潮水突然減緩，海風變弱，闊灣號顫動著，幾乎停滯不前。

那片靜止的水域還不確定自己的責任爲何，不慍不火地等待命令。退潮的側向推力從斜邊在平靜的海水上縱向推移。海水大量從深處捲起，沖刷這一帶的海洋，而洋流波濤洶湧，相互纏結。

光線薄弱朦朧。大地以鉸鏈向外開展，不確定是否要隨波搖晃。長日將盡，一切靜寂悄然。

突然，在我們船尾約一百公尺處，一隻有著黑色光澤的小鬚鯨露出尾鰭和背脊，兩隻黃色條紋的海豚破水而出，又歡快地重新入水，而轉向的浪潮看來有若水中斷層，小小的波峰顯示整個明奇海峽在此倒轉方向——億萬噸有如山脈般的海水遵從看不見的月球引力而轉向，帶著我們這艘小船展開北返的漫長晃蕩。

雖然有潮汐，但我們靠著帆和槳也幾乎要靠岸了，不過最後還是溫和又大方的船長諾曼發動他的安全遊艇引擎，拖著我們完成最後一公里前往碇泊處的路。終於不用再划槳，又因爲整日航行而筋疲力盡的我，現在可以坐下來，享受進入項恩群島圓形舞台的感覺。這片被小島環抱的空間極富戲劇性。北方和西方是聖瑪麗島，地勢低平，島上青草如毯。西方是有著巨大碎裂斷崖的粗獷島⑬，懸崖幾乎從上百公尺高直落入海。與粗獷島以一條細長的風暴灘相連的，則是修長的家屋島⑭。

我們在暮色微光中來到粗獷島下的碇泊處。輝綠岩石柱高聳水上，山崖下的石柱碎落各處。即便在黃昏暮靄中，岩石上橙蘚的閃光依舊可見，有如緩緩燃燒之火。

上方傳來聲音，像是快速翻書的聲音放大了音量，像是自動提款機吐鈔的聲音。其實那是大群海鸚振翅的聲響。成千上萬的海鸚在天上交錯飛翔，急著回巢。我還能依稀聽見較遠處有海鸚啁啾：懸崖上的鳥正在巢中聊些黃昏八卦。我看著牠們飛翔，飛行路徑十分緊密，但卻沒有發生碰撞，也沒看到哪隻海鸚似乎爲了閃躲而略爲調整路徑。牠們各有活要忙，卻也怡然自得。我想像著每隻海鸚身後拉著一條線的樣子，想像牠們像織布機一般紡出織物。

塘鵝號碇泊在沙灘上，她抵達這裡所花的時間只有我們的三分之二，此外那裡還有兩艘遊艇，也都是從斯托諾威港來的。當然伊恩認識那裡所有人。我們把船碇泊在那稀落的小船隊裡，然後跳進登陸艇。我們在其中一艘遊艇溫暖但悶不透風的客艙裡擁擠地圍桌而坐。熱食送上來了，一只錫製的馬克杯裡盛著威士忌，大家輪著喝。講述了白天的故事之後，大家都向闊灣號的航程表示恭喜之意。「我們一直認為你們到不了的！」「就只有你們兩個人，伊恩也就是個菜鳥！」有歌唱聲揚起，唱出歡迎和快樂。有一隻狗，欸，不對，是兩隻，在甲板上飛奔。在海上那麼長時間之後，島嶼張開的避風臂、飛鳥的閒言碎語，還有船艙裡豐盛的酒菜，這一切都令人感到無比親切。我笑個不停，而且怎樣都忍不住笑。船外暮色已重，島嶼的形狀看來也不同了：斜坡模糊難辨，下落的線條變得筆直，島群成為剪影，而後一同隱沒。

午夜時分，伊恩划著登陸艇送我上岸。暗黑的海水看來有如煤油一般，金綠色磷光閃閃。每次划槳都會激發一陣光亮：一群螢火蟲，一絲被風捲起的火花，照亮了漩渦。亮點燃起，恐懼油然成形。伊恩讓船滑進風暴灘。我踩上岸，球型的輝綠岩在我腳下滾動，發出撞球碰撞時那種空洞的聲響。伊恩低聲道別後划船離去。我摸索著往南爬上崖壁，最後找到一片平坦的沙地，有數公尺見方，就在那裡安頓下來，搭起帳篷，準備入睡。天上星光燦爛。再度置身岩石上而非海上，而且身下的土地會一直向下延伸到明奇海峽的海床，這給人一種奇特的感受。躺在那裡的我，還是能感受到白日的航行。在我的身體皮囊中飛濺的血和水，在我的體液裡翻騰的潮汐，搖晃擺動的顱骨。我的心思逆著潮汐返回北方，想著海鸚的飛翔、我們在船後留下的線條，那寬敞的織網，我們的尾流。然後我就睡著了。

◆ ◆ ◆ ◆ ◆

隔天是我的生日，也是我這輩子最富魔力的日子之一。透藍的天空，紅銅的太陽，潔白的雲絮隨風而過。那天就這樣過去了，帶著荒島一日那種深沉、單純的快樂。我沒有許願，只想以最愜意的方式度過這一天。除了一艘船以外，其他船隻都一早便離開了，留下四散的水花在項恩群島的航道上。羅伯和凱倫是慷慨的夫妻，我們的接風宴就是在兩人的船上舉行的。夫妻兩人再加上伊恩和我，四人決定多停留至少一天。這是因為風向開始改變，我們不可能往南向哈里斯島前進，於是決定要在我們抵達的這個島上盡情遊樂。

步行、探索、在海灘撿拾、沿著岸邊的丘陵地上上下下，我們這一小組人一起遊蕩，之後分道揚鑣。我爬下一道西向的海岬，在一塊向下傾斜入水的扁平岩石上釣魚（那岩石上生滿了藤壺，因海藻而滑溜）。我抓到一條大綠鱈，大概有二、三公斤重，銀色側腹上有青銅斑紋，還有採煤鏟似的尾鰭。我用旋轉亮片餌把牠從水藻林裡誘騙出來。牠安靜不動時，水就像果凍般清澈。牠在岩石之間倏忽來去。在拱崖和突岩下，牠色深有如熔岩玻璃。

我爬上家屋島頂巔，沿著它東南向的崖脊前行，下方是波濤沖刷的岩石舞台：產生回音的洞窟，和洞中滿棲的飛鳥。我不時撲下，腹部著地窺視懸崖，俯瞰著海水洗刷岩石，聆聽海鳥深奧的對話。鳥在天上列陣飛行，切分了天空的層次。三趾鷗和暴風鸌同屬一層，然後是海鸚，最後是塘鵝。我有一種坦率開放的感覺，身體與心智同時開啓，思緒浸潤滲入體內，而不是像以前那樣止於皮膚。**光亮如同堰壩，傾瀉過歐洲的邊界**。

家屋島高處有一塊吊床般的小岩石，被太陽曬得很溫暖。中午時分，我像愜意的魯賓遜一般，裸身赤腳躺在裡面，望向東方明奇海峽的主水道。潮與浪在湛藍海水上自顧自地書寫：白色的風之象形符號，在空中捲曲成記號，讓我聯想起蜘蛛背上的花紋或阿拉伯字母。

稍後的下午時分，我向西面朝落日而坐，讀著尼可森（Adam Nicolson）的佳作《海之場域》，這是這島嶼的前「島主」就島群所做的研究，我手上這本是我在目前島上唯一的屋子裡找到的，那屋子不過是座刷白的小屋舍。從他父親那裡繼承了這些島嶼，但他認爲自己不過是書面上登載的所有人。他一直讓外人自由來去造訪島群，同時熱心地將小屋維持得很好，供人使用。

「項恩群島……其實不是孤絕之地，那是現代人的幻想……島嶼的大半歷史裡，都與所在的世界有著深刻的連結。」在書中第一章如此寫道。群島位於大西洋海道的中央，這意味著過去五千年來，島群都是海上航程的停泊點，是明奇海峽中央一個安全的港口。「我們認爲這樣的〈群島〉是孤兒寡婦，沉浸在一種狄更生式被棄的沉痛裡。但整體而言，這種現代的觀點是錯誤的。」然後他繼續寫道，這些島群事實上：

是萬千鳥類與動物的聚集之地，就跟交易所一樣充滿活力，是競爭與富足的舞台。島群是自己宇宙的中心，既是人也是自然的連結網上的組織節點，首先向鄰近的海域延伸，然後在向四面八方的海岸更遠處延伸，在那之外，還沿著大西洋邊緣伸展長達萬千公里的海路延伸，直抵歐洲的心臟。

我很喜歡「連結網」的意象：就跟托馬斯的陸上道徑一樣，海路也「從任何地方

〔通往〕任何地方」，將深海大洋從沿海沙洲連到河口海灣又連到河流再一直連到鄉間。我也注意到，尼可森的敘述長期受他在項恩群島上的「島嶼時間」所形塑。他語帶仰慕地寫道：「那地方進入了我，宛如染色劑一般在我生命中上了色。」

小島經常會在愛島人士間激發出想要徹底了解島嶼的夢想。這些年來我讀過一些島嶼狂的著作：羅賓森（Tim Robinson）關於愛爾蘭阿蘭群島深刻的地誌、尼可森筆下的項恩群島、杜瑞爾所寫的希臘的科孚島、薛佛就她的陸上島嶼紅山山脈所做的研究、淮特就他所居住的罕布郡賽伯恩村所做的紀錄，等等。這些人最初都抱有一種錯覺，以爲自己可以整體全面地理解那些地區，並抱有一種信念，認爲他們選擇的地方有其界限，因此可以徹底認識它們。這些人全都在長時間的深入了解之後，終於明白，對於一地的熟悉，並不會導向絕對性的知識，只會更增疑問。對薛佛來說，紅山山脈並非一道有待破解的字謎，布滿加密的波折起伏。對山與山的關係有了更多的認識，也只會揭開更多不可理解的領域。她所品味的主要是自己的無知，而不是她的新發現。她寫道：「心智無法把山所賜予的一切都帶走，對於自己所帶走的，也總還是疑信參半。」

薄暮時分，我下到暴風灘上，爲了享受建造的樂趣，花了一個小時用輝綠岩搭建了一棟圓拱形有房間的疊石屋。屋子高半公尺左右，牆面向上彎曲支撐著屋頂。石屋有敞開的門徑，門的頂上有楣石，兩側有扶壁支撐，面朝正東，就為了沐浴在上升的朝陽光海裡。光滑的輝綠岩礫石剛從海裡撈起來的時候黑光閃爍，乾了以後就轉變成狼毛灰色。我發現了一塊拳頭大小、狀若船尾的片麻岩，石上嵌有一道石英，我將它留在身邊。我掃視海灘，發現了一塊白色的石頭，大小和形狀都跟鴕鳥蛋相彷彿，我將之直立在疊石屋的正中心。完工時我很高興，因為它看來就像是迷你的梅斯豪石室，在下一次大潮來臨或他人造訪之前，會一直留在那裡。

太陽終於沉落時，我雙手枕在腦後，躺在海灘沙地上。有那麼一瞬間，感覺上時間不像島民那反歷史的夢境（dream of ahistory）一般消逝，反而以其型態倍增。橙色的小蟎爬過礫石。石黃衣在行光合作用。海鸚在棲巢間往返，潮水蓄勢北行。三天前的降雨滲入家屋島的岩石裂隙，綠鱈的魚身在小屋門邊的深色水桶裡變得僵硬。就像過去數不盡的年歲一樣，太陽散發夏日之光，越過海洋、小島和我的身體，彷彿一種醇美的液體，讓我想喝，想貯存，想製成蜜以備冬日之需。

那天晚上伊恩和我在小屋的爐子上煮魚，輪流喝著威士忌。火生了起來，木柴劈啪作響。伊恩談起一個朋友，那人曾經駕著一艘愛爾蘭小舟出海，那船是用榛木條編織出船身，外面包覆著八張乳牛皮。那人循著西元六世紀聖高隆巴的路線，從愛爾蘭的馬約郡出發，跨海到蘇格蘭西岸的愛奧納島。

火熄了。木柴上灰燼猶存。光暗淡下來。水平線上一絲向晚的金光。

那天晚上我又睡在沙地上，聽到鵝群飛越暴風灘上方的風口，發出陣陣叫聲。

• • • • •

我們就著早潮駛離項恩群島時，一群約七、八十隻的海豚向我們正面迎來，其中大約有十幾隻脫離隊伍來跟我們玩耍，從牠們原先的路徑迴轉，跟著我們的船一路泅泳，突然轉身潛下船艏。有那麼一段短暫的時光，牠們簡直在為我們開道，是我們的護衛隊。

破曉後不久，我們划著小船上了闊灣號，升起帆，然後在潮位高時航過聖瑪麗島和粗獷島北邊那道岩石崢嶸的狹窄水道。風不定，變換如幽靈。天氣也變了。前方便是狂風暴雨，風力更加強勁，但依然吹著南風，於是我們收束風帆，御風而行，直直航向迎來的海豚。

返家的航程眞是太快了！船速五節，這可能是闊灣號的最高船速，但在我們的小船裡，在大風中，速度感覺比那還要快得多。伊恩因為船體在水上的速度露出驕傲的微笑。我們身後藍白色的尾流很快便浪碎消散。伊恩教我怎麼在恰當的波浪裡逆風而行，駕船「衝浪」。他說：「只要輕輕彈兩下舵柄，像**這樣**，要有點順風，然後再**這**

樣，讓帆再度吃風，這樣一來船就會騰起來，趕上船下的波浪。就跟衝浪一樣，要轉板迎浪，才能上到浪峰。」

我點點頭，感覺沒什麼信心。

「唯一的學習方法就是去做，眞的。」

他說的沒錯，而且一旦掌握了技巧，我竟然欲罷不能。那感覺好像水流或電流，海洋召集的能量就沿著舵柄猛衝，衝上我的手臂，流下我的背脊。那種與水交融的感覺無邊無際，充滿力量，彷彿藍人將他們的力量借給我的肩膀。

「欸，我們如有神助。」伊恩高興地說。我駕船衝浪，他則開始對我講述更多俚俗鹹濕、在海路上流傳甚廣的古老故事。

船行到柯伯克海岬時下雨了。大雨撩撥海水，在漆過木焦油的坐板旁吹起水泡。我掌著舵，全身發抖，爲了要讓我忘卻寒冷，伊恩開始跟我講闊灣號這艘船的故事，從船艏講起，在舵柄結束。他就像個長年戀人一般，熟稔闊灣號的生平，對我訴說她的故事：她是一九一二年在奧克尼島的德尼斯郡建造的，之後在柯克沃登記。她的船身是鱗狀疊成，龍骨的兩側都有十片交疊的落葉松板，這種造船手法自維京人的時代至今不變，特別適合在大西洋北部和西部工作的船隻，可以駕馭深海和巨浪，同時還能運載相當的貨物。闊灣號船身的左右舷骨架有著微妙的差異，這是因爲造船者會去回應每一片落葉松木板的特質。

「闊灣號是一九一二年的船。或者，至少也是一九一二年翻新的。保險公司關切的是她將近一世紀的高齡，但其實最初的船所留下來的，只有從船艏到船尾的龍骨和一部分船尾及尾柱而已。」伊恩說。

「她是機運的產物。看見船艏附近那些橡木片嗎？用來承受帆索拉力的那些。它們是從我們現在航行的這條路線沿岸的一棟房子取下來做成的薄板。房子就在那邊。」他指向西方路易斯島的海岸。「那房子的所有人是索畢士，也就是說，來自倫敦肯辛頓擅長航空學的英格蘭男爵家的橡木，現在用來保存赫布里底地區至今依然強大的海洋傳統！還有，肘板都是廢材，是被爛泥保存下來的古老橡木，是在Hoil找到的。它們的弧度很漂亮，也很強韌，我想應該是來自一艘專捕鮭魚的流刺網漁船。」

他講解著造船社會學，說明使用血緣相近或系出同門的材料有多麼重要。「你不想把鍍過鋅的鐵放在青銅上吧？」他邊說邊指著桅杆頂端斜桁四角帆上的青銅製鉸輪。「不鏽鋼的血緣比較近，在金屬家族裡，算是堂兄弟了。你必須確保木頭和金屬能夠相合。」我想著，對伊恩來說，物件和材料就像人和語言一樣，都有其適用目的，要透過使用來證明。字和人，吊索和纜索，全都置身壓力之下。有些斷了、碎了、被丟棄了，其他的則留存下來——那些值得留在手邊使用。

稍晚，我們回到Hoil。我感覺舵柄好像我臂骨的延伸。大船溢漏的浮油在水上形成片麻岩似的圖紋。我們沿著碼頭掌舵，才滑進碇泊處，伊恩已經在討論下一次旅程了，一場北向之旅。

＊注1：Astar 指遠航，mara 指海洋。譯注

＊注2：有時候這些「路」是掩蔽式水體的延伸，例如法爾茅斯的岩岬路（Carrick Roads），或是通往梅西河口（Mersey estuary）的水道。作者注

＊注3：阿爾戈英雄的故事出自希臘神話，年代早於特洛伊戰爭。他們行駛船隻「阿爾戈號」（Argo）前往科基斯（即今日的喬治亞）探險，也就是著名的尋找金羊毛的故事。譯注

＊注4：極星（pole star）是指靠近天極且明顯可見的恆星。通常 pole star 指的是北極星。天球南極附近缺少這樣的亮星，現在最靠近天球南極的恆星是南極座 σ（σ Octantis），不過這只是相對於北極星而言，實則南極座 σ 是一顆相當黯淡的恆星。譯注

＊注5：Portolano 是中世紀的描述性航海地圖，圖上標示出航路，也畫出羅盤方位線和海岸線的特徵，並標示出港口位置等各種資訊。Routier 和 rutter 也是 portolano，只是 portolano 是拉丁字彙，

routier 和 rutter 則是古法語字（rutter 是 ruttier 的變體字，兩者的字源都是 route）。譯注

＊注6：修院院長阿多姆南（Adomnán）曾於西元五六三年從愛爾蘭航行到蘇格蘭，在愛奧納島（Iona）建立了修道院，他於西元七〇四年撰寫聖高隆（St Columba）的第一本傳記《高隆的一生》（*Vita Columbae*），其中他認爲唯一值得一提的行程，是一條橫斷蘇格蘭東西的特殊陸路。作者注

＊注7：凱爾特最初居住在中歐，在羅馬時代之前向西歐、不列顛群島乃至向東南到格拉夏（今土耳其一帶）遷徙定居。又特指不列顛人、高盧人。譯注

＊注8：Immram 是蓋爾特語，意爲「划槳行旅」，字源是蓋爾特語的 ramh（槳）。Immram 這個字可以指涉實際的徒步行旅（跟澳洲原住民一樣），也可以指神祕的精神行旅。Iorram 則是哀悼亡者的划槳之歌。作者注

＊注9：骨董書商魏斯卓於一九一二年聲稱一生中見過布拉西島三次，康利夫精彩描述魏斯卓所見的景象：「有兩座小山，一座是林丘，塔樓和繚繞的煙霧從低矮的平原升起於兩山之間。」直到一八六五年，布拉西之岩才不復見於大西洋海圖。作者注

＊注10：Sgoth，蘇格蘭西部群島一種特有的船隻，主要的建造地點在尼斯島。這種船的特色是使用是四角縱帆，構成船身的船板則每一片都上下交疊。傳統上這是蘇格蘭西部群島的漁船。這種船在下一章還會出現。譯注

＊注11：現代英語裡所謂「write a line」指的是「寫一行字（話）」，但此處作者將此與「draw a sharp point over and into a surface」並列，「line」在此一語雙關，既指我們現在認爲的文字，也指標明方向的線條。譯注

＊注12：Eilean Mhuire，蘇格蘭語。Mhuire 指童貞聖母瑪麗亞（virgin Mary），eilean 是「島」的意

思。Eilean 這個字在下文還會經常出現。譯注

＊注13：Garbh Eilean，蘇格蘭語，等於英語的 Rough Island，因此譯爲「粗獷島」。譯注

＊注14：Eilean an Taighe 用英文說就是 Island of House，故譯爲家屋島。譯注

六、向水之北

尼斯人，小塘鵝獵人與蘇拉岩—綠色羅納，黑色蘇拉—冒著生命危險—黑暗藝術—超感視覺讀圖—風的歷史—天候的窗口—從尼斯港出航—史帝夫的匣子—撫慰性的與犧牲性的—鯨背浪—「預期中的擾動」—「水的臉」—鳥塞子—廣袤的黑暗—依靠北極星掌舵—典雅的方舞—升起的蘇拉岩—槳與帆的環島航行—片麻岩裡的塘鵝—心臟—擠壓

> 古代的愛爾蘭學者……以其航海活動而聞名……船行的旅程……出走和回返輪轉不斷的旅程……目的是透過學徒生涯來體驗各種陌生事物，並且對自身時空的意義，不論是在地理上、精神上或智識上，都能有更深的體會。
>
> ——柯爾尼（Richard Kearney, 2006）

傾聽，傾聽大西洋深處一座名叫蘇拉岩（Sula Sgeir）的小島，島上裸露的岩石上有棟石屋，塘鵝獵人的歌聲就從那裡傳出來。那是大約六十年前某個八月的事了。我當然樂意將原音重現，問題是我辦不到，因此一切只能倚靠想像。場景是一棟簡陋的小

屋，最頂端有二公尺高，是用邊緣鋒利的片麻岩堆疊砌成，石縫都用破布塞滿。房子的中心放著一盆泥炭火，上方掛著一盞防風燈，照亮了整間屋子。角落裡有粗製的石凳，穿著粗花呢外套和針織套衫的人們就坐在上面。屋內有火冉冉低語，外有強風過境，考驗著這棟石屋。

歌聲開始了。由領唱者開唱。他的聲音低沉渾厚，以蓋爾語唱誦當日之歌——ach is e gràdh as mò dhiubh so，「這一切當中，慈善最是珍貴」。他的聲音沉降，卻在每一段唱誦的結尾處轉爲高音。課程結束了。現在是休息時間。咳嗽一下清清喉嚨。然後領唱從讚美詩裡挑了一首聲調高的唱起來。他聲音的力道愈來愈強，純是喉嚨和胸腔發出的聲音。這是「抛歌引唱」。其他人也以歌聲回應，音聲澎湃，充盈小屋。又一句歌詞抛出來，人們尾隨著唱下去，唱完，結束。歌聲中隱約有著棉花田裡福音歌曲的影子，又彷彿穆斯林宣禮員的喚拜。這是祈禱之歌、安慰之歌、戰友情誼之歌：以歌聲爲禮拜，抵抗著屋外的風暴。這是尼斯島上的塘鵝獵人之歌，在公元紀年一九五三的演唱。

蘇拉岩位於路易斯島最北角正北方約四十海里處，相當於從外赫布里底群島海岸到聖基達島的距離。蘇拉岩的外型堪稱地質裡的野獸派，是一座鋸齒狀黑色片麻岩的頂端，海底一座山脈的峰頂，約一萬對塘鵝的家，有那麼幾年，也曾經是黑眉信天翁在北半球的棲息地。①海水翻騰，衝過這島的南部，形成一系列的洞窟和通道。當北大西洋發生風暴時，滔天巨浪甚至可以打過這島嶼的頂端而破碎成浪。

蘇拉岩離東邊的伴侶島北羅納島約十一海里。如果蘇拉岩可以稱做「陽」，那麼北羅納島（North Rona）就是「陰」，有一片緩緩傾斜的如茵牧地。這裡數千年來陸陸續續都有人居住，包括聖徒、農夫、牧羊人，乃至於博物學家。據稱，一位早期的蓋爾基督徒聖羅南曾經取海路到達此地，是在北羅納島定居的第一人。用漫遊信徒的話來說，他是為了尋得「自己的復活之地」而來。島上還有一座小教堂的殘骸，據說建造者就是聖羅南。

數千年來，人們基於種種目的，從路易斯島底端沿著海路前往蘇拉岩和北羅納島。從南方乍看這兩座島，會有一種駛進寓言故事的錯覺。它們位於大西洋深處，離路易斯島群島至少有六十公里遠，彼此相隔十七公里。在蘇格蘭和冰島之間那片遼闊的水域裡，竟然還有陸地存在，這本身就難以置信，而這兩座島嶼的對比之強烈也令人驚訝：北羅納島是肥美綠地，蘇拉岩烏黑、不友善。從一定的距離外觀看，它們的寓意多過眞實感：牧地，或是岩石②，自己選擇要前往哪一個吧。早期的海上旅人自然選擇了牧地。據說，聖羅南的妹妹布倫西妲曾試圖住在蘇拉岩，結果卻被發現死在那裡，海鳥在她胸腔築了個巢。人們因此而學到教訓。在布倫西妲之後，蘇拉岩就留給了海豹、鸌、海鸚和塘鵝，以及路易斯島北端的尼斯島人——每年夏天有兩週的時間，他們會到蘇拉岩獵捕小塘鵝。

獵捕小塘鵝的最早紀錄見於一五四九年，人們划著小船到島上限量捕殺塘鵝，將塘鵝當成壓艙物帶回去。這個傳統一直持續到今天，沒有什麼改變。獵人的數目不太一定，通常是十人，有時是十二人。但始終在同一處可以登陸的地方上岸，也就是蘇拉岩主要的海蝕隙（海灣），那裡的岩石像瀑布般直直落入海中。此處依然相當險惡，卻已是最佳登陸點。浪濤洶湧之時，灣內波浪從四面八方湧來，撞擊海岸岩石，相互傾壓。遇到這樣的天氣，石屋都得先用塑膠布蓋住，再加上一層防水油布，再用繩子網住，最後再用一些石頭加強重量，將石屋固定在地面。但人們還是得跟在石隙中築巢的海燕共享石屋（海燕是煤黑色的鳥，尾羽有一抹白色，整天都在海上活動，夜晚時才尖聲叫著回到岸上）。到了晚上，塘鵝獵人還得用破布裹緊頭部，以免石屋裡滿地竄爬的地蜈蚣鑽進耳朵。在島上逗留的兩週始終凶險，但安息日（星期天）當天還是要休息。

上到岩島的第一天都花在安頓整理上，之後才開始獵捕。十個男人各司其職，有的抓捕，有的宰殺，有的燒烤，有的擦洗，有的拔毛，有的堆疊。抓捕者都繫著繩索，沿著布滿鳥糞的滑溜岩壁下行，手裡拿著帶有長套索的長棍，此外還持著一截短棍。**碰到了，套住，抓住，砸死**。被殺的塘鵝屍體要運回蘇拉岩的頂端，那裡已經建起了一座「工廠」。各有所司的人在那裡拔毛、燒、烤，然後切下鳥翅，再清洗一遍，切開鳥身，清空內臟，之後把掏空的鳥屍放在堆棧上，那是一座由塘鵝屍體組成的疊石祭壇。同樣的工作反覆進行。這當中的安息日大家會休息、祈禱、唱歌。如果夏日風暴吹起，反正在大風大浪中什麼都做不了，他們就在石屋裡坐待暴風平息。完工之後，他們駕船往南，再度航向路易斯島群島。民眾在尼斯港等待他們歸來，急切地要買鳥肉來吃。如果小塘鵝獵捕手年歲太大，不能再繼續獵捕，那麼在他最後一次離開蘇拉岩時，就會以疊石來紀念他與這座岩島的緣分。從海上看過去，蘇拉岩的輪廓上布滿了那尖刺一般的疊石。

那些在獵捕過程中倖存的小塘鵝會搖搖晃晃走下懸崖，直到最後墜落撲入海裡。牠們會在海裡待好幾週，挨著餓順著海浪起伏，直到輕得可以飛行的程度，之後便展開牠們的處女航：沿著不列顛西岸南下，經過法國西北部的半島，飛越比斯開灣，沿著大西洋畔，順著牠們的海上遷徙路線，一直飛到牠們位於西非的度冬之地。

數世紀以來，人們或划槳或揚帆，都是乘坐敞船前去蘇拉岩。麥唐納牧師在一七九七年的一份調查報告中寫道：「尼斯島上有一群最勇於冒險的人，在過去的好幾年間，乘著六槳敞船，冒著生命危險前去〔蘇拉岩〕，甚至連指南針都不用。」一九五三年的夏天，是獵捕手最後一次駕著帆船前往蘇拉岩，在那之後，駕駛的都是拖網漁船。即便如此，那依然是一段長達五小時的艱困旅程。而傳統上，小塘鵝獵捕手每年啓程前往蘇拉岩的確切時間，是不能外傳的祕密。

• • • • •

「該花一兩個小時來研究一下黑暗藝術了。」我們從項恩島回來後沒幾天，伊恩就這樣說，然後他走上樓，回來時帶著三幅海圖，一本潮位圖集和另一樣東西，看起來很像是黃銅鑄成的塘鵝頭骨，喙的前緣上戳著一只酒瓶軟木塞。伊恩把海圖攤放在餐桌上，又打開潮位圖集，「砰」的一聲拿下塘鵝喙上的瓶塞，然後壓了一下扣在頭骨上的圓環，如此一來，那個圓規（那確實正是一只圓規）的兩隻腳先是相互交叉，然後形成圓規的腳，這樣就可以在海圖上用圓規來進行丈量。

海圖比地圖更能引出人的驕傲之心。不過是一片杳無特徵的水域，能出什麼差錯？山區地形圖上會有徵候，暈滃線表示懸崖，成束的等高線表示陡峭的地勢或瀑布。海圖上記的是岬角、孤礁、海水的平均深度，但海洋面貌總是變化無常——風、潮水和洋流隨時可能造成影響，而這些都沒有可靠的標記方法。跟看地圖比起來，看海圖更像是一邊收集訊息，一邊研究玄學。水手就跟登山客一樣，在鍛鍊閱讀地圖的超感視覺時，不僅依據地圖提供的訊息，也仰賴直覺和迷信。

我看著伊恩的手指在海圖上畫來畫去，追索可能的航線，以記憶和推斷作爲基礎，揣測某片海域未來的天候。**如果風向是這樣，那就用這艘船，用這幾個船員……如果潮水是那樣，航向是這樣……**。離開陸地越遠，航行的時間越長，各種假設情況越會迅速增加。**如果我們沒辦法在靜流中利用潮汐轉向通過這個海峽，那個海岬，我們就有可能會漂流到這裡，或許是那裡……**。他順著指尖往下讀圖，海圖上那些藍色和綠色的扁平色塊似乎在他腦中栩栩浮出。**浪在這裡，在這個時間，在這樣的天候之下，那就不會有問題，但到這裡的話，浪頭會像牆一樣立起來**。不只是風的未來，連風的過去都必須一併考慮，因爲，海對於曾經起過的騷動，會保有很長時間的記憶。如果有強風從某個地域持續颳了好幾天，那麼即使風停了，海水還是會繼續湧動。海要平息、要修正傾向，都需要時間。

伊恩念念不忘的問題是，我們接下來該走哪條海路才好。原定的計畫自然是從路易斯島群島最北邊的尼斯港（Port of Ness）出發，我們可以從那裡向東繞過瑞特岬，並且「橫越頂端的」潘蘭灣到達奧克尼島。這是一段三、四十個小時的連續航程，而且還只是單程所耗的時間。或者，我們也可以向正北方航行，一路前往達蘇拉岩和北羅納島。伊恩雙手交疊，放在海圖上，抬頭望著空中。海象預報的低語隱隱傳來：**馬**

林、赫布里底群島、明奇海峽，略偏南風，風力三到四級，氣旋方向持續東南偏南一段時間。伊恩說：「這個風力對小船來說正好。眞要說有什麼美中不足，就是風力小了一點點。」

他先是評估，之後再做評論，總共花了九十分鐘。然後他收合圓規的腳，把腳尖插進軟木塞裡，「咚」的一聲將圓規丟到海圖上。

結論是向北去蘇拉岩，也就是塘鵝島——乘「週年紀念號」去。

週年紀念號是一種斜桁小船，裝有斜桁四角帆，船身呈鱗狀構造，可以雙向行船，是針對路易斯島頂端這一帶（大西洋洋流與明奇海峽水流交匯之處）所設計，適航性禁得起考驗的敞船。週年紀念號是一九三五年尼斯島上的麥克勞德家族所建造，船身長八公尺，數十年間一直登記在尼斯島名下，後來才又在斯托諾威港重新登記。她其實是比闊灣號大一號的表親。最後一批捕小塘鵝的獵手，就是乘坐這艘帆船前往蘇拉岩。在動身前往尼斯島之前，一個來自路易斯島的朋友麥克勞德對我說：「我和一個駕駛週年紀念號去過蘇拉岩的人交談過，那人對我描述，當時蘇拉岩的港灣天候非常惡劣，他看到船體的兩側被周遭猛烈的浪壓撞擊得向內癟了進去。」

伊恩想在週年紀念號滿七十五歲的這一年駕駛她前往蘇拉岩。他熱烈地盼望著，要依小塘鵝獵捕手的航線和塘鵝的飛行路線，進行這次前去蘇拉岩的歷史性航程，之後再循原路返航。

・・・・・

我們藉午後潮水之便從尼斯港出發。目標是日夜兼程地航行，期望在第二天黎明時分看見蘇拉岩。港口沙灘上的水色宛如綠松石，空氣中有柴油的味道，在鏽跡斑斑的混凝土台階上，陽光格外炙熱。海藻漂盪，浮標和柵欄嘎吱作響。尼斯島的老人在防波堤下捕魚。

我們將防水背包和貯物箱裝上船的時候，人們聚攏過來，要為她送行，祝她一路平安——週年紀念號即將前往蘇拉岩的消息，已經在路易斯島北部傳揚開了。週年紀念號很漂亮，船體是閃亮的紅色，兩側黑白相間有如棋盤，船內的木板上有一些黑色污跡。她是一艘厚重、堅實、令人喜愛的船。我們耗費四人之力，才把花旗松製成的桅杆豎立固定在桅座上。然後槳和馬達並用，滑出港口，穿過一連串的防波堤，越過在懸崖尖端亂竄的浪濤，來到寬闊的大海上。

升起風帆，越過礁石，收吊索，拴緊帆。風載著小船向北，越過高高隆起的波浪，上下起落不定。岬角上有人向我們揮手作別。藍色水面上陽光閃爍。波峰之間有長長的低谷沉潛。

伊恩有四十幾年駕船從路易斯島群島出發航海的經驗，去過聖基達島、奧克尼群島、昔德蘭群島島、挪威、波羅的海，以及不列塔尼半島。但此前他從來沒去過蘇拉岩——他始終解不開天候的騙局。這一天他心情激動，但還是很謹慎。天氣預報說會有一段風平浪靜的時間，風和日麗，但爲時只有兩天，之後就會颳起猛烈的西風。在如此遼闊的海洋上駕駛敞船，小心是上上之策。因此另外還有一艘船和我們共航，擔當我們的護衛，也就是「赫布里底號」，這艘遠洋遊艇會爲我們瞭望天候。

我們啓程的那天早上，我在斯托諾威港遇到一個朋友，名叫史帝夫（Steve Dilworth）。他住在哈里斯島的東南岸，是當今世界上最有趣的雕刻家之一。他把一件東西交給我，說是前去蘇拉岩的必備之物。那東西裝在一個特百惠的塑膠盒裡，用報紙和氣泡紙包裹著，外型像壓扁的大雞蛋，一端削得很尖。中心是黑色的，邊緣則是白色，跟我的拳頭差不多大小，很重。我聯想到海鳩的頭。

史帝夫愉快地說：「這是個盒子。一個小匣子，主要構造是輝綠岩。我把中心的輝綠岩挖掉，在洞裡面裝了一個小玻璃瓶，瓶子裡裝著我在二十五年前的一場大風暴中收集來的海水。我用青銅絲來固定小瓶子，然後沿著岩石外緣罩上一些老象牙。」這小盒子的表面既涼又滑，連象牙和輝綠岩交會處也一樣光滑。

他解釋說，這是奉獻的供品，是驅逐風暴的吉祥物。所有的海洋文化都有一些傳說，講述船隻遇險時可以扔進海中安撫海洋的物件或物質。麥芽啤酒、油或者血等等，可以傾倒入海以平息風浪。銅板、屍體、刀劍、羊毛紡織品或套頭毛衣的碎片等等，可以丟入海中好滿足漩渦的胃口。供品有兩種，一種是撫慰性的，另一種擇是犧牲性的。撫慰性的供品有緩解作用（例如將油倒入惡水），犧牲性的則具有替代的性質，也就是說，用眼前承受的一點小損失（將物件丟進海裡），來替代將來的巨大損失（船隻被海吞噬）。史帝夫的小匣子就是犧牲性的供品。

他說：「我認爲，這些物品，這些供品，必須好看，不然不能拿來獻祭。必須是你丟入海中會感到心疼的那種東西才有效。」有了這個小盒子，我心裡踏實多了。我也知道，一旦海上起了滔天巨浪，我會毫不猶豫地將這個東西從畫有棋盤的船舷上拋下海去。

「如果有人給你吃塘鵝的話，千萬不要吃。」分手前，史帝夫對我提出了這樣的警告。

「會招來厄運嗎？」我問。

「不會。只是那東西很難吃。很油，很難嚼，味道也很刺鼻。我眞的搞不懂，幹嘛這樣大費周章地獵塘鵝。我認識一個路易斯島的農夫，我問他喜不喜歡吃塘鵝肉，他回答說：『我給狗吃了一塊，結果狗整個星期都在舔屁股，想要除去那種味道。』」

◆　◆　◆　◆　◆

船上總共有五人：伊恩；來自路易斯島的年輕人大衛，他十六歲就加入商船隊；來自項恩島的修造工人柯林；曾經從厄拉浦島駕著社區的船航行到不列顛本島的狄亞娜。這些人都熱愛海洋和古船。四個藝高人膽大的船員——還有我。

在尼斯港末端不遠處，有一隻小鬚鯨前來和我們道別。牠正在淺水處享用沙鰻。塘鵝迅速俯衝入海，起來時滿嘴都是銀色小魚。週年紀念號在一片天朗氣清中向北方奔騰而去，翻越丘陵般的波浪。海彷彿一塊抖動的桌布，蕩漾出一波波藍水之丘，而船過處，便循著小丘時而攀升時而降下。附近的水面下出現了一道隆起，抬起了水面，卻又不破水而出，就像人的舌頭在兩頰內側移動一樣。接著一條尖尖的尾鰭出現了，原來是一隻獨行的海豚！

伊恩稱長浪爲「鯨背」。伊恩是波浪鑑賞家，而我才正要開始學習他稱呼各類海浪的黑話。洋流交匯相混那種沸騰般的浪叫做「吵架」，霍然相撞時會激起一股「凌亂」。小浪「躊躇不前」。極度騷亂的海水可以分爲兩類，不是「作樂型」，就是「作亂型」。「長浪」是那種又高又快、堅決的浪，表面雖然平靜，但帶著目的而來，也就是要用船的龍骨來「搔背癢」。「大混蛋長浪」專惹麻煩，帶來伊恩所謂的「粗暴的問候」。這種浪會在船尾或低桁船的上方破開。對我來說，大海的表面就只是流體，相當於白噪音或中國古籍，但伊恩卻可以閱讀大海，而且他讀海就像讀兒童讀物般流暢。

我開始意識到，置身海上時，伊恩同時處在兩種狀態。一種是平靜的，單純只為置身海上而高興，另一個在黑色的背景裡嗡嗡進行著什麼處理的，則是分析性的。他的心智收集訊息，而他的訊息來源和類別，我十之八九連聽都沒聽過，包括風向、波浪和路標細微的變化；來自各種氣味；來自他在一首詩中所謂的「偶然出現的陸地所反射的光線」；來自潮浪當中「精巧的反物理學」。所獲取的每一筆資訊，都會造成整體形式和位置的變化。他在實踐一種導航詩學，以伊斯蘭拉比的研究熱誠來闡釋大海。他對我說：「你要注意可能發生的各種擾動，對於意料之外的交互作用也要隨時保持警戒。」

我看著伊恩駕船，想到曾經在密西西比河上學著當河上領航員的馬克吐溫。在馬克吐溫眼中，河是善變的文本，會處罰拘泥於字面意義的人和寓言作家，因為他們死抱著一種觀點不放。波克斯比是退休的蒸汽船船長，他收馬克吐溫為徒，教導他必須從表象讀出實相，即水下的小騷動可能指出被掩蓋的大真相。「長長的斜向線條」

表示水下有暗礁，會「把船撞得腦漿四濺」。在波克斯比的指導下，馬克吐溫學會了駕駛明輪船，駛過河裡變幻莫測的沙洲，閃避各種水下障礙和水中沉船。波克斯比還給年輕的克萊蒙取了「馬克吐溫」這日後家喻戶曉的筆名（馬克吐溫一詞是丈量水深的行話，意思是深度兩噚），而且還強迫他去將河流「背下來」，整日站在船艏默默「閱讀」水面。馬克吐溫寫道：「水面，隨著時間而蛻變成美麗的書。這種書對於沒受過教育的乘客來說無異於天書，卻對我傾吐心事，毫無保留……它不是讀過一次就可以扔開的書，因爲它每天都會講述新的故事。」

・　・　・　・　・

我們在敞船上進入長程漫遊模式。朝舵柄下咒：航向正北，子午線方向。不掌舵的時候，我們就吃三明治，喝熱飲料。一張信封背面潦草寫了一張值班表，伊恩說：「那是夜間輪值表。」

船帆在風中拍打喘息，在微風中吸取空氣，像瀕死的魚一樣拍打尾鰭。舷外發動機時不時發出野貓般的尖叫聲。陸地愈來愈小，細節逐漸流失，路易斯島看起來像座懸崖，而後愈見稀薄，先是像個帶狀物，之後成了細線，最後杳然無跡。**這艘船，這艘敞船，已經在已知地標的視線之外**。稀微風中單一方向下的一艘敞船，時間延展伸長。感覺上不管要做什麼事情都有充裕的時間。一種從容感漸漸滲入身心。於是我們愉快航進北方的悠遠暮色，在小船上上下下海水之丘時講著故事，與鼠海豚擦身而過，三趾鷗在上空用飛行玩著翻花繩。最後我們隱沒到黑暗之中，那種黑暗彷彿是從海面升起，而不是從天際降落，起初只是水面上的一片黑色，而後冉冉而上無雲的長空。

伊恩說了一個我在愛爾蘭聽過的老故事。在愛爾蘭和蘇格蘭西岸的塘鵝繁殖地帶，這故事有各種版本流傳，每講述一次，都會把這故事翻新一遍。這故事說，據稱有一艘敞船航向聖基達島，或是去羅納島，也可能是去布拉斯克群島——反正是去偏遠的島嶼，你愛選哪個就算哪個吧。陸地消失在船的視線之外時，小船遇到一群鯡魚，魚群稠密到彷彿足以覆蓋海面、人都能行走其上的程度。鯡魚引來掠食者，鯨魚、海豚、塘鵝。數以萬計的塘鵝從空中俯衝下來，「啪」的一聲穿進小船周圍的海水。

「突然，傳來好像子彈呼嘯的聲音。砰！」伊恩說。

原來是一隻塘鵝失誤栽進敞船，就陳屍在船艄，身體軟掉了，喙尖明顯刺穿了木製船體，至少有二公尺長的巨大翅膀就攤在坐板上。在廣袤的大西洋上，離最近的陸地也有三十二公里，船身卻破了一個洞，對船本身和船上的人來說都是必死無疑了。

但船上的人也很快就意識到，這隻塘鵝的衝擊力之大，鳥喙竟然緊緊塞住了牠戳穿的洞口。

「他們焦慮地繼續航行，而塘鵝的頭卡在洞裡，好像瓶塞一樣。」

最後他們終於見到陸地，是聖基達群島中的赫塔島。這時天候變壞，波濤湧起，島民聚集到岸邊助船入港。船頭被最後一個大浪抬起來時，眾人看到一隻塘鵝的黑色鳥喙刺穿船體，像一根尖銳的小龍骨，全都目瞪口呆。

我講了一個關於托利島的故事，那島離多尼葛海岸約有十九公里，我曾經在那裡度過兩個夏天。我在島上的某個夜晚，突然聽到有男人叫喊著：「港口裡有隻海豚！」於是我跑下碼頭，看到驚人的一景：一條拉不拉多犬在水裡吠叫著，繞著圈圈拍打水面，一隻海豚在狗的身邊玩耍，身長約有二公尺半，探身出水時呈現一種藍色調，在水下看來卻是綠灰色。於是我脫去衣服，只穿著短褲，順著碼頭階梯走入青灰色冰冷的海水，加入牠們的行列，跟牠們一起游了大約十五分鐘。那隻海豚既好奇又親暱，側身靠在我身體下方，用嘴抵住我的腳踝，或節制地用一雙黑眼睛望著我。有一次，牠後退到離我十公尺遠之處，消失無蹤，然後像鯊魚一般躍出。牠的皮膚溫熱，摸起來有如氯丁橡膠般光滑。

後來一個島民告訴我，那隻海豚到港口來已有一年半。牠的配偶死了，屍體被沖上島嶼南端的海岸，之後牠便來這裡尋覓夥伴。現在牠跟狗成了好朋友，經常一起游泳。他還告訴我，他曾在托利灣見過「一千多隻海豚騰空跳躍」，全部向西而去。他說，那些海豚父母帶著孩子騰空跳躍，完全同步，分毫不差，「好像每隻小海豚都貼在媽媽身上一樣。」

• • • • •

我們在夜幕降臨時分來到寬闊的大洋上。第一批星星出現了，然後現身的速度愈來愈快，每一分鐘就會有十幾顆星星出現，閃爍在無雲的夜空。此時此刻，我無法描述那種伴隨著我們的空曠感和遺世感。在此之前，這種感受我只有過一次。那是冬天高山上的向晚時分，當白雪映出太陽的紅光時，漫長的一日行腳也走到尾聲，而我還沒找到過夜睡覺的地方。週年紀念號沒有燈，伊恩不時往帆船上方照照手電筒，好讓附近看不見我們的船隻可以藉由光亮而知道這裡有船。此外就是黑暗與大海在我們身旁無邊無際的展延。我們所穿越的，是哲學家詹姆士所謂的「廣袤的」黑暗（“rommy” darkness）。

我在午夜值班，得跨過睡著的人，摸索著走到船尾。狄亞娜把舵交給我，在黑暗中對我輕聲說道：「望著北極星掌舵比用羅盤簡單。你看，北極星，雖然不是天上最亮的星星，但很容易鎖定。先找到北斗七星最遠端的兩顆星，然後順著它們所指的方向一直看過去，一顆星、兩顆星，然後那就是北極星了，光彩奪目。只要把北極星穩定地維持在吊索和帆桁中間就可以了，就這樣繼續前進。」

能夠實踐這最古老的天體導航技術讓我很開心。那指示聽來好像押韻的對句——**面朝著北極星不斷向前，固定在吊索和帆桁之間**——我掌舵的時候，這詩句就在我腦海中蕩漾。水聲汩汩，拍打船身，感覺上水似乎變得厚實了。我想起希臘時代的航海家皮西亞斯，他在西元前三二五年從法蘭西揚帆向北，循著既定的貿易路線航行，就此開展「錫路」和「琥珀路」，之後繼續不斷航行，在路易斯島稍事停留，豎立了他的日晷，記下太陽的高度和白日的長度，再繼續向北航行，直到抵達某個緯度，那裡的大海極其寒凍，空氣中冰霧瀰漫，形成一種特殊氛圍，如同皮西亞斯筆下費解的「海肺」（pneumon thalassios）。

我曾經聽一個水手談起夜航於繁忙的英吉利海峽，他將之形容爲深度放鬆的經驗。他說，在那樣的時刻，世界化約成符號：各色船隻上的燈光，所有航海人都共同遵守的規則（例如誰該讓路給誰等等）。數據流極小化，輸入訊息僅限於夜間高頻電台的沙沙聲、雷達螢幕上一系列的小小光點。如果所有航海人都能正確解讀這些代碼，油輪可以在一片黑暗中悄悄從小船旁滑過，船與船擦身而過，所有的安排都能流暢進行。他說，這種狀況最像四人對跳的方陣舞，那種舞蹈莊重高雅，要遵守大量的交互規則。他還補充道，在競技的本質和所擔的風險之間，存在著一種不成比例的關係，因爲，勝任與否的判斷，要視能否避免大災難發生而定。

那一夜我們已然深入北大西洋，但大型船舶行駛的深水航道比較靠近路易斯島主島，我們附近又沒有船隻經過，因此根本看不到任何燈光。赫布里底號在我們的左舷外約五百公尺處，它綠色的右舷光隨著海濤起伏而不斷閃爍。此外就只有天穹之光了。繁星構成的圖案，橫越天際的壯麗銀河。木星在東方低處燃燒，燦爛到在水面鋪下一道明亮的光帶，彷彿邀請我們踏上那水光搖曳之路。半圓的弦月低垂天際，光澤豔麗——紅色奶油般的月亮，將自己的路徑投射到水面。海上滿是浮游生物，發著冷光，我們的尾流因而成了綠色的金銀流蘇，彷彿或綠或黃閃爍磷光的蜂群，好似我們船體下有個滿是蜜蜂的蜂窩。我們正處在許多光徑的匯流處，它們合流，搖曳，伴著我們一路向北。

換班的時候，我把舵交給另一個人，爬到船艏，想在小船往夜色疾行時小睡。我躺了下來，頭枕著一片護舷，手插進口袋裡取暖，凝視著夜空。當晚是夏季英仙座的最後一場流星雨，幾乎每分鐘都有流星飛速橫越天際。明亮的破折號。視網膜上的殘像。我數到一百之後就放棄不數了。

我對夜間航行本來沒有抱著這樣的期待，卻受到它的感應從深處生出一股寧靜安詳。或許寒冷、凌晨時分的疲憊和水流那搖籃曲般的低音，也共同促成了這種效果吧。漂流進入我心中的，是迷途的景象，是來自另一波潮水或另一面大洋的思潮。或許是天星和水面磷光的鏡像讓我起了一種幻覺，感覺上我們的船和船上的所有人都失去了體積，好像是用紙做的。我們的船像模型船一般，在細線將船拉成豎立之前，就平平躺在那裡，等待著要通過瓶口。我們又好像是航行在天空和水面間一條狹窄的礦脈，在一條看不見的古老海路上。

◆　◆　◆　◆

有人搖晃我的肩膀，把我搖醒了。我坐起來，發覺一覺醒來已是冬天。蘇拉岩就在我們前方不到一公里半，海浪拍打岩腳，水花四濺，岩頂上積雪皚皚。在那被魔咒縛綁的夜裡，冬季翩然降臨，不知怎麼回事，我們竟從八月駛進入了一月。不過，那當然不是雪，而是鳥——是塘鵝，成千上萬隻白色的塘鵝，白色的糞便，白色的羽毛，每道懸崖的每個突岩都有塘鵝。塘鵝在我們的船上方漫天飛舞，壯實的頸項呈一種尼古丁似的焦黃色，翅膀挺直了在天上滑翔。塘鵝群中也有暴風鸌和三趾鷗，我睡眼惺忪地望過去，看見牠們飛翔著畫出種種弧線和曲折，留下絲絲光影，彷彿過度曝光的照片上白色的痕跡。我抬頭看著空中群鳥飛翔，只覺得暈頭轉向，站立不穩。此時伊恩的一段詩句突然閃過腦海：飛行盤旋／會拉你上空／若你寬大的腳掌無法／穩站甲板。

伊恩一邊指，一邊說：「快看那邊、看那邊！」那是歷盡滄桑的拖網漁船「石南島號」，在離我們幾百公尺外停泊著。甲板上站著一些人，有的面向我們這邊，其他人則看著蘇拉岩。那就是小塘鵝獵人，即將展開爲期兩週的岩上生活。他們的船轟隆隆地駛入港灣，準備要卸下工作裝備。我們碰巧跟他們在同一時間抵達。

波濤起伏，週年紀念號在海中搖晃著激起水花。東邊的羅納島看來宛如綠色楔子。死亡與殺戮正四下開展，蘇拉岩本來就是殺戮戰場，是掠食者和獵物的匯集地。海豹爲了大魚而來，塘鵝爲了鯡魚和沙鰻而來，賊鷗爲了成年塘鵝而來，人類則爲了小塘鵝而來。我看到成群的賊鷗追逐一隻塘鵝，飛到塘鵝的上方，落在塘鵝背上，逼得塘鵝迫降到海面，再用鳥喙猛啄塘鵝的頭，直到塘鵝暈過去，然後用雙腳把塘鵝的頭埋進水裡，直到塘鵝把胃裡的食物全都吐出來——這才是賊鷗要吃的東西。其他的塘鵝無暇顧及，都各自忙著獵捕，「砰」地一聲栽進海裡，追逐著水下我看不見的魚。看到這一幕，我明白了爲什麼一隻塘鵝竟然能夠刺穿船體。塘鵝再度露出海，宛如一朵綻放的白花。摺疊，收攏，入水，綻放——鳥的摺紙術。

• • • • •

我們在船上煮了一小桶黑咖啡，然後有兩個人拿了槳，划著週年紀念號繞行蘇拉岩一周——這是一種帆和槳的環島旅程。伊恩堅持我們一定要舉行這種環島儀式，作爲我們這次的航行的標記。

環島一周花了一個小時。鸕鶿張開翅膀，呈一種十字形，站在低低的礁石上晾曬羽毛。我們繞過「謝特安奈脊」，穿過名爲「寬礁」的黑色礁石和「蘭碼克雷雙礁」之間的狹隙，大海化爲泡沫打上尖尖的礁石堆，經過「大斷崖」，經過上面建有燈塔的「暗礁鼻」，經過港灣和「座位關」。蘇拉岩，這麼一小塊幾乎從未有人居住的礁石，卻擁有將近三十個地名。

我們划進港灣的時候，看到小塘鵝獵手站在某塊一路陡降到登陸點的陡岩上。他們已經卸貨完畢，群集在一起，看著我們，臉上沒有絲毫笑容。他們的首領多茲站在中央。他們認識我們這艘船，也認識伊恩，但他們那種表情的意思很清楚：**離我們遠一點，這是我們的時段、我們的島**。伊恩向他們揮手致意，他們點頭回應，然後我們就離開了港灣。

我們的環島之行結束在蘇拉岩近南側的懸崖下方，那裡有像船艄般突出的岩石。

一隻海鳩在我們上方滑行，頭既黑又尖，讓我想起史帝夫給我的石匣，幸好此行沒有用到它。

突然，狄亞娜用手一指，說：「看那裡，礁石上有個十字架！」

確實有一個。一具粗陋的十字架，大概六公尺高，是用粉紅色的石塊製造的，卡在岬角那突出有如船艄的深色片麻岩裡。地質學竟然變成神學了。

狄亞娜又叫著說：「啊！那不是十字架，是一隻正要跳水的塘鵝！」確實如此，我們全都看出來了。那十字架豎著的一端漸漸變細，是塘鵝的身體和鳥喙，橫著的則是塘鵝的翅膀。就跟伊恩故事裡的鳥一樣，彷彿一隻塘鵝從空中向片麻岩俯衝，撞進岩石裡，就在這小島有如船艄之處石化了。衝擊的形變（shock metaformosis）。我曾經讀過一本介紹這些島嶼的地質學指南書，現在我想起書上的一句話：**有時候能在路易斯島片麻岩裡發現石榴石**（garnets）。我初次讀的時候誤讀成**有時候能在路易斯島片麻岩裡發現塘鵝**（gannets）——現在竟然錯誤成眞。③

• • • • •

週年紀念號平安抵達蘇拉岩，不過還必須要平安回返才行。但狂風即將來臨。於是我們將方位設定爲一百八十度，開始了長達一天循來路回返正南方尼斯港的航程。

我們小船的尾流呈乳色及薄荷色。蘇拉岩在我們身後慢慢退去，原本像座山，然後變成一爿屋簷，又變成一道拇指印痕。大海上銀光閃閃。白日長了，空氣薄了，我們終於看見了，修文山、佛納倫山、艾克山以及蘇瑟蘭丘陵地一路向東迤邐的其他山頭。

「前方水域可能會有點小的麻的煩。」伊恩在我們要往尼斯港碼頭行去的那天傍晚這樣說。他說得對：斷崖突出之處翻起二公尺尖峰般的大浪，浪破之後湧流衝潑入港。我們在兩邊破浪之間偷偷潛進，有如幽靈。那種行船方式讓我的胃很不舒服，伊恩卻興奮得很。

大衛謹慎地掌舵，狄亞娜和我像雙頭怪物一般，從船艄兩側探出頭去，留意水深以及船頭與礁石和混凝土塊之間的距離，急切地大聲呼叫——「右舷一點！」、「快往左舷！」——直到我們小心駛近高大的碼頭。我們拋下粉紅色的護舷材，它像心臟一樣，被碼頭和船身所擠壓，最後我們終於停了下來。

我爬上防波堤鏽跡斑斑的台階，踉蹌走過碼頭。那天晚上我睡在斯托諾威港，作了一個夢，夢到大海翻騰衝過我身上、衝進我體內，塘鵝飛過天花板，而屋外吹起真的強風，如約從北而至，從冰島一路橫掃到挪威。

＊注1：信天翁於一九六七年首度出現在福斯海灣裡的貝斯岩。一九七二年，牠們將那廣闊的遷徙路線改到昔德蘭群島中溫斯特島群裡的赫曼尼斯島。此後牠們往返這條路線超過二十年以上，之後消失了十年。二〇〇五年至二〇〇七年間，牠們又再度出現在蘇拉岩。看來牠們一直在蘇格蘭的塘鵝棲地上尋找合適的塘鵝伴侶。牠們認為塘鵝的外表跟自己有點相似（確實也真的有點像）。至於那七百萬隻雌性的信天翁，都住在南半球那麼偏遠不便的地方，太麻煩了。作者注

＊注2：在此作者將牧地和岩石兩個字都加上定冠詞並冠以大寫（the Pasture、the Rock），表示對兩種環境的統稱，而要前往牧地還是岩石的選擇，正如下文提到的布倫西妲的命運所示，是生與死的選擇。因此之後才說：「人們因此而學到〔不要妄想住在蘇拉岩的〕教訓」。譯注

＊注3：那十字架／塘鵝，很可能是一塊片麻岩，裡面富含粉紅色鹼性長石，成形在前寒武紀的某個時候，又在之後的擠壓作用下扭曲，變成如今這副模樣。作者注

七、泥炭之地

岩石小徑—趴地找記號—傳聞作路徑，民間口傳作路徑—泥炭與片麻岩—馬努斯之石—芬利—奠酒與雜交狂歡—實用的大地藝術—時代一覽無遺—地理學與歷史同質同體—弗布斯—方位學習與路徑追隨—預期中的擾動—安娜與布蘭—天鵝的叉骨與鴴的蛋—地名學與近距測繪—荒原的歌徑—岬角上的一夜—海豹小夜曲—木星與格利歐馬巴—發現—果斷的疊石—石英石晶體—赤腳行路—棚屋與冰磧石—脈絡膜毯：明亮的毯子—通往蟹灣之路

東邊突然湧來無雨的強風，鹿跡印在泥濘的沼澤地裡，黑色天空作背景，塘鵝的白色身影在海上如火焰般閃耀。大西洋畔路易斯島的黎明。稀薄的光線，寒凍，濕漉漉。厚實的雲層聚集在三百公尺的高空，白日正在黑暗中成形。我離開睡過一晚的小半島，走上山丘，走入內陸，來到泥炭之地，進入風裡，循著有如沼澤花邊的鹿徑前行。我越走越高，泥炭愈來愈薄，岩石隱約自石南叢中現身，那是路易斯島的片麻岩，歐洲最古老的地表岩層，有三十一億年之老，其上遍布著斑馬紋，是多次冰河期在此留下累累傷痕又數度撫平的痕跡。感覺上數個星期前還是更新世，冰層彷彿才剛退去。地面沉降凹陷，直到我走上一條一．六公里寬的岩道，遍地都是坍崩墜落的巨礫與冰河漂礫。我眼前是一座被稱爲格利歐馬巴（Griomabhal）的灰色山峰，高聳入雲。只有山的北壁露了出來，狀似驅逐艦的側面。一隻渡鴉站在大圓石上，嘎嘎叫著，另一隻則在我的上方高處盤旋。一隻松雞從我腳邊一公尺外的石南叢中竄出，雙眼各有一抹變裝皇后般的紅妝。

我正在尋找的那條小路就通向這條岩道，就在格利歐馬巴峰的腳下。這些我都知道，但就是找不到那條路。之前別人是怎麼跟我說的？**你需要找到根本不該出現在那裡的東西**。那不是綿延的小徑，只有一些石頭標示出路線。但我走過的地面上，可能是路標的石頭成千上萬。各形各樣的岩石從沼澤地現身，有加農砲、鮭魚、列方廷教徒帽①、主教冠、僧侶袍、蘑菇和魚鰭。我在路面上來來回回走之字形，想要找到那條石頭標記的路線。徒勞無功。我趴在地上，看是否能找到那條線。一無所獲。那條路線彷彿一道破解不了的謎題：**怎麼可能在滿是石頭的小徑上找到石頭？怎麼能在符號遍布的荒野中找到符號？**我開始想，這條小路或許根本就不存在。

◆　◆　◆　◆　◆

我離開赫布里底海，上到赫布里底荒原，目的是要找出一條已經部分湮沒的小路。我之所以知道這條路，並不是因為它出現在地圖上，而是因為聽說了一系列相互矛盾的傳聞和回憶。這條路起於路易斯島西部，向東南方曲折蜿蜒通向哈里斯島，人們指路找路時，都是用皮克族②那種連連看的方式，從一個牧羊人棚屋走到另一個棚屋。但這不對，其實這條路是從名為小艾德半島（Aird Bheag）的海岸線出發，翻過高高的埡口，然後一路下到西海岸一座荒廢的小村莊米拉斯塔（Mealasta）。這條路是以一塊塊豎立的石頭標記出來。不對，是用堆疊在巨礫上的古美索不達米亞式金字塔狀疊石。不對，是三腳塔，也就是三塊窄長的石頭，一端在地面上，另一端相互斜靠而形成的疊石。這種疊石的構造源自赫布里底人，他們用這種方法安放新砌的泥炭磚，這樣泥炭磚就能在風吹日曬之下迅速乾燥。據傳這條路最初修築於一八五〇年代。不對，建造年份不可能早於一九二〇年代。建造者是個小農，靠自學精通希臘語，而且一九五〇年代還在日誌中記下英國海軍船隊如何行經這段顯無人居的海岸。不對，他只會說蓋爾語，但是某個烏伊格的婦女竟然有一張他的照片……

沒錯，這條路在存在於大地之前，已經先存在於民間口傳，而我在踏足其上之前，應該先將之當作故事來追索，就像從一堆疊石走到另一堆疊石，我得從一個線索追蹤到下一個線索。像一支民歌，一首口傳的詩歌，一條伊恩的海上航線，每次敘述都帶來一些微妙的變化。

因爲所在之處地形的緣故，這條路的性格難以捉摸。黑色的泥炭和灰白的片麻岩是西部諸島兩種主要的地表物質，而這兩者都對造路不懷好意，且方式各不相同。泥炭吞噬道路，片麻岩排斥道路。片麻岩非常堅固，禁受得起數百萬年的地質變遷，很難在上面留下足跡。而泥炭多水有如海綿，除非反覆踐踏，不然路徑很快就會被吞沒。因此，是成千上萬人的足跡將西部諸島結合起來，但那不是陸地上綿延的路線，而是一塊又一塊能夠彼此相望的疊石或立石所構成的小徑。

這些石頭小徑有許多都指出了泥炭路（在開採泥炭的地方闢出的小路）、農耕路，尤其是牧羊人棚屋之路（這種道路從城鎮直入荒原，家家戶戶都蓋了小棚屋，是用石頭堆起來的棲身所，夏日放牧的幾個月間，棚屋也被當成家屋來使用）。不同的家庭成員會在不同的時段，因爲不同目的而來到棚屋。孩子則是在能夠自行前往石屋的那一刻變成大人。但小徑在天候不佳的時候會變得崎嶇難行，而荒原本身也潛伏著泥潭和深水。於是人們以這些豎立的疊石標示這些路線，成爲上到荒原的指南，要用來讓人避過boglach（一般的泥沼）、blàr（沼澤的平坦地帶，十分濕軟）、最危險的breunlach（表面看來是魅惑人心的綠茵，實則爲噬人的沼地），好平安抵達tula na h-àiligh，也就是石屋所在之處。韓森與葛莉特的故事重演：這些石頭會引導你平安回家。啓程之前，會有人給你忠告：**要相信石頭，要始終能看到石頭，不要一看到平**

坦青綠的地面就受到誘惑而離開道路，因爲那裡同時也是險惡的沼地。蘇格蘭各地還有許多做法都與此相近，例如以白色石頭標示從「水門」穿越包德荒原到「五道」的路線。這些石頭是十九世紀中葉的一位牧師所放的，因爲他不想在穿越他那無跡可循又經常起大霧的教區時不幸迷了路或葬身沼澤。

赫布里底群島的許多步道只見於非正式的地方地圖，以及記憶的地圖，這種地圖只存在於那些行走者的腦中。這些路徑因口述而得以流傳。但現在島上的棚屋文化幾乎已經失落，開採泥炭的工作主要由機器完成，許多小徑逐漸從地面上消失，也不復存在於記憶之中。

我要尋找的小徑連全國地形測量局都不知道。那些石頭標記是一名叫作馬努斯的農民所放置，因此人們稱之爲 Clachan Mhànais，意思是「馬努斯之石」。我對此深信不疑，因爲告訴我有這條道路的是芬利。也是因爲他的緣故，我在數年前第一次來到外赫布里底群島。

◆ ◆ ◆ ◆ ◆

芬利（Finly MacLeod），博物學家、小說家、廣播員、口述歷史學家，有時候充當賽爾姬③歌手或海豹召喚人，也能用英語和蓋爾語雄辯。他在西部群島和蘇格蘭的愛爾蘭語區聲名遠播，是大西洋岸最擅辯好戰的人之一。他熱衷於歌頌外赫布里群島的景觀，爭執時溫文有禮，但絕不讓步，如果他認爲你是凶險的對手，他就會變成你殘酷的對手。他討厭長期控制路易斯島的喀爾文教派，認爲他們既僞善又令人透不過氣。二〇〇九年秋，他和妻子諾瑪興高采烈登上斯托諾威港首度在週日出航的渡輪。占島上多數人口的安息日教派激烈反對此次出航，少數不信教的人（包括芬利本人在內）卻很樂。這艘渡輪以異教徒之姿駛入明奇海峽，向阿勒浦港航去。港口碼頭上有祈禱者也有抗議者，還有人帶著香檳上船，等著要慶祝。

芬利身材短小，性格機敏，雙眼明亮，而且身上有一股仙人的氣息。他一笑臉就皺了起來，大笑時肩膀亂顫，而且他經常笑。他放肆慣了，但該鄭重的時候仍然很鄭重。基督宗教當中，他只接受十二、三世紀島上盛行的一種信仰，那是宗教改革之前一種揉合了異教習俗和基督教儀式的崇拜形式。有一次，我們在偏遠的海岬上，站在一座小教堂的廢墟裡，他滿臉憧憬對我說：「在這種地方，人們以基督之名將麥芽酒倒入海中，祈求提高海藻和魚類的繁殖力。這裡有新月崇拜，大家會跳舞，還會雜交！」他看不起宗教的基本教義派，因爲在他看來，這會導致「隱喻絕跡」（the extinction of metaphor），他認爲應該把《創世記》當成民間故事，而不是教條。

芬利熱愛西部島嶼的自然景觀和歷史，但並不濫情。他以非常精細的篩網過濾浪漫主義。他生於路易斯島北部的尼斯，在小農場長大，小時候就能聽見房屋遙遠另一端的牛棚裡乳牛的走動聲。當水壺放在泥炭火上燒的時候，他將單車踏板貼附在輪框上，轉動輪框來顧火，那就是他的工作。他在十七歲加入商船隊，航行遠達澳洲和紐西蘭，後來被召回本國服兵役，派到約克郡的皇家空軍基地服務。他思鄉情切，夢想要回到西部群島，在一個月內找到一個在路易斯島服役的約克郡人，那人也急切地想回約克郡，於是兩人設法交換崗位，回到家鄉。

芬利的一生都奉獻給西部群島。他探索、測繪這些島嶼，並且建立檔案，目的是為了讓群島更為人所知，好推動島嶼的保護。他已經測繪了西部群島那些具有療效的泉井、那些挪威式的磨坊、祈禱教堂，這種種的地點及位置。他冒著惡劣的天候，在沼地裡行走好幾公里，最後追查到全國地形測量局於一九五〇年代在島上工作時留下的雕刻石。他還收藏著幾十份十六世紀以來外赫布里底群島的地圖。

達爾文是他心目中的英雄，而芬利身上也有達爾文的許多特質：無止境的好奇心，不斷累積、探索的大腦。芬利跟達爾文一樣，對什麼都感興趣。他還告訴過我一則達爾文的軼事：達爾文在肯特郡唐恩鎮的住宅四周修築了一條環繞樹林和田地的沙道。他每天都沿著這條沙徑散步，而他大部分的思考都是在散步中完成的，於是他將這條小徑稱作「沙行」（Sandwalk）或「思想徑」（the thinking path）。有時候他會在道路起點處堆疊一些燧石，每走完一圈，就用手杖敲下其中一塊。芬利解釋說，到後來，達爾文已經可以預估他思考的是「三塊燧石」的問題，還是「四塊燧石」的問題。這是一種可靠的方法，以步行過的距離來測量解決難題所耗的時間。

和芬利交往是件樂事，原因之一是他有能力將地景閱讀得栩栩如生，而且能同時一覽無遺各個歷史年代。對於地景中的每一個特色和地名，他都有故事可說，地質學的、民俗性的、歷史性的、八卦類的。他悠遊於不同的知識體系和歷史時代，了解它們的差異，卻又在它們的彼此交疊處及相互應和處獲得啓發。他可以在描述的過程當中，將四散的石頭召喚出來，重新組成一片生意盎然的農場。他帶我到路易斯島中部基爾鎮一片綠草丘上，向我描述一八二七年的一幕：衆人敬重的麥克唐納博士召集了七千名信衆來到這座山丘，舉行一場大型的喀爾文教派改信儀式。但荒原上一塊片麻岩的鼻尾丘露頭隨即將他拉回全新世，他開始向我解釋冰河在一萬兩千年前從西部群島退去之後，泥炭在裸露出來的岩背沉積物上漸漸變濃。芬利認爲地理和歷史同質同體。沒有固定位置的事件是難以想像的，亦即任何事情都必須發生在某一地點，所以歷史乃是源於地理，就如同水必然從泉眼湧出，歷史雖然無法預測，但地點必然是確定的。

我出發去尋找馬努斯之徑的前幾天，一個早晨，芬利邀請我到他家附近的海灘上散步，神祕兮兮地說要帶我見他的「家人」。那是在蕭巴斯特鎮，潮水剛剛退去，我們走在潮濕的沙灘上，留下的清晰腳印看起來好像一塊塊糕點。海鷗踏著大步，一邊走，一邊叫。原來芬利的「家人」是一群帽貝，住在一塊被他命名為「弗布斯」（火星衆衛星之一）的巨礫下面。這一年來，他幾乎每天都來看這些帽貝，觀察牠們在巨礫上的相對位置，以及牠們每天移動和返家的情況。他把每隻帽貝的形狀和大小都畫了出來，還為牠們取了名字。幾個月以來，他一直在描繪那些帽貝在弗布斯的岩面上來來去去的短程旅行，對牠們在岩石上找尋回「家」之路的能力十分著迷。牠們走得既勤奮又精確，彷彿是走在隱形的小道或路徑上。

芬利微笑著說，這可能是帽貝研究當中最難解的謎題。已經有人做過很多實驗，試圖了解帽貝回家的本能。研究者在帽貝離開的路徑上放置物理性的障礙物和化學物質做成的封鎖線，讓帽貝殼沒有辦法循原路返家。但不管有什麼障礙，帽貝都會緩緩閃過，最終還是回到家裡。這證明了帽貝不僅可以自己找到回家的路，而且還不用折回來時的路線。

芬利還解釋說，帽貝對於棲息地有一種十分獨特的適應能力。牠們之所以可以牢牢附著在岩石上，是因為牠們能在自己的貝殼邊緣和岩石表面之間分泌一種黏合物。這種黏合物使牠們可以不被飢餓的海鷗從岩石上啄走，也不會因為海浪沖刷而掉落，還能保護自己不在退潮時乾死。芬利說：「這些帽貝不斷微微來回轉動自己的殼，產生這種黏合物。久而久之，連岩石的表面輪廓都會磨得跟貝殼邊緣相互貼合。」帽貝通過磨損自己以適應所選定的地形，以更快習慣特定的地點。

芬利說，方位學習（place-learning）和路徑追隨（path-following）是帽貝最了不起的兩種生存技能。當然，這兩種技能也是他自己的眾多技藝之一，自不待言。

◆　◆　◆　◆

在芬利的協助下，我總算確認了更多關於馬努斯之石和其建造者的事實。馬努斯確實是居住在路易斯島西南部海岸的農夫。那裡是小艾德半島，懸崖陡峭直入大西洋，數世紀以來只有零星的農民在此生活。第一次世界大戰後不久，半島上設立了鎮。馬努斯在二十世紀的前半葉一直在該處務農。他在一九二〇年代標記出兩條路徑，讓他可以在家裡和田地間安全往返。其中一條從小艾德向東北方向前進，通過莫斯格大莊園南邊很深的泥炭地，另一條則由西北方出發，要先乘船經過常有勁風吹襲的漢納威湖，抵達丘系角，之後還要向上攀，越過高高的山口，再下到格利歐馬巴峰的北壁，然後沿著一條約三十公分寬、有著石頭標記的小徑，來到西岸的小村莊布里尼斯。步行加上乘船的路程總共廿四公里，可見生活在小艾德半島有多麼艱難。半島上的最後一名農夫直到一九五三年才心不甘情不願地搬到村莊。

芬利在斯托諾威將我介紹給克里瑟拉，馬努斯的玄孫女。她告訴我關於那條路的故事。「他標出路徑，是爲了大家的安全，而不是不讓自己迷路。他對每一顆石頭、每一道轉彎，其實都一清二楚。」二十年前，克里瑟拉和丈夫曾走過那條小徑，從米拉斯塔走到格利歐馬巴山。她說：「那天，我們從白雲邊上踏進小徑，然後一步步深入山下的輕靄，此外的世界都不再存在了。」克里瑟拉才剛剛驚險地戰勝癌症，當時還在調養復原。她說，如果她硬朗一點的話，倒是願意陪我走一趟那條小徑，在折返之前跟我說說那條路的事。

克里瑟拉告訴我，還有一個人也走過那條路：梅基。「那眞是藝術，眞的。」我第一次見到梅基時他就這麼說：「就像隆恩的雕塑一樣。到了那裡，你要找的是不應該出現在那裡的東西，比方說兩、三顆排成一列的灰白石頭，那種位置被挪動過的石頭，在冰河和重力的作用下不應該留在那裡的石頭。馬努斯所做的，就是……稍微重塑了一下地景。」我想起伊恩告訴過我如何讀出海平面下的危險：**你要注意可能發生的各種擾動，要注意你預期中會發生的問題，對於意料之外的交互作用也要隨時保持警戒**。我也想起托馬斯，他訓練自己的眼睛去偵測大地上的「擾動」和痕跡，那些都證實了那裡有一條幾乎消失的小徑。

梅基對我提出警告：「真的很難找。整個地區到處都是巨礫，好像巨型的大理石雕刻品。你要穿越的根本就是一道石頭峽谷。」

◆　◆　◆　◆　◆

芬利帶我去路易斯島西海岸外一個叫做布拉加（Bragar）的小鎮，找一個名叫安娜（Anne Campbell）的考古學家兼製圖師，打算在她那裡打發一個下午。她對那條小徑知之甚稔，而且現在正投身製作布加拉荒原的詳細地圖。她的屋子前面以灰白色片麻岩卵石鋪成一條小徑，石縫間冒出一些很像矛槍的樹葉和橙色的鳶尾花。安娜開了門。她有著深色的頭髮，兩眼離得有點遠，那讓她的表情看起來有些微微的吃驚。但不久後我就發覺，其實她的處世態度一貫很冷靜。她的起居室有兩面牆上釘著巨幅的地圖，筆記本攤在桌上，上面用鉛筆畫出一些散落的石頭、物體、座標等，旁邊還有草草記下的筆記。壁爐上方用圖釘釘著幾頁野外指南，上面所印的鳥一律以側影由上往下排列，翅膀向外伸展，讓我回想起小時候讀過的飛機圖鑑。

屋子東面有一對敞開的寬大窗戶，正對著路易斯島上的布林德荒原。窗戶對面的牆邊有座衣櫃，上面是一片大鏡子，映照出窗外的荒原，房間因此有了雙重空間，並給人一種透明感。壁爐架和窗台上是數十個撿回來的東西：鳥蛋、骨頭、鹿角、鵝卵石。一支天鵝的胸叉骨，中心卻沒有關節。一個來自項恩島的賊鷗蛋，一個純白的金色鴴蛋，像氣泡一樣脆弱。從加勒比海漂流過來的深棕色海豆，狀如皮革製的小型腎臟。

「無論何時，只要我去到荒原，那，我絕不會兩手空空地回來。」安娜說，一隻手繞著房間轉動示意。她在發 moor（荒原）這個音的時候，會像發 zoo（動物園）的時候一樣，把 oo 拉長一倍，字尾的 r 還會捲舌。她坐在椅子上，雙腿收在臀部下，頭頂上有一株吊蘭，捲曲的長長枝條跟她的頭髮糾纏不清，還會拍打到她的肩膀。最後她乾脆像對付難纏的小孩一樣，把那些枝葉全都塞起來，這樣就再也碰不到她。她名叫布蘭的牧羊犬就睡在她的扶手椅後面，睡夢中還發出聲音，抓抓自己。

「布蘭睡覺的時候很忙。」她說。

窗戶房邊的牆上有一幅大地圖，是窗前荒原景象的地圖版。荒原呈錐形楔狀，從布拉加及這海岸狹小的點開始往後往內陸伸展，直到荒原的主要部分。安娜解釋說，這張地圖上畫的只涵蓋了小鎮當局認為屬於小鎮範疇的荒原。我看了一下日期，這是全國地形測量局在一八五三年繪製的島嶼地圖，測量員是不列顛人，把蓋爾語的地名盎格魯化了，也大幅縮減了標示地名的密度。

安娜說：「我用全國地形測量局的地圖作為我的底圖，但我試著增補內容。我在上面重新塡上工兵除去的地名。你看到的那些潦草的字就是我補充上去的。」

「爲什麼你只增補布加拉這一帶呢？」我問安娜。

她聳聳肩，大概是說，這算什麼問題？

「我認爲這是世界上最有意思的地方。」她頓了一下，「我眞心希望的是，讓地點有故事，再找出貫串這些地點的東西。因此，我大部分的時間都用來走那些棚屋路線、小徑，還有以前切分這塊土地的溪流和牆垣。我找人閒聊，想要喚起他們對某些特定地點的記憶。」

安娜在布拉加長大。雖然後來她離開了小島，到英倫主島去學習考古學，最後她還是受到牽引返回家鄉。她的家族在荒原的中心有一座棚屋，已經存在好幾代了。直到現在，家人都還會在每年初夏時節到那裡聚會，住幾天，下廚、散步、聊天。天氣還沒有變得太乾太冷，石南還很刺的時候，安娜喜歡赤腳在荒原上行走。「只要過兩個星期你的腳就會變堅韌，不會感到不舒服。那簡直就是極樂。你過去的時候也應該試試看。脫掉你那雙大靴子吧！」

安娜的父親曾經向她說明前往棚屋的路徑，而現在她更加深入荒原，記下、畫下荒原的特徵。安娜說：「我們出去找羊的時候，我父親會告訴我那些途徑。現在很多路徑都消失了。既不在人的記憶裡，也不在荒原上。有一條通往我家小屋的石頭小徑，但現在幾乎快被沼澤吞沒了。那本來是我父親趕牲口去喝水的路。不過現在依然很美。」

她和朋友麥克勞德（也是她的前男友）規劃了一系列的步行計畫。她和麥克勞德著迷於荒原上的小徑，每一條小徑都是往日習俗和營生的檔案。於是兩人開始創造、記錄自己的歌徑，記下走過的道路、沿途發生和觀察到的所有事情。六月裡的某一天，兩人走在「碎地」、「小藍溪」、「舒安那格戴山谷」和「奧伊斯湖」之間，一路上看見「一片又一片發亮的羊鬍子草」、「緋紅色的豆娘」、感覺「長風攜鳥鳴之聲拂過」。兩人「穿越一隻青足鷸的領地」，「驚擾了一隻長草中的雌鹿」，最後「停在一座棚屋前，之前還有一隻鷲在那裡整理羽毛。」安娜說：「我只是走過並記錄一路所見，一隻飛過的灰背隼，一隻張開雙翅晾乾的蜻蜓等等。」麥克勞德鑽探得更為深遠，進入了無從證實的年代，以揣測去重構原始的記憶地圖，「那些人在泥炭地形成前形成後都在這塊大地上來回走動，為了定出路途的方位或者為了紀念什麼人事物，而就著地形特徵取了地名。」

安娜說：「我曾經沿著馬努斯之路從小艾德半島走回來過。如果你一開始就錯過那條路，要再找到就很困難了。但只要一開始就走對路，也就很難再迷路。」她從書架上拿起一張地圖，像拉手風琴一樣把圖展開，攤在小桌子上。她邊描述那條路，邊用小指點出地貌特徵和標記。她指著地圖上一連串的小點說，從這裡可以由荒原深處走出來。

「如果你從米拉斯塔出發，第一天就走到這裡的話，可以在這裡過夜。這裡有一些牧羊人棚屋，按照皮克特族的形式蓋得很好，是小小的穹頂建築，草皮屋頂。沒人知道起造時間，但現在依然完好如初。不過它們就像是大地的一部分，要花點力氣才能認出來。現在就只有鹿會進去裡面了。」

我離開前不久，安娜告訴我，她年邁的父親爲阿茲海默症所苦，現在住在醫院中。「但是他讓最近的一位訪客吃了一驚。在沒有提示的情況下，他突然背起一首他知道的布拉加歌謠。」那首歌他相當熟悉，熟到他能循著一行行歌詞前進幾分鐘，然後又陷入了一片渾噩當中。

◆　◆　◆　◆　◆

不管去哪裡，大家都認識芬利。有些人把車停在路邊，搖下車窗與他攀談；有的在泥炭堆上放下工具，對他揮手致意。那種感覺就好像跟英國女王一起出巡。我說：「不管你要去哪裡，一定都得花很長的時間。」

最後，在一個起風的晴朗日子裡，芬利總算開車載我下到狹窄的西海岸公路。

這條公路從烏伊格的大沙灘起，穿過布里尼斯的農場小鎮直達米拉斯塔，之後漸漸消失。現在的米拉斯塔只剩石造的地基，但奇異的是，那感覺不像即將湮沒的村莊遺跡，反而像未來的村落藍圖。

道路止於一名叫 Camus Mol Linis 的開闊小海灣前，地名的意思是林尼巨礫灣。我與芬利相擁作別，之後他驅車向北，離開時手伸出窗外揮別。我從一座向南突出的小半島走下海灣，在一片小小的草地上搭起帳篷。這個半島是個「beirgh」，或者稱作「a'bheirgh」，這是挪威語借詞，意指「光禿不毛的岬角，頸部通常比較細，通常有垂直的岩壁」。斷崖嵌著長石，略帶粉紅。我在內陸方向靠近格利歐馬巴峰之處看到一隻金色的鷲，初級飛羽伸展有如纖細的手指，在向晚的天空巡狩。一隻燕鷗迎風向上，雙翅如剪，頭部黑得看不見眼睛，在空中的動作變幻莫測，有如棒球投手的蝴蝶球④。乳脂般的波浪拍擊，在沙灘和礁化為奶白，近岸處水沫起伏，浪花飛濺甚至高過我的帳篷。潮下帶礁石處波濤翻湧，潮水沖刷潮間帶的岩石，那是布滿地衣和青苔的微地形。遠遠的海上，陽光穿透絲絲雲隙下落水面。

我煮了一杯茶，坐下來就著一片蛋糕喝了起來，很高興能在這樣的地方獨處。一隻海豹在我北方約十公尺外露出水面，是體型優美的雌海豹。我試著唱芬利在一兩年前教過我的一首海豹之歌，卻發現我把曲調和歌詞都忘光了，於是轉而唱起英格蘭的早期民歌，是威廉斯爲蘇格蘭作家史蒂文森《行旅之歌》詩集中的某一首所譜的曲。那隻海豹三度把頭埋進水裡又再露出來，像是要把耳朵裡的噪音洗掉。我又改唱一首我唯一記得的歌曲，「槍與玫瑰」⑤的〈天堂之城〉。海豹潛入水中，不再現身，我頗感尷尬。

陽光灑落大西洋面，海上銀光灼人眼目。在這金屬之海的灼燒處，有一座小島黑暗冷硬的身影，屹立在火光之中。海鷗啼叫、波浪拍打之聲透影而來，能感覺得到岩石的粗糙，海岸花草地細密排列有如針氈，此外還有崖邊一瞬間捕捉到的其他面向：海藻的強烈碘味，還有一種半島獨有的感受——陸地的兩側傾斜下滑，尖端則逐漸隱沒。

海霧向岸邊悄悄蔓延，能見度降到五十公尺，我身處的那塊窄頸海角岩石似乎成了一座小島。感覺上，在輕靄的籠罩之下，什麼事似乎都有可能發生。不久，海上一陣微微的西風吹過我臉頰，我經歷到一種奇特的幻覺：我登上一艘小船，向海洋深處駛去，次日早晨醒來時，已然置身北大西洋深處。然後就在同一個氣象魔法裡——就好像突然抽走桌布，但瓷器依舊好端端立著——輕靄消散，露出無雲的天空，海岸線完好如初。向島內看去，可以看到格利歐馬巴峰那半圓頂的頂峰，當雲急湧往西飄過月亮時，一旁低掛的木星明亮有如一盞燈籠。

‧ ‧ ‧ ‧ ‧

翌日早晨，我循著鹿跡進入一座石頭幽谷，幽谷在格利歐馬巴峰北壁下方蜿蜒，風不斷從東方呼嘯而過。我在峽谷中待了將近兩小時，朝內陸和山頂方向不斷尋找，漸漸覺得大概無望找到那條小路。

格利歐馬巴峰的北壁是一道斷崖，從一百五十公尺高處直落荒原。我在北壁正下方一名爲黑湖的水潭邊找了一個地方稍事休息。湖水黑如石油，低淺處有綠如翡翠的蘆葦。風撥動湖面，攪出的漩渦與從格利歐馬巴峰北壁急湧下來的風切氣流一同旋舞。這是一個微型的颶風小徑。格利歐馬巴峰峰頂四周的雲層終於散去！我仰頭望著山壁，只見雲朵高高掛在空中，而那山峰彷彿要向我倒下。山壁布滿一道道斜切的石英石縫，連綿數百公尺之長，向外突出，好像舉重選手青筋暴露的手臂。我望了山頭一眼，走入迎面吹來的風，尋找之後要走的路線，然後突然發現——啊，馬努斯小道！

喀嚓。呈一直線了。我乍然頓悟。型態很清晰：一組疊石，不易察覺，卻也一目了然。從黑湖畔一路向上，疊石的型式是三腳塔，也就是三塊互倚的石頭，但也有一些單獨立起的石頭，彷彿指引方向的手指。我跳下原本坐著休息的石塊，循著馬努斯小道，向東走過一道又一道的片麻岩坡。

疊石通常相距九至十二公尺，但靠近隘口、地勢逐漸平坦之處，我卻發現了十七座間隔在三公尺以內的疊石。梅基說得沒錯，馬努斯小徑確實堪稱隆恩的雕塑作品，只不過創作於隆恩降生之前很久，型式和他的雕塑〈喜馬拉雅之線〉十分相似。我走上疊石小徑，順著疊石看過去，只見路的一邊通往山路的頂端，另一邊通向米拉斯塔，在一大片片麻岩後消失於視野之外。渡鴉在我頭頂上喃喃唸著咒語。

我終於走到格利歐馬巴峰北壁腳下這條小徑的最高點，停下來，俯瞰著不列顛最後的大荒野之一——路易斯島地區南部和哈里斯地區北部的群鹿森林，上千平方公里（私人所有）的荒原、河流、湖泊和高山。隘口的疊石相當果斷，引領著人的目光和足跡越過格利歐馬巴峰的背面，直至荒原上的曠野。

我順著三腳塔走下陡坡來到漢納威湖，感謝它們為我指明方向。陽光穿過雲層，染紅整片荒原。我在河邊的一汪水潭停下腳步，喝了一點水。水色如銅似金。我在河的低淺處看到幾顆粗糙的白色石英石，讓我回想起芬利曾經告訴我，赫布里底地區的蓋爾語中，有許多詩意地精準的詞彙，用以形容荒原景觀的特徵，其中一個是「Èig」，指的是「荒原河塘岸邊的石英石晶體，能捕捉並反射月光，因此在夏末和秋天時，會引來洄游中的鮭魚」。

之後的時間我一直在走路，又苦又樂地走過荒原和岩石，涉過湖泊和河流。我時不時停下來抓魚，捉了一些小鱒魚帶在身上，朝東南方安娜曾在地圖上指出的牧羊人棚屋走去。有一次，我發現遠處的山邊有兩道陽光迅速閃過，原來是望遠鏡的閃光，一個守護私有土地的人正在觀察我的行動，判斷我是不是來盜獵鹿或偷捕魚。我不想在這麼空曠的地方被人監視，於是躲到一片隆起的土地之後。

在一天中最熱、泥炭地最爲濕軟的時候，我照安娜的建議，扯脫鞋襪，光腳走了大約一小時。泥炭地既光滑又涼爽，每當我踏上水蘚，泥炭就從水蘚下方湧上來淹沒我的雙腳，像膏藥一樣溼滑。

薛佛在一九四五年寫道：「赤足行走業已過時，但有識之士正在復興此一傳統。」她的觀察是，這種行腳「開始」於：

> **一條必須涉水而過的小溪。可一旦脫掉鞋襪，我便不願穿回。倘若溪旁有平坦青草地，我便履足，為青草觸及雙腳的感覺而歡欣。即便腳下已換成石南，我仍繼續赤足前進。乾硬的平坦泥地曬得溫熱，觸感宜人，厚實且平滑。清晨的長草亦**

復如是，草地雖因日照而轉熱，腳一旦踩陷進去，感覺依舊潮濕涼爽，有如食物在口中融成一種新的滋味。

我能夠認同薛佛一旦赤腳涉水便不願再度穿上鞋襪，那是我在山中的經驗使然。過去的好幾年裡，我一直在做實驗，想要成就我個人赤腳走路的復興。我曾走過八公里路，穿過德比郡的白峰，走過被水浸蝕過、觸感有如大理石般光滑的石灰岩；攀上一落落雜亂的乾瘦草地，其間滿是條紋蝸牛殼；跨越薊刺叢生的丘頂，最後從溫暖的步道下到河邊，終於可以滿心感激地在河水裡放鬆浸泡雙腳。⑥在威爾斯，我曾於某個夏日在黑山脈上赤腳沿著紅砂岩古道走了大半天，那些砂岩已被磨蝕成極細的粉末，軟若胭脂。在劍橋郡南方，我和考古學家朋友麥特一起赤腳在白堊丘及山毛櫸林走了半天時間。剛開始，我們的腳底都黏上一層黑黑的樹汁或樹脂，質地很像瀝青。在我們走過之處，這些樹脂就充當了地面的取樣器，就跟測錘繩尾端的蠟可以在海底採樣一樣。我們兩人的腳底都採集到一層植物種子、灰塵和破碎的樹葉。在艾賽克斯郡的艾平森林，我曾赤腳徜徉於林間空地和蔭涼處，開始覺察到腳下植物棲地的變化：植物會依據能夠接收到的光照，以及地表落葉層的溫度，各自選擇合適的生長地點。那時候我踩到一片冬青葉，試著擺脫它的時候，又踩到一根小山楂樹枝，結果我花了五分鐘才用鑷子清完腳後跟上的樹林殘跡。

的確如此，我赤腳走過的地形，即使並未比我穿鞋走過的更加美好，也都以特殊的姿態存留在我的記憶裡。我會憶起它們的質地、感覺、阻力、平面和坡度，這些都只是土地在觸覺上留下的細節，一般我們並不會留意，但其實那才是長久刻印在心中難以磨滅的記憶，是注腳，來自行者肌膚與大地肌膚的相遇。我想起一條穿越冰磧泥的燙腳小路：土地光滑，被太陽曬出星狀裂紋，於是我腳下既是星座，又滿布斷層線。我又想起曾經穿過一片新犁過的農田，犁耙壓碎的土壤被太陽曬得熱乎乎，踩在上面的感覺，就像走在數小時前才剛熄滅的野火灰燼上，餘熱猶存。赤腳行路使人變得靈敏，能夠感受大地的絨毛。茵茵草地突然變得開闊亮澤，因爲葉片同時壓平了，形成一道清涼的表面。

我的赤足之行也不盡然都那麼宜人。有一次我試著要穿過一片剛翻耕過的田野，一行行犁溝被太陽曬得既熱又硬，行走其上彷彿走在刀山劍海。有一年八月，我和朋友李歐試圖赤腳走過薩福克郡的石南地，一片乾燥的灌木沙地，看上去就像是適宜赤腳行走的地形。但走不到五步，我們就痛得到處亂跳。原來石南和苔蘚蓋住了下方大片細小的荊豆，繼續前進無異於走在針氈之上，或者，像是在刺蝟的背上散步。

赤足行腳的超靈敏感受促成了天主教朝聖者一同踏上高威郡派翠克山的「染血星

期日」（Reek Sunday）。這種赤腳登山以信仰爲基礎，也就是腳底所受的痛苦能提升靈魂。赤腳行走成了苦修、砥礪、試煉。石頭割傷了朝聖者的腳，鮮血從腳趾間汩汩淌流，小道上血跡斑斑。

其他人還在赤足和覺察之間發現了一種更良性的關聯。一九三四至一九三六年之間，蘇格蘭博物學家達令在蘇格蘭西北部的威斯特羅斯追蹤一支多達數百隻的紅鹿群。在達令脫掉鞋子的那一刻，他對鹿群行爲的理解出現了重大突破。他在《紅鹿群》（1937）書中寫道：「一九三五年夏天，我赤腳走路，經過兩週的不適，終於有了收穫。整體意識閾値提高了，我不再感到疲憊，追蹤鹿群反而輕鬆了許多……」達令這種一反常態的方法改變了現代動物行爲學：不再視鹿爲反射性的生物，只能用後天習得的、單調的反應來回應外界環境。他對鹿群的行爲提出了一個動態模型，認爲每隻鹿對土地的感受會不斷改變牠們的生活方式。簡單說，達令的論點就是鹿「有洞察」，而他對**牠們**的洞察的洞察，緣起於他要與鹿「共感赤腳」的決定。他的研究證明，世上有一種只有雙腳才能啓發的知識，一如關於某個地方的記憶，只有雙腳才可能喚起。

觸摸是一種與世界溝通交流的相互行爲。起了作用的同時，也受到了作用。我們的腳底是由踩踏的土地所形塑，本身也是地景，有自己的溝渠和流轉的線條。與雙腳最相似的，或許是潮水從平坦沙地退去時，在沙灘上留下的隆起和凹渦。我們的腳跟上有許多衝擊波似的記號。腳上曲度最大的足弓上，滿布著網狀淺淺的皺摺。腳前端突出部分的紋路互不相交。整個腳面都是運動的記載，由反覆的動作刻寫而成。嬰兒從胎兒時期的第一步開始，就已經以腳底敲擊子宮壁，就像太空人一樣，在黑暗的空間旋轉，等到進入人世的時候，腳底已經滿是皺痕了。

◆ ◆ ◆ ◆ ◆

安娜說赤腳行路很宜人，她說得沒錯。她說尋找牧羊人棚屋很困難，說得也沒錯。黃昏時刻，當天氣愈來愈差，雙腿也愈見疲憊之時，我蹣跚走上一座谷地，那裡就是地圖上以黑點標示出的棚屋所在地。

但在地圖所標記的位置上，我看到的只有冰磧石堆出來的圓丘：數十個特大號青草叢生的鼴鼠丘或隆起，高度至多只有二到三公尺。我再次查閱地圖，確定絕對就是這個地方。

我馬上明白，圓丘**就是**牧羊人棚屋，或者說牧羊人棚屋被偽裝成圓丘。門口讓它們露出馬腳。有兩座小棚屋緊挨在一起，圓頂以岩石砌成，幾乎完全被草皮蓋住，但在地面上有道低低的入口架了楣石，小小的，只剛好夠讓我進入。它們的形狀與圓丘非常諧和，乃至於我不能不相信門徑受了圓丘的影響：建築成了一種掩護僞裝，是當地特有的語彙。

我手爬膝行地進入北邊的小屋，裡面既乾燥又安靜。鎭日走在荒原之風裡，突然進入了遮風避雨處，感覺有點怪異，彷彿誤入托爾金⑦筆下的「中土大陸」。我用身體大致測量了一下屋子的大小：最寬處是二公尺，最高處大概是一．五公尺。

從內部看起來，小棚屋簡單卻又精良的構造更加明顯。小屋用片麻岩建成，齊整地一片疊一片，建構出屋子的承重結構。頂上覆蓋著草皮充當防風層、保溫層和黏合物。這是一個活的屋頂，一同生長，同時也固定住岩片。

我在南邊的小屋裡料理鱒魚。晚餐過後，我匍匐而出。蚊蠓不生，風愈見輕軟，天空愈顯廣袤，那是一種極度空無的感受。瑞索湖面如鎂光閃耀，白日之光在遠方依依不捨沒入夜色。在最後一抹暮色中，三隻小鹿迎風從我身邊走過。其中一隻瞄了我一眼，眼裡閃現奇異的銀光。那就是令薛佛感到驚異的東西吧——黃昏時分在「黝暗林地間」瞥見的動物之眼，那「水綠色」是「人眼那奇異空洞裡的綠嗎？……但那究竟是外來光的反射，還是內部光的本色呢？」

在解剖學上，鳥和動物的眼睛之所以在微光中綻放奇詭色澤，是因爲眼內有脈絡膜毯（*tapetum lucidum*，意爲「明亮的毯子」），這是虹色細胞如同鏡子般的細胞膜，位於視網膜後方。光首先通過視網膜的錐體細胞和桿狀細胞射入，照到這層膜上，再通過視網膜將原先的光線反射回光源。如此一來，任何可見的光線都會被用上兩次。我們看到的「眼耀」，其實是脈絡膜毯本身的色澤，會隨著物種而變，也隨著光照狀況而變。但貓頭鷹通常是紅色的，母牛是淺藍色的，貓科動物則綠中帶金。連飛蛾和蜘蛛也有這層膜，有時在黑暗中看來，就像是極其微小的銀色天星。

我睡在北面的小屋裡，小窩既乾爽又溫暖。我由衷慶幸能在古老遼闊的荒原上找到歷史如此悠久的遮蔽所。那個晚上我只醒了一次，被耳邊一陣沙啞的咳嗽聲吵醒。原來是一隻鹿在粗聲喘氣。

◆ ◆ ◆ ◆ ◆

破曉時分，兩隻金色的鵰在頭頂上空盤旋。強勁的東風和從西邊吹來的海風交會，小棚屋上方的空氣也猛烈動盪。那一整天我都朝著東南方向步行，走向哈里斯島，走過棚屋小路、農場小徑、趕牲道和林蔭道，織出一面路網。我在一個沒有標示點的地方跨過路易斯島和哈里斯之間的未定界。在一六三〇年的西部群島地圖，這條界線被標注爲「兩國國界」。上午才剛過半，一道清晰的陽光灼破雲層，將雲影投射到地面，在荒原上迅速滑動。這讓我再度想起赫布里底群島蓋爾語詞彙當中一個極度精確的詞彙——Rionnach maoim，意思是「積雲在晴朗有風的天空移動，在荒原上投下影子」。我在當日稍晚來到一條潮濕的碎柏油路上，路兩旁都是鏽跡斑斑的汽車和拖拉機的殘骸，半陷在泥炭裡。最後我終於抵達半島上的小村莊萊尼基谷。我在青年旅館睡了一覺，很高興終於能夠躺在床上。

次日早晨，我順著所謂的「綠徑」（green track）向西行，前往哈里斯的主要城鎮塔貝。這條路被譽爲「不列顛最美的小徑」，而我走過的那一天，小徑的魅力絕對當得起這樣的恭維。小徑蜿蜒迤邐於小海灣上方。四周的山坡上可以望見一條條的feannagan，意即「懶人苗床」，那是昔日農耕的遺痕。一公里半後，小徑下落到一處隱蔽的海岸幽谷，名爲特羅拉馬雷。就在這片躲過海風的地方，我發現一片矮小的樹林，郁郁蔥蔥，長滿矮矮的柳樹、白楊、忍冬、毛地黃和地楊梅。之後道路再度爬升，曲折盤上一座名叫斯克里的小山東側，在那之後，小路變得平緩，指向正西方，從狀似乳首的兩座山峰間穿過，那兩座山的名字都是挪威語，分別叫做楚拉馬和塔蘇因。

通過隘口後，哈里斯的內陸景觀乍現，遠遠望去，宛如迷魂陣的陡坡、小湖和荒原像地圖般展開，其間還有蜿蜒的小路。我走下陽光小徑，穿過一道道彩虹，走到塔貝。我從那裡繼續向南，然後轉向東方，沿著哈里斯海岸前行。最後，我終於敲開史帝夫的家門。史帝夫是藝術家、半個占星家、步道修築人——之前就是他給了我那個石頭小匣子，讓我帶在身邊往北前去蘇拉岩。我在他家裡住了幾天。那幾天的生活現在回想起來，竟帶有童話故事的質地：徒步旅行者在途程中應邀暫時脫離旅程，去到一幢屋子，屋裡有暗黑異事、最奇特的生氣和歡愉，還有顯然會自動斟滿一大玻璃杯的琴酒。

＊注1：列方廷（Levantine）是羅馬天主教徒的後代，受鄂圖曼土耳其帝國的統轄，又稱拉丁基督徒（Latin Christian）。譯注

＊注2：皮克族（Pictish）是歐洲鐵器時代至中世紀早期居住在蘇格蘭東部和北部的部族。一般認爲，就民族及語言而論，皮克族應該是凱爾特人。皮克族人在蘇格蘭留有相當數量的石雕，是他們曾經居住於蘇格蘭東部和北部的具體證據。譯注

＊注3：賽爾姬（selkie）是蘇格蘭、愛爾蘭、冰島等地的神話生物，住在海中時是海豹，上到陸地脫下外皮便成爲人。賽爾姬有男有女，但神話傳說大多圍繞著女賽爾姬：人們會偷偷藏起她們的外皮，讓她們無法回到海中，只能留在陸地上陪伴人類。譯注

＊注4：蝴蝶球，又稱彈指球，號稱是打擊手最難打擊的一種球路。這種球在投手出手後，球的本身不會像

其他球路的球那般旋轉，而是任由氣流與棒球縫隙之間不平均的接觸而自然產生不規則的變化，球速慢，但軌跡飄忽不定，有如蝴蝶，進本壘板前可能有二至三次的球路變化，打者很難擊中，連捕手也常漏接。譯注

＊注5：「槍與玫瑰」（Guns N' Roses）是一九八五年在好萊塢成立的硬搖滾樂團，於八〇年代末期到九〇年代初期在世界各地享有盛名。譯注

＊注6：大衛跟我一起走。他試圖赤腳走過一塊蕁麻地，踩出一片振奮人心的唧唧聲響，還宣稱「這不過就是給腳吃辣椒而已」。不過我不太相信他的話，沒有自己去嘗試。作者注

＊注7：托爾金（J. R. R. Tolkien），世界奇幻文學的重要作家，《魔戒》（The Lord of the Ring）為其代表作。譯注

八、片麻岩

懸人—牛肉為身馬鬃當髮—頭骨、皮膚、鯨鬚、石頭—動物解碼學與薩滿教—內部空間的氛圍—被抓住的手—古波斯僧侶，謀殺者—海豹油、鯨骨、耳蝸—獨角獸？駿鷹？龍？—組成世界的物質—冠小嘴烏鴉—皇蛾—謀殺天鵝與豬皮模型—黑羊與灰隼—拉普塔，鯡魚繁殖處—通往神聖地景的小道—冰河漂礫—一百公斤上好的德國豬油—凍結的時光—最後的石棺

我發現自己包含了片麻岩、煤、髮菜……和可食用的莖。

——惠特曼（WaltWhitman,1855）

在小島哈里斯東南沿岸，有一座只有三戶人家的村莊，名喚蟹灣（Geocrab）。村裡吊鐘花籬笆的背後有一間工作室，牆壁很薄，屋裡冷颼颼。屋裡的椽木上垂著一只金屬鉤，上面吊著一具人體骨架。骨架有二〇六塊骨頭，用海草編成肌腱撐住，這些肌腱通過脊椎骨時，是左壓右、右壓左地交錯打結。這些骨頭的表面還縫上從死牛身上切下的小牛肉片，合在一起也就成了差強人意的體表。這些肉片一開始縫上時，就

先用馬的皮下注射器注入福馬林和氟化鈉調成的防腐溶液，溶液比例則是一支一九二〇年代在亞馬遜河流域探險的隊伍改良過的完美版。那時的肉片還很有肌肉的樣子，如今已經隨著時間而乾化，肌肉纖維有的呈束狀，有的散開來，質地像是用了很久的纜索。骨架中空的部分裝著一顆長瘤的心臟、一顆肝臟、一雙乾掉的眼睛和一支氣管，全都取自於那隻小牛。整個骨架用海草編成的繩子綁在一起，雙手捆住，伸出置於身前，好像在祈禱，又好像在哀求。頭骨上散著一頭假髮。那假髮是馬毛製品，黑中帶金，飄散在肩胛骨上，相當驚悚。

一九七八年的某一天，史帝夫買下這副骨架。他喬裝成解剖學教授，與名副其實的圭佛森城①裡一個解剖材料供應商接觸，最後以他當時其實負擔不起的一百英鎊買下。當時他在離賽倫塞斯特不遠的一座十五世紀農莊當兼職園丁，於是把盒裝的骨架寄到那裡。他先是花了好幾週的時間鑽孔，用濱草和細線把骨架重新接合起來，再花好幾週用小牛的器官來填充骨架、披上小牛的肉，又用好幾週的時間將骨架套住綁好。這成果是他的獻祭犧牲，他的巫毒偶像，他的克勞巴人②，他的朋友。他將之命名爲「懸人」。

史帝夫和他的妻子喬安住遍全國各地，搬家時從不忘帶著懸人。最後，夫妻於一九八五年決定在哈里斯島上的沿海小村蟹灣定居下來，此後三人便一起過著幸福快樂的生活。

◆ ◆ ◆ ◆ ◆

我敲響史帝夫的家門，那時我已經徒步穿越路易斯島的荒原，兩腳痠痛，汗流浹背，有些惴惴不安。屋子裡傳來腳步聲和乒乒乓乓的雜音，然後門開了，一具身子塞滿了門框，一隻歡迎的手伸了出來。史帝夫穿著《駭客任務》的那種長大衣，腳上趿著拖鞋。他身材高大，一頭金髮，高高的顴骨和聳立的黃眉，看起來像巫師或維京海盜。如果你對史帝夫的認識僅止於他的工作和外貌的話，你會覺得他很可怕，嚴厲又冷峻。但事實上他本性良善又風趣，這讓我大鬆一口氣，畢竟沒人受得了太把自己當一回事的巫師。

到史帝夫家還沒幾分鐘，我已經坐在廚房的餐桌旁，一手拿著咖啡，一手端著琴酒，向史帝夫和喬安講述我在小棚屋度過的那一晚，以及我找到馬努斯小徑的事。牆上的一個音箱上，一隻海鳩的標本一臉詫異地望著我。一個九十公分深的向南窗台上有隻正在禱告的螳螂，長長的雙腿、突出的眼睛，看起來像青銅頭骨。窗台下是個展示櫃，裡面有幾十個空鳥蛋殼。櫃子是深色松木製成，頂部覆蓋著玻璃，內部以精緻的木頭隔間，裡面有棉花和羊毛混合的巢，裝著已然死去的鳥蛋，每個鳥蛋都有銅牌標示種類：薩丁島金雀、青足鷸、紅嘴燕鷗。

史帝夫及妻子之所以搬到外赫布里底群島，是因爲這是不列顛少數幾個兩人買得起的地方。兩人到處拜託，借錢，才蓋起了房子。結果哈里斯島也提供了史帝夫藝術創作的原始素材。他每天都可以沿著海岸走，看有些什麼東西被沖上岸來。在這裡，他不用花什麼錢，卻能看見地景的各個樣貌：動物交配、史前巨石陣、天候變化的戲碼，還有，上好的純麥威士忌。

「他第一次提議要搬到哈里斯（Harris）的時候，我還以爲他說的是巴黎（Paris）。」喬安說道，「我當然立刻答應。過了好一下才發現，我根本就搞錯了。」

對史帝夫藝術作品的各種形容當中，我聽過最適切的其實來自他本人：「我這一生都在爲一個不存在的部落創造儀式物件。」他所用的素材有頭骨、鳥喙、軀體、眼睛、皮膚和翅膀，範圍之廣，包括蒼鷺、鶺鴒、海鳩、塘鵝、山鷸、鸌、天鵝、鵐、松雀鷹、鵟、黑背海鷗、冠小嘴烏鴉、海鸚，乃至於沙鰻、日本鯛和蜻蜓；此外還有牛油、豬油和鯨油；春分和秋分的海水、小教堂上空靜止的空氣、巨礫懸岩上收集的暴風雨空氣、南風和北風；骨頭、鯨骨、鯨齒；鼠海豚和綿羊的脊椎骨；青銅、黃銅、鎳和銅；輝綠岩、片麻岩、花崗岩、滑石、紋狀大理石；萬年沼澤裡的橡木、胡桃木、桑木、紫檀木；漁船的船艏；馴鷹的假餌；海豆、銀扇草、海膽；蛋、羽毛和沙。

他的各樣作品當中，有一樣就是我北航蘇拉岩時用來平息海上暴浪的輝綠岩——象牙小石匣。此外他有一個小鉛箱，用鯨骨閂住，用繩子捆著；有一個三十公分的桑木箱，形狀像咖啡豆，肋部用鋼圍住，裡面放著烏鶇的標本；一個空心盒子，殼用愈瘡木做成，徽章以鯨骨刻就，裡面散放著海豚的牙齒，整個盒子用釣魚線捆綁起來；一個胡桃木靈柩，邊角和鎖是黃銅，裡面放著沼地橡木做成的鳥，鳥喙和尾羽都以青銅製成；還有一對蒼鷺，從魚塭捕獲的，定型成相互擁抱的樣子，用了幾百支魚鉤將翅膀羽翼吊掛起來，腳以黑色細線綁住（這是始祖鳥崇拜的用品，一種鳥類的虐戀舞蹈）。他的作品反覆出現地窖和密室的主題，一種內部空間的氛圍。物體的內部通常不為人所知，但在這裡，內部和可見的物體外部受到同等的重視。史帝夫手製的第一批物件裡，有一件是為了當時某位罹癌瀕死的朋友所做的。在無風無浪的那一天，他舀起海水，密封在小玻璃瓶裡，再將瓶子裝入挖空且已經打磨光滑的橡木中，用繩子綑好橡木，最後將橡木放在她的掌心，讓她握住，這麼一來，她的手就成了第三層，或者說，成為最外面的盒子。

史帝夫著迷於小徑和小徑的標示者。他聽我說過馬努斯之石的故事之後，告訴我另一個故事：他和女兒阿列瑟找到且多次重走穿越哈里斯島的幾條古老棺道，從泥炭淺到不夠掩埋一具人體的東海岸，一直走到土壤較深較肥沃、足以讓亡者好好安息的西海岸。

「就跟馬努斯小徑一樣，這些棺道也不是地表上的連續線，而是用疊石標示出來。有些疊石只是用石頭抵在一起形成三角形，有的很大，有我這麼高，而且眞的很精緻，雕刻得很好。從遠方看，就像是一群人在荒原上依偎在一起。」史帝夫說。

從東海岸到西海岸的路程約是十、十一公里，路面崎嶇難行。史帝夫說：「就算陽光明媚，只揹著帆布背包，沿途還享用愜意的野餐，走起來也夠艱困的了。就更別提一群人一起走，同行的還有一具裝在棺木裡的遺體，而棺木就在你肩膀上，腳下的泥炭滑溜，還得跟巨礫搏鬥——啊，簡直無法想像。但沒辦法，人總得埋在某個地方。」

「跟我到工作室來吧。」他從廚房餐桌旁站了起來，嘎嘎地打開廚房後面的門。我跟著他走進去，卻發現自己彷彿置身謀殺案凶手或是盜墓者的巢穴。幾十具屍體，多數是鳥的屍體，懶洋洋躺著，有的腐化了，有的被肢解了，有的被束縛著。

冰櫃上放著一顆人類頭骨，兩側的顴骨有一部分用石膏和樹脂重建過，但鼻子還沒有修整，只見一片從臉部切削而下的軟骨。架子上放著一頭木製的鴞，張開的口中突出一條不知是繩還是線的閃亮物體。一只肉勾掛在椽木上，垂掛在那裡的，就是那個懸人。

有兩面牆沿牆放著工作檯，大圓桶立著當桌子或書桌使用，每張桌面上都散落著物件：錐狀燒瓶、鐘型廣口瓶、曲頸瓶、注射器，總之是藥劑師或是瘋狂發明家會用上的玻璃器皿。還有軟木塞小藥瓶和底片罐。我找到一個廣口瓶，裡面裝有大約兩、三公分厚的紅色藥膏，內部似乎會發光。我拿起瓶子轉了一下，讀到標籤上寫著**海豹油**。油已經全部沉到瓶底，在玻璃瓶身上留下一圈紅寶石色的痕跡。

有些鍋壺裝著羽毛，大部分是尾羽或飛羽，粗略地分類擺放。工作檯上有工作所需的工具：夾子、鉗子、卡尺、工作手套。一彎有彈性的小鬚鯨鯨骨，約三十公分長，經過打磨，黑得發亮。還有一只灰鯨的耳蝸。

工作室裡有一張高可及腰的工作檯，上面的籃子裡放滿了角、齒、骨頭、喙等，也不知道是從哪些生物上取下的。獨角獸？駿鷹？龍？我提起籃子，下面是一個淺淺的板條箱，裡面大約有五十個中空的沙海膽、有著謎樣點狀花紋的白色莢果。與這些安放在一起的，還有一個橙色的犰狳殼，各個部位精巧地接合在一起，上面披覆一層淡色有如金屬絲的毛髮。我拿出來放在掌心，看來就像個泡泡。

「把犰狳放回原處，閉上眼睛，雙手伸出來。」史帝夫說。我把雙手伸向他，掌心朝上，雙手在手腕處靠攏，好像正等著要被銬起來或綁起來。

「準備好了嗎？」

我點點頭，然後感到一個涼涼的石頭狀物體放上我掌心。我的手還因爲重量而略微下沉。

「這是用創世所用的東西做成的。」

那是一支羽毛，長度約有四十五公分的石頭羽毛，用帶有綠色斑點的黑亮岩石做成，羽毛中間有一條白色凝乳似的脊線，看起來像是象牙。

「這羽毛的脊是鯨骨，是我從一隻被沖上這邊海岸的鯨魚屍體上取下來的。」史帝夫手伸向窗外，指著籬笆另一端的海灣。

「羽毛跟其他部分都是用我從島嶼西部開採來的輝綠岩做成的。有個考古學家告訴我，那裡在維京人時代是採石場，但天知道那些維京人是怎麼開採石頭的。我用的可是鑽石頭的電動割刀，結果，輝綠岩是切下來了，但那刀也快廢了。」

那羽毛在我掌中透出冰涼，卻又重得不可思議。那密度是超自然的，渴望下墜似的一直將我的手掌往下拉。這物件的矛盾性無與倫比——是羽毛，卻嚮往大地；是飛行物，卻超載重力。

史帝夫把羽毛拿開，我頓時感覺鬆綁。

我走到一個油桶旁邊，那上面放著一只透明的冰袋，上面打結密封著。塑膠袋裡有些凝結物，不過透過這些水滴狀的東西，我還是看到了一些黑色尖銳的物體。我把袋子拿起來，腐臭味撲鼻而來。我用拇指把塑膠袋拉緊，看清了裡面有粗短的鳥喙、帶羽毛的頭骨，都還帶著肉，覆蓋一層腐爛鬆脫的血肉。

「那是還沒處理完的海鳩。等我一分鐘。我有樣東西要給你看。」史帝夫說。

一個紅色的塑膠箱裡放了十隻松雀鷹的屍體，第十一隻則已經用膠帶纏成木乃伊。我把其中一隻拿起來，感覺上好像拿起種子殼或軍機模型，很輕，輕得快要從我手上消失。這些東西的重量似乎都不是原本該有的。每件東西不是被時光或鑽頭掏空了，就是被鉛或石頭填滿了。那隻松雀鷹胸前有條狀花紋，灰底上是蜂蜜一般的金色，身側有心電圖般的波狀條紋，組合成複雜的網。蒼老的眼睛閉著，頭側向一邊，好像覺得很尷尬，又像正在閃躲襲擊。

這房間的魔咒開始在我身上生效。我感到緊張不安，腦中浮現童話故事的情節。

「我擁有的東西裡，這是我無比自豪的一樣。」史帝夫突然出聲，嚇了我一跳。我根本沒聽到他走回來的聲音。他帶著一個紅藍雙色的紙箱，是用玻璃紙包裝起來的糖果盒。

「這是最後一個！」他驕傲地說。

「這裡面是什麼？」我問，預期他會說「蠑螈的舌頭」或者「多多鳥的腳」

之類。

史帝夫面露不解。「喂，這是 *Woolworth* 公司在塔貝關門大拍賣的最後一天架上的最後一個什錦糖果盒。現在這可是有年代的東西了。就這樣。」

他小心地把盒子放在架子上，夾在象牙色的獠牙和旋上瓶蓋的廣口瓶中間，廣口瓶上面貼著標籤：四千歲的暴風雨水。

◆ ◆ ◆ ◆

那天晚上，喬安、史帝夫和我再度圍桌而坐，那時薄暮之光正從海灣隱沒，成了一道耀眼的光芒。廚房北側的牆面上有一個玻璃盒子，裡面是一隻白色的蛾，竟然跟冠小嘴烏鴉一般大，學名是 *Attacus atlas*，皇蛾，來自印度。雙翅呈亞麻色，翅膀大張。角落裡一隻小虎斑貓正在欺負一隻老白貓。

晚餐過後，史帝夫把椅子向後一推，給大家倒了更多飲料，然後打開話匣，聊將起來。他的故事都跟獵殺及食用野生動物有關。貧困、好奇，和一種對掠食行爲的癖好，導引他去做各種嘗試。早在以野生動物爲珍饈蔚爲風尚之前很久，他就已經開始吃野生動物了。他還是藝術學校學生的時候，就會帶著空氣槍去上寫生課，坐在敞開的窗前監視群樹，見到松鼠就放槍。他住在鄉下時，通常會在夾克裡塞一柄短筒獵槍，只要遇到會跑的食物就可以派上用場。

「你吃過蒼鷺嗎？」我問道。

「吃過。蒼鷺最好在滿月吃，那時候最肥美。肉的魚腥味非常非常重，比海鳩還腥。除了塘鵝之外，我吃過的鳥裡面腥味最重的就數蒼鷺了。」

他吃過冠小嘴烏鴉嗎？當然，而且是做成派來吃。吃過杓鷸嗎？吃過，牠們身上的肉比你想像得多。鴿子呢？吃過，不過牠們身上的肉比你想像得少。鷗？噢，沒有，還沒吃過鷗。那天鵝呢？史帝夫的臉登時亮了起來。記憶飛快掠過他的心之眼，就像一部陳舊的家庭影片。然後他跟我講了一個故事，但我不能在此重述——獵殺天鵝可是要付鉅額罰款的，不過這故事與豬皮做的人體模型、一張電椅、兩隻天鵝、一個壁爐和一名不動產仲介有關。

那天晚上入睡之前，我腦中充塞著屍體和標本的影像。我想起韋斯特在《黑羊與灰隼》裡描述的斐迪南大公遇刺③。據說大公是狂熱的獵人，殺死過五十萬隻動物。他遇害的那一天，人在薩拉耶佛他一座宮殿的接待廳裡，那時普林西比和其他暗殺者正沿著騎兵隊的遊街路線部署，而那接待廳的牆面上，韋斯特寫道：

從地面沿著緋紅色及耀人的黃金直到穹頂，奢侈地以幽魂的毛皮和羽毛做裝飾，

全都排得很緊，因為數目實在太多——雄鹿角之間塞著山鷸、鷓鴣、雉雞、鷓鴣、松雞等等，野豬一隻緊靠著另一隻，毛髮怒豎，腹部下方的空間堆疊著一層又一層野兔和兔子。

那些動物如水般澄澈烏黑的雙眼閃閃發光，看著殺死牠們的凶手最終將落得跟自己同樣的下場。

我試著想像每年塘鵝獵人離開蘇拉岩後，那些死塘鵝被割下的翅膀就那樣堆在蘇拉岩頂——兩千頭鳥，四千隻翅膀。當下一場秋日風暴降臨，一陣強勁的東方或南風吹來，數千隻撕裂的翅膀會從小島表面揚起，若是從海上眺望，就彷彿岩島本身試著要展翅飛翔，整座島嶼升騰起來，就像斯威夫特筆下的拉普塔島④。

・・・・・

某個週日，史帝夫帶我去他最神祕的地方朝聖。

當時我正坐在他客廳裡一張維多利亞時代的牙科椅子上看書。那椅子用一根柱子固定在很大的底座上，有粉紅色燈芯絨的椅套，滾著印花棉布邊，有個烤架般的鐵製腳墊，病人可以把腳放在上面，踏腳墊上印著「南國」，旁邊還有花葉的裝飾。數十年來不知道有多少焦慮的手摩挲過那椅子的扶手，暗色的松木扶手都變成金黃色了。起降架和腳踏板讓牙醫可以從各種位置做手術，眞是邪惡又舒適。

我聽到史帝夫走到我背後，說：「我還買了些儀器來搭配這張椅子。」眞令人安心。

然後他說：「安息日，我們出去散個步如何？來吧，去惹毛那些喀爾文教派。你可以帶釣竿去，在哪個內陸湖泊試試看。我帶你去看一條我做的小徑，還有那個懸人最後會去的地點。」

我們從工作室的門走出去，循著通往內陸山丘的小溪走，溪邊有條若隱若現的小徑，是史帝夫親手開闢、維護的。那時已是午後，黑色天空鑲著灰邊，顯然山雨欲來。一隻烏頭麥雞在我們上空轉了個彎，上下翻飛旋轉，一邊朝海岸飛去，發出尖銳的鳴叫。

「烏頭麥雞有湯匙形的翅膀，是我最喜歡的鳥類之一。」我說。

「身上沒什麼肉可吃。」史帝夫說。

走了八百公尺後，我們從小溪源頭爬上一道高高的岩脊。史蒂夫的小徑還繼續延伸，不甚分明地伸入石南叢裡。哈里斯島內陸的景觀在那道岩脊上一覽無遺：數千公頃的湖泊、溪流、冰河切割出的峭壁懸崖、荒原與沼地。靜水收集光線，又退還光線，看來有如冰面。這地形可以輕易萃成純粹的形式。我們離開蟹灣的道路和房舍才不過幾分鐘，兩者就已經不在視線之內。風起了，不停呼嘯，說和聽都變得很難。我回頭望去，看見一波巨浪打上東面海岸突出的岬角，撞得水花與霧氣四濺，海岸看起來彷彿著了火。

我們來到一片平滑的片麻岩，岩石因含有石英而閃閃生輝。史帝夫靠近我耳邊，吼道：「看！看我手指的方向！」他伸手指過一片景物，「那邊。那邊。那邊。那邊。還有……那邊。」

我的眼睛被強風吹得都流淚了，但還是看得到他指著的那一系列碩大的巨礫，即便在一片岩石曠野中也清晰可辨。每座巨礫都平衡地立在地面某個突起的點上，每塊的表面色調都比周遭其他的岩石更淺更白，合起來彷彿組成了鬆散的巨石圈，直徑大概在三百到四百公尺之間。巨石圈的十二點鐘方向立著一座色澤最白的巨礫，正中央則是最大的巨礫。

這是一座環狀巨石陣。但這些巨礫不是靠人力運來、立起的，而是更新世的冰河切割哈里斯島時帶過來的漂礫。冰河融化的時候，巨礫慢慢沉下來，到達現在的位置——這是一列空降的石頭，標示出路徑。我們沿著巨石圈走，也一一走過巨礫和巨礫之間窄小的空間。

史帝夫以某種方式研究這裡的每塊石頭。好幾年前，他在其中一個石頭上點火，塗上松節油，燒烤石頭表面，然後在薄暮時分將石頭點燃。巨礫變成火的疊石，烽火台。爲了向博伊斯⑤致敬，他把油脂塗在十二點鐘方向的巨礫上。「一百公斤上好的德國豬油啊！」豬油引來許多海鷗，在岩石邊逗留好幾天啄食上面的豬油。「看起來好像牠們試著要把岩石抬到半空中。」

最後我們終於來到正中央的巨岩前面，巨石陣偶然形成的構造就圍繞著它成形。最高點大約二．五公尺高，狀似菱形，以其中的一個頂點立起。史帝夫彎腰在岩石底撿起一塊石英石。「薩米人⑥的巫師把石英石稱爲『凍結的時光』。喏，拿去吧。」我接了過來，很高興地拿著這個護身符。它的結晶面很大，形狀有如鯊魚的牙齒或山峰。

我吃力地爬上巨礫的側面，上到傾斜的頂峰。那顯然是猛禽頻繁來去的棲地，可能是鵟或鵰，又或者兩者都有。岩石上有一些大塊的鳥糞，黑白兩色都有，此外還有數十根排泄出來的鳥和動物骨頭。岩石上有片微型森林，由地衣、葉狀地衣和鱗片狀地衣組成。我從巨礫上爬下來，和史帝夫一起躲到巨礫最陡峭的懸岩下。

「依我看，這岩石有九噸重。」史帝夫摸著巨石的側面喊道。「我會把它的頂部切下來，從中心挖出一塊圓柱，就像挖蘋果芯那樣。然後我會把那個懸人放進那個空間，再把頂部放回去。每一件都不好辦，但切口會精細到幾乎看不出來，再加上苔蘚和風化作用，岩石很快就會密合，到那時候除了你我和少數幾個人，就不會再有人知道懸人的下落。」

他停頓了一下。「這會是懸人最終的石棺。而這個，對我來說，也等於畫完一道圓。這會成為我所做過最重要的事情。」

我感覺到上方巨石那股傾斜的重量，空氣好像充了電。我們所坐之處應該早就要被填滿了。我腦中瞬間飄過一個念頭，想像大風使岩石失去平衡，岩石砸下來，將我們封存在岩石裡。史帝夫對於巨礫和巨礫世界的喜愛既冷酷又嚴苛又溫柔，既渴求保持距離，又期盼如影隨形。這自相矛盾，但任何談過戀愛的人都能了解。

我們繞完了巨石圈，返回出發點那塊片麻岩的平台。史帝夫闊步回家了，我卻在一口幽深的湖邊垂釣，想看看湖裡有些什麼魚。一場暴風雨來襲，我在雨中泡了一小時。我覺得這是上帝對於我在安息日釣魚所做的懲罰。但等我釣到兩隻鱒魚，我又認為這是上帝在顯示神蹟，告訴我喀爾文教派反對安息日釣魚未免反應過度。我一邊釣魚，一邊想著史帝夫的那片大地：每一塊巨石都有故事，而史帝夫的小徑以一種繞著巨石圈走的儀式，將巨石串接成一個整體。哈里斯島的內陸就是他的神聖地帶，他將信念傾注於此，奉獻給一支從不存在的部族。對我而言，史帝夫的工作就像卡拉尼什巨石陣和埃夫伯里⑦的紀念碑一樣，充滿令人動容的神祕色彩。

我沿著小徑下來，穿過原野回到屋裡，此時已經過了六點，天色變暗，但離晚餐還很久。於是史帝夫、喬安和我坐在沙發上，邊喝酒邊看《古玩巡迴秀》，同一時間，懸人吊縊在工作室裡。

＊注1：作者稱圭佛森城「名副其實」，是因爲這個地名包含了「grave」（墓地）和「send」（送出）這兩個字，史帝夫在這裡找到解剖材料供應商，並且買下一整副人體骨骼，確實也是將該放在墳墓裡的東西送出去了。譯注

＊注2：克勞巴人（Grauballe man）是沼地屍，即人的遺體沉入泥沼自然形成的木乃伊。這樣的沼地屍爲數不少，克勞巴人則是一九五二年在丹麥的一個泥炭沼澤中發現的，年代已有二千多年。譯注

＊注3：斐迪南大公遇刺是第一次世界大戰的導火線。當時斐迪南大公是奧匈帝國的皇儲。暗殺斐迪南夫婦的是六人一組的暗殺集團，普林西比是成員之一。譯注

＊注4：拉普塔島是斯威夫特《格列佛遊記》裡一座會飛翔的島嶼。譯注

＊注5：博伊斯（Joseph Beuys, 1921-1986），德國藝術家，作品形式包括行爲藝術、雕塑、裝置藝術等。譯注

＊注6：薩米人（Sami），斯堪地那維亞半島的原住民族，也就是一般所稱的拉普蘭人，主要居住地分布於挪威、瑞典、芬蘭、俄國等。譯注

＊注7：卡拉尼什巨石陣（Callanish）位於路易斯島，豎立時間約在新石器時代晚期。埃夫伯里（Avebury）的紀念碑群位於英格蘭西南部的威爾特郡，也是新石器時代的產物。譯注

九、花崗岩

儀式性的行腳─我的外祖父─「趣味橫生的時光」─水上奇蹟─第一次穿越─綠道─趕牲人與成群的動物─不列顛的北極─高度有序，隨機造成─「愛的交流」─上到花崗岩─紅關─越過邊界，穿過門戶─永在雪─深成岩─我們隨身攜帶的地景─指南針不是心的指南針─接近隘口─山的雙眼─將肌體走到透明─分水嶺上的火─喪禮─最後一段路

既然循徑而行就是記得路是如何開展，那麼今日走自己的路，就是對昨日的回憶……前進的活動本身就是回歸。

——伊果爾（Tim Ingold, 2008）＆佛根斯特（Jo Lee Vergunst）

由南向北穿越紅山山脈是帶有儀式意味的行腳，我們沿途所見的景物有灰色的冰河漂礫、河沙、金翅雀、松果、蚊蠓、白色卵石、渡鴉的骨骼、步道、趕牲道、鹿徑、死去的樹木、哀傷、圓形的山巒和火焰。我們沿路所見的岩石，則有石灰岩、輝綠岩、石英岩、粒變岩、花崗岩、板岩、流紋岩、雲母片岩。火焰呢？噢，火焰來自

向晚時分小徑最高處的幽微光線，那是在夜色漸濃時出現的燃燒插曲，而那火，就像此次步行一樣，是爲了紀念我那在山的另一側過世的外祖父，而我之所以走這一趟，也是爲了哀悼他、紀念他。我們循著一條古道向上，穿過一道分水嶺，通過紅關（Lairig Ghru）的巨大隘口，然後向下穿越山脈北坡的松樹林。

我的外祖父在他不凡的一生中，無論去哪裡，都是徒步前往。他曾經是外交官，也是登山家，花了五十五年的時間到世界各地旅行，在每個派駐的地方尋找高原、曠野和小徑。一九四〇年，在保加利亞，就在保加利亞即將加入軸心國並驅逐不列顛外交官時，他正忙著探索里拉山脈。一九四三年，他結識了名爲霍吉金的山友，兩人一起登上土耳其阿拉達格山脈高達三千七百公尺的迪米爾卡茲克頂峰。兩人本以爲自己是最先登頂之人，後來才發現數年前奧地利的一支登山隊留下了一張當時已經殘破的納粹卐字旗（我外祖父從來不放棄做宣傳的機會，他把那支旗子帶下山當物證，跟當地的村民說，納粹曾經想要侵吞他們的山）。他始終想被派駐卻沒有去成的地方是德黑蘭，他對伊朗的政治局勢感到著迷，但伊朗的山脈和城鎮上方的高聳雪山卻令他著魔。政治和荒野大地是他非凡人生的兩條線。如今他已然辭世，就在我外祖母過世之後沒幾個月。兩人都逝世於山腳下的一棟屋子裡，屋後的山脈是兩人在世上最熟悉的地方。兩人曾經由北向南行走過路易斯島和哈里斯島，而如今，我由南向北，要越過內陸和島嶼（inland and island），徒步走過紅山山脈。

我的外祖父姓佩克名愛德華（Edward Peck），總是在霍布斯邦所謂「趣味橫生的時光」的那段歷史中現身。一九三八年，他在維也納目睹德國併吞奧地利，看到希特勒本人乘車經過瑪利亞希爾夫大街歡慶「統一」①。他在利奧波德城看見猶太人倉皇打包，要逃往布拉提斯拉瓦附近的捷克斯洛伐克邊境。同一年的晚春，他目睹皇帝塞拉西一世的小小身影在隨扈護送下前往國際聯盟總部，要去控告義大利入侵衣索比亞。他第一個官方職務是在西班牙內戰的最後一個月被派往巴賽隆納，於是他會的語言裡又多了西班牙語。佛朗哥政權的宣傳部官員帶他去參觀行刑室，牆上血跡斑斑，對方說這是共和國人下的手，共和國人則說那是佛朗哥手下幹的事。二戰期間，他在土耳其曾與所謂的「西塞羅事件」有密切的關係，那是一起納粹的間諜案，事涉大使的隨從。在柏林，他處理動物園外的間諜逮捕事件，並且讓英國和美國的「耳目」成功打入東德（但後來被蘇聯在英國的內線布萊克出賣）。一九四七年，蘇聯《眞理報》指控他爲「法西斯走狗」，將他列入KGB黑名單，終生不得進入蘇聯，讓他大鬆一口氣。他學語言就跟撿石頭一樣容易，但要忘記一種語言，卻像丟羽毛一樣，很難甩脫得開。他曾經建議我去學土耳其語，他說，一旦會了，就能說至少六種土耳其系的語言，幾乎免學費。②

他對地景有強烈的熱愛，但他並不是地景神祕主義者。他強大的分析能力是朝向外界的，要在地緣政治和歷史當中求得結構性的解釋。這就是我們的不同之處。我總是更關切地景與個人生命的關聯，以及我們所居住的地方究竟如何形塑我們成為現在的模樣。要我外祖父說明特定地景對他為何具有某些意義，他一定會感到為難。不是因為他沒有能力從事這種分析，而是因為對他來說，這一切本就不證自明，尤其是高地之美，還有行過某片大地產生的同伴相依之感、在大自然的翻雲覆雨中油然生出的悍然對抗，以及學者型登山家的高貴傳統，而他自己對此也卓有貢獻。他基於這種種理由而熱愛他在世界上任何角落所發現的荒野。他在山間活動總是一派安閒，揹在身上的，是廣浩卻沒有重量的文化歷史知識。他走過長遠的距離，他那穩定的雙腳，以及一．八公尺長的木製滑雪板，帶他上過喜馬拉雅山脈、阿爾卑斯山脈許多山的頂峰。他登上過吉力馬札羅火山和奇納巴魯山③，以及不列顛所有的山脈。

退休以後，他和我外祖母定居在都明多村（Tomintoul）附近以前的伐木小屋裡，那屋舍坐落於紅山山脈的東北腳下，一片松樹林間，從紅山山脈發源的埃文河上方。兩人把這小屋命名為「多朗」。他人生的最後幾年因為視力衰退和瘸腿再也不能登山，但還是在圍繞著小屋以及通往山區的小徑上散步。他屋內牆上掛著一張一比五萬比例尺的紅山山脈大地圖，全國地形測量局以粉紅色標示著步道路徑。在計畫遠征活動時，我們的手指尖會沿著那粉紅線移動。④這就是我外祖父和我父母對我的影響，在我還小時就將我引向山區。我的外祖父讓高山和原野在我身上施放強力的魔咒。

• • • • •

黎明後一小時，我從布萊阿索⑤展開橫越紅山山脈之旅。靜止的空氣泛黃炙熱，帶著微溫的濕氣。北方有深色的雨雲。大衛再度與我同行，我們一起走過提特河谷（Glen Tilt），這谷地幾乎是正東北向，穿過紅山山脈南方地勢較低的丘陵。最初的幾公里路是蓊鬱的樹林，提特河穿岩而下，小徑則穩穩地落在谷地的一側。金翅雀在綠林間閃著黃光飛行，小型鳥在樹冠下啁啾。微風習習，恰能吹動松樹幹上鬆脫的樹皮。空中布滿蚊蠓，我們不得不快速前行。透過長青樹和白樺樹可以隱約見到河水。我看到一隻胸前羽毛白如鋼琴鍵的河鳥在瀑布邊獵食，聽得到急湍傾注到下一段水面上的轟隆聲。也有寬闊靜止的水塘，水很深，只有倒映在水面上松針的動靜顯示那水確實在流動。

我們背後傳來引擎聲，然後是喇叭聲，一輛荒原路華彈動著駛過，幾乎沒有減速給我們時間讓路。車子的後車廂敞開，卻裝著鐵架，裡面坐著兩個頭戴鴨舌帽、面色陰沉的年輕人，顛簸著通過谷地時，表情變也不變地看著我們。大概是獵人學徒吧，我猜想，但看起來更像是被載去移監的受刑人。又走了將近兩公里，我們行經一片莊園狩獵小屋。有四人（我想應該是客人）站在約九十公尺外的落葉松下講話。我揮手向他們簡短致意，他們卻停下交談，一臉茫然地望著我們，然後繼續談話。那感覺就好像我們誤闖電視劇《囚徒》的場景。我很高興能夠離開莊園大路，走上沒有硬鋪面的步道以及上提特的舊趕牲道。

我們停在長長的河灘上休息，四周散落著舊日棚屋的廢墟。一隻大鮭魚躍出水面，又像一截木頭似地撲通落入水中。另一隻河烏飛得颼颼作響，向著上游從一塊岩石飛往另一塊岩石，然後潛入水中，我甚至還能看到牠深色的身影向水下潛去。大衛脫了衣服，沐浴在水潭裡，讓河水滌盡一整個上午數公里路的疲乏。他游到一片淺淺的平坦大石上，擺出蓮花坐姿，看起來就好像趺坐微笑的瑜伽行者。但不久後蚊蠓向我們襲來，我們不得不起身上路。蚊蠓成千上萬，從我們行過的石南當中如煙霧般升起。對於要走上一整天的我們來說，還眞是熱烈的鼓舞。

於是我們再度上道。山谷蜿蜒向北，越過浩渺的塔夫潭（Pools of Tarf）上一座小小的危橋，橋邊立著一塊碑，紀念一世紀前在此溺斃的一個男孩。繼續向北——向北——向東，又再走了五公里，突然間，我們置身一道平坦空曠的高原隘口，這是那天我們要越過的兩座分水嶺的其中之一。這是座開闊的山谷，長著黃色沼地草，其上有一條循著舊日趕牲道而闢的步道。從遠方望去，山脈的顏色變得籠統柔和：石南的灰和紫，草的淺綠。但在我們腳邊看來，沼澤卻是色彩紛呈的地毯：金色的委陵菜花，綠色和粉紅色的水蘚，明亮星子般的捕蟲槿和毛氈苔，以及灰綠色的沼地桃金孃。

這片開闊之地可能也曾是趕牲道上的一「站」，也就是休憩地，因為這裡離水不遠，土地平整，人可以在此休息，牲口可以在這裡吃草。蘇格蘭高地上的河谷極少有不被用來趕牲的。在一七〇七年《合併法案》通過之前，以及十九世紀前半葉後半⑥貿易衰退之前，趕牲就是蘇格蘭高原和島嶼生活的主要景色。非法趕牲多半是牲口賊所為，至少可以上溯到十六世紀，而趕牲執照則可以上溯到十四世紀，稱為 *via viridis*⑦，從這名字看來，似乎指的是寬廣的綠色大道，土地柔軟到可以趕著牲口行走。不過，合法趕牲業獲得大幅拓展，是農業革命和魏德將軍於一七一五年鎮壓蘇格蘭起事之後的事。牲口是蘇格蘭高地最主要的流動財富，但必須從高地和島嶼的草場往下運送到低地和邊界的市集上和買家手中，於是便形成了由路跡、小徑和慣習構成的複雜網路，讓這樣的運輸變成可能。

哈登（A. R. B. Haldane）以此題材完成了經典之作《蘇格蘭趕牲道》（1952），當中描述他本人的體驗：二戰期間，他在珀斯郡的家宅後面受「一條橫越丘陵的孤寂草徑」所誘，一頭栽進長達數世紀的趕牲史，決心要盡全力繪出主要趕牲道的地圖，連不復存在的道路都包括在內。他出發重走大量趕牲道，讀出並且踏上一條屬於他自己的、對那個年代的理解之路。哈登雖然小心翼翼避免懷舊，對史料的引用也極爲嚴謹，但書中還是帶有淡淡一抹精心處理的哀思。在他的記敘裡，連刻苦的趕牲人都不可能對周遭美景無動於衷。趕牲人品味著（至少有一部分的趕牲人是如此）他所謂的「對運輸和冒險的熱愛」，並在身後留下了那迷人時代的路標：

> **牲口船上棕色的風帆已經從明奇海峽消失了。從天空島到金提島的船台和碼頭的石縫中，一度被蹄踩踏得柔和光亮的草地，現在可以不受干擾地繁茂生長。一度是尤伊斯群島放牧地的孤寂鹽灘、遍布蘇格蘭高地的山丘隘口和沼澤地，人與動物曾經行經的蘇格蘭高地趕牲道，其標示和記憶隨著歲月逝去已然愈來愈淡，愈來愈朦朧難辨，留在人們心中的痕跡也是如此。**

紅山山脈有著厚實的歷史和積雪（大概也是我外祖父最喜歡的兩樣東西）。就氣候而言，紅山山脈等於不列顛的北極，冬天的暴風雪會以時速兩百七十公里擦摩山脈北部各郡，山的背風面則遭受雪崩的沖刷。我的外祖父母就坐在家裡，透過屋子面北的窗戶看著極光顫搖飄蕩一如綠色簾幔，有時候甚至出現更罕見的紅光。在山脈的高處峰頂，植物在堅定不懈的強風吹拂下全長成盆栽，松樹只有數吋高，還有侏儒般的柳樹。遍地蔓延的迷你杜鵑學名叫做 *Loiseleuria procumbens*（這是我外祖母最喜歡的高山植物之一），在卵石間形成好幾公分高的毯墊，頭部低垂，匍匐於地。這座大山塊是由薛佛一度稱爲「原力」（elementals）的力量所塑造。山景因爲雜亂無章而顯得混亂，但事實上山是極有邏輯的地景，由極端氣候及嚴苛的重力一手組織，其秩序之高，高到被誤以爲只是機運的產物。

薛佛於一八九三年生於亞伯丁，一九八一年也於亞伯丁謝世。她漫長的一生跟我的外祖父母一樣，都耗費了成千上萬的日子走了成千上萬里路探索紅山山脈。她的名聲建立在一九二八到一九三三年間出版的三部現代主義小說（《採石場世界》、《水舍》、《格蘭坪隘口》），但我心目中她最好的作品卻是最鮮爲人知的一部：只有八十頁的散文，是對紅山山脈的沉思冥想，或者，籠統地說，是關於我們與地景的關係。這本書名爲《靈動之山》（*The Living Mountain*），寫於一九四〇年代，但直到一九七七年才出版。這是一本很難說明描述的書，是歡快的散文詩嗎？是地理詩學的探究嗎？還是對自然知識的哲學問詢呢？這當中沒有一個最合適的形容，但這本書卻又三者兼而有之。薛佛自己說那是她和群山之間「愛的交流」——其中「交流」一詞也含

「交換」和「相互」之意，而不是「妨礙」或「封鎖」。

這本書的文體是令人愉悅的唯物主義作品——為了紅山山脈那異己（altering）的花崗岩，為了一個「除了做自己，什麼也不做，絕無轉圜餘地」的山世界而感到激動。同一時間，該書在記述心靈與山巒的互動時，卻又幾乎是泛靈論者。薛佛就跟托馬斯及本書提到的許多人一樣，所領悟的是：長久以來，地景一直提供我們明晰的途徑，讓我們能向自己描繪自我，給予我們強大的方法，讓我們形塑記憶、賦予思想形式。她跟托馬斯一樣，以地形學的方式思考，也像托馬斯一樣，知道自己在某些方面是「被」地方所思考。在山上，她寫道，當「某種東西在我和它之間運行時，一個個瞬間浮現了。地方和心靈可以互相滲透至改變本質的程度。我無法說明那種運行，只能細細描述」。

薛佛的「細細描述」勝過我所讀過的任何作家。她詳述蘇格蘭高原地景具有一種力量，能誘使讀者走入人與山的親密性中，同時也展現出，某些特定的地方可能讓人產生某些特定的思想。我的外祖父母也費心地慢慢地與紅山山脈建立了親密感。他的小屋「多朗」和周遭原野成為高地荒野與河谷文明之間的一紙契約。令人驚訝的適應與妥協通常伴隨地形而至。若是遇到太重而無法移動的冰河漂礫，我外祖母就以它們為中心建造岩石花園，在岩石之間種植高山多肉植物。兩人屋後有〇．四公頃地，直達林場的林木線，還有七公頃荒蕪的濕軟牧場。牧場的一側坡地緩緩沒入有三道瀑布的峽谷，谷畔種著甜櫻桃樹。牧場的另一側直接落入埃文河，一到春天，紅山山脈的積雪融化，河水便大漲，夏季則有鮭魚洄游至誕生的水潭，在水中逗留、搖曳閃爍。河水夠溫暖的時候（極其罕見），我弟弟和我會戴上護目鏡和呼吸管往下流漂去，潛在水下尋找魚的影子。荒原向北面對多朗的肩部長著黃色荊豆和紫色石南，杓鷸有時會成群停在這裡，發出宛轉的高亢鳴叫，在谷地高空迴旋飛翔。

小屋和牧場坐落在蘇格蘭石灰岩地區奇特的隆起地帶，位於埃文河河谷耐磨的雲母片岩上，紅山山脈那碩大的花崗岩盤下。土壤中所含的鈣質使此地成爲良好的牧場，夏日時節，羊和其他牲口都會被趕來這裡吃草。我的外祖父母也會在這裡植樹，有的是蘇格蘭本土的樹種，也有外地來的樹木，這些樹移植自兩人生活過的國家，也移植自兩人的記憶。兩人種了不少柳樹、櫻樹、榿木和白樺，還有一些只單種一株：一株南極假山毛櫸、一株水杉（這是樹木界的腔棘魚，被認爲早已絕種，但一九五〇年在中國發現活體樹）、一株加州鐵杉、一株韓國冷杉、一株高冷杉以及一株紅樹皮的圖博李。兩人漸漸透過命名賦予土地生命：多朗溪、鱷魚、艾莉森樓塔、埃文河特快車等等。這是以言辭塑景的小小行動，一種暫時的安身。不過總還是免不了要採取一些措施來抵抗荒野的侵襲，諸如深冬屋外高達三公尺的積雪，偷吃幼苗的鹿和兔子，在屋頂上築巢而且喜歡在我祖母的內衣櫃裡玩耍的松貂家庭等。

◆◆◆◆◆

在第一道分水嶺上的荒原某處，我們跨過片岩地帶，上到眞正的紅山山脈，山體主要是花崗岩，混雜著石英、閃長石、黑光閃爍的雲母細片。雲母長期暴露在空氣中會風化成灰褐色，一旦破碎裂開，就會露出粉紅色，那是岩石的血肉。而我們就是上到這樣的花崗岩，進入紅關。

紅關是冰河作用形成的寬大谷地，由北向南將紅山山脈一分爲二，最高點的海拔標高超過八百公尺，高過不列顛境內許多山的峰頂。這裡也是我所知道的地方當中最令我動心的。每次由北向南走進紅關，我都有一種穿過大門或邊境的感覺。許多人死在紅關，更多人死在兩側的諸多峰頂上。薛佛自己就有學生命喪大風暴，屍體是在死後幾個月冰雪都融化了以後，才在「偏離她的路徑很遠的地方」找到，雙膝雙手都磨破了，這表示她曾試圖在粗糙堅硬的花崗岩上爬行，最後在暴雪與狂風中耗盡氣力，不支倒地。

在趕牲業盛行的那幾個世紀裡，紅關是翻越這座大山塊的幹道。牲口由此穿過路伊峽谷，往南抵達布雷馬。來自天空島的羊群偶爾也會被趕過這道隘口，而它最後一次有牲口走過的紀錄見於一八七三年。然而，因為途程遙遠、天候嚴苛以及道路崎嶇，這條路對趕牲人來說可謂難關重重。每年冬天都有大石頭自周邊的懸崖落下，於是關隘的上半段處處是會讓人跌斷腿的巨礫，也不適合腿長的有蹄牲口行走。因此，每年晚春時都得有人先到隘口的高處去挪開巨礫，清理道路。

大衛和我從南面進入紅關，一路向上，翻越一階階平坦的粉色花崗岩，路旁就是年輕的蒂河，切開岩層一路奔流。我們從門神般守衛著谷地的山峰間穿過，西邊是「惡魔角」，光線從碎石坡斜斜射來，閃閃發亮；東邊是「石丘峰」黝黑的斜壁，一道細長的白色水瀑從我們上方上千公尺高處重重落下。兩座高聳山峰陰森森地逼近，令人望而生畏。我有針扎般的刺痛，知道自己已然走入荒野大地。

而後我們越過邊界，進入真正的隘口。山谷地馥郁芬香，植被繁茂：香楊梅、沼澤吊蘭、散發著琴酒香味的刺柏、匍匐生長的高山杜鵑、矮松、虎耳草、石南。我採下一些紅山山區的植物，一束要放在外祖父的靈柩上，一束要在峰頂的隘口焚燒。我們在溪水流經小徑之處停步，雙足沐浴水中。但空中蚊蚋依舊如煙隨行，仍然令我們發狂。

我們繼續上行，又走了約七公里，來到紅關的最高點，也就是隘口本身。大衛向前走去，留下我孤身一人，一股哀傷之情突然重重擊向我。我向西望見戴雪的布萊瑞亞克山（Braeiarch）。這巨山面向東北的向陰冰斗和峭壁有積雪常年不化，緩緩凝結成冰，在嚴寒中凝立不動。雪孕生屬於自己的小冰河期。這提醒我們，冬天從來不曾眞正離開紅山山脈，或者可以說，寒氣就在這個地點年年匯聚，並且從這裡向外傾瀉。此外也提醒我們，紅關在一萬兩千年前並不是分水嶺，而是「分冰嶺」，冰河從這裡分南北兩路向海而去，沖刷出今日所見的蘇格蘭高地，掃淨花崗岩上方的一切。

花崗岩是我外祖父最喜歡的岩石。就這一點而言，他就和自己心目中的英雄歌德一樣。一九三〇年代中期，外祖父在牛津大學讀書期間師事艾丁豪森（此人後來還創立了以色列外交部），由他那裡認識了歌德的作品。歌德年輕時寫過一篇論文〈論花崗岩〉（*Über der Granit*）。這是一篇「談論花崗岩」的文章（Über 指「論及」），也是一篇名副其實「在花崗岩上」的論文（über 也指「上」）。花崗岩是地球岩漿噴發、壅塞之後形成的火成岩，因爲與熾熱的地核有關，故而很得歌德之心。薛佛也因爲類似的原因而看重花崗岩。某個十月的夜晚，她露天睡在高原的一座花崗岩上，空氣「清淡如絲」，在半睡半醒之際，她覺得自己變身成岩石，「扎根……於……靜止之中」。又一個炎熱的夏日，她躺在地上，覺得身下「有火的焰心，大塊的深成岩從那當中呼嘯噴發，我頂上是藍色的空氣，而在岩火與日焰之間，存在著碎石、土壤、流水、苔蘚、青草、花與樹、昆蟲、鳥與獸、風、雨和雪，也就是一整座山」。

我外祖父年過八旬之後，和花崗岩的接觸愈來愈少，也愈來愈少感覺到岩火與日焰。他不再登上山頂而改走山間小徑，後來他放棄了山間小徑，只在山谷裡活動，最後他也放棄谷地，只在屋後的石灰岩地上散步。他的活力降低了，視力衰退了。他只能在記憶中行走於紅山山脈的路線上，那些他腳下曾經再熟悉不過的路。通往山谷的小徑圍上了欄杆，以防他滑倒墜崖。上下階梯對他來說也變得困難。但年過九旬之後，他還偶爾被人發現穿著那雙破舊的越野滑雪板沿著車道來回滑行，那又長又重的木質滑雪板，是他一九三〇年代在奧地利時訂製的。他的雙腿軟弱了，視力衰退了，但他對山陵的渴望，卻因為彎折的小徑、因為山外總還有一山，絲毫沒有減弱。他再也上不了山之後，就開始靠兒孫向他講述的故事來身歷其境，從別人對行路的描述或自己攀登跋涉的回憶來供養自己。人生的最後幾年裡，他的頭腦日益渾沌，但偶爾會有清明的瞬間，心靈如潭水般澄澈，那時他就能夠精確講述喜馬拉雅山某些峽谷的轉角彎口，或在蘇格蘭某座山峰之顛一覽的眾山。

我們通常認為，只有身處特定地景之中或置身其上，當地景帶給我們最主要的視覺和觸覺刺激時，我們才會對地景有所感觸。但有一些地景，會在我們不復在場之時常在，有些地方，會在退離現實之後依然鮮活於記憶。我們通常都離這些地方甚遠，但它們卻往往是我們所擁有最為重要的風景。尼可森描述道，記憶中的景觀會在我們身上施加「強大的缺席感」（powerful absence[s]），但也會帶來強大的在場感，此一在場感既深刻又持久。這些風景固然會隨著時光流逝而變形，會因為相距遙遠而磨損，但或許我們在這些風景中反而活得最為長久。記憶中的地點能撫慰人心，這最常見於流亡者、犯人、病人、老人的敘述中。那些記憶維繫著他們的生命，但他們的身體再也無法到達那些地方。當托馬斯走上西部前線作戰，他的「南國」記憶是他的隨身物件之一。他的遺孀海倫在他身後寫道：

當他站在防空洞口，眺望北方，他看見了，或者在夢中看見了薩塞克斯郡，那裡的緩坡上散落著綿羊般的灰色巨礫，棘樹因為長年迎風而或彎或折，以及那些風永遠無法吹上的隱蔽岩褶。他還看見肯特郡，「肯特曠野」，土褐色的橡樹和啤酒花藤與蘋果，那夜鶯尋找的小灌木林。他還看見了罕布郡，陡坡上的林地裡長著山毛櫸和紫杉、野櫻桃樹、白面子樹，還有丘陵腳下的那幢農舍。

剛恩的小說《高地河流》（1937）中那年輕的主角肯恩成長於凱瑟尼斯郡高地地區的鄧比斯河畔。他對那條河之熟悉，乃至於他在第一次世界大戰被派到戰壕時，可以「輕鬆畫出河流的每一部分，更甚於他掙扎其間的壕溝系統。每到休戰時分，河流就像一幀圖表，其神經系統的主脈及其分支全都清晰展現在他眼前」。麥高倫寫到獨立戰爭期間被不列顛人囚禁的愛爾蘭人是如何藉由分享夏儂河的記憶來抵禦獄中的厭煩及恥辱。「他們想像大家在上午沿著夏儂河的一側步行，傍晚沿著對岸回返。大家競相挑出別人在途中漏掉的東西。」麥高倫總結說：「他們知道，河流之延伸一如他們自己的生命。」畫家奈許和來自白金漢郡的吉普賽朋友一起伏在西部前線的壕溝時，談起英格蘭的古道和綠徑，向彼此講述自己在別人帶領下走在道上的故事。兩人還承諾彼此，只要從那片泥濘中生還，就要一起去走兩人談過的那些路。

◆ ◆ ◆ ◆ ◆

隨著我們愈來愈接近紅關最高處，踏實的路徑也漸漸變窄，成了一條細線，最終完全消失在礫石荒野之中。就在此時，就像馬努斯小徑在路易斯島的石頭峽谷間突然變得鮮明一樣，我也突然開竅找到了門徑：玫瑰紅色的花崗岩上隱約有一道細線，那是腳和釘鞋在石頭上長期踩踏磨成的褐色痕跡。薛佛也曾注意到同樣的現象，花崗岩在腳踩過的地方會「發亮，色紅有如新生的石頭」。

我們沿著那條新生成的石頭小徑一直走，最後來到蒂潭（Pools of Dee）。這是雨雪落下、經花崗岩濾過後積成的兩彎小湖。我見過這湖許多次，湖水除了某年在冬天結凍之外，向來無比澄澈。這兩彎湖在我的心目中的形象幾近超自然，令我想起佛教中無處惹塵埃的明鏡台，或者古恩寫過的「天涯之井」（這也是那部小說的書名），井中的水澄淨至隱形之境，唯有手摸方能觸知。

那天，在巨礫迷宮的團團包圍下，那銀色湖面意外現身了，湖水之清澈尤其令人驚異。透明、似鏡，有如大山的雙眼，凝望著天空。我站在第一彎湖畔。低淺處的石頭彷彿位於玻璃之下。綠色的水草在湖底捕捉陽光，又將之反射出來。我彎身將一隻手伸入鏡中，寒凍立刻透入指尖。

「每座山都有其內在。」薛佛這樣寫道。這種說法極其違反直覺，因爲我們慣於以山的外部表面和外顯的形式來想像山：懸崖、高原、山峰、山脊和陡坡等。但是山脈的形狀也由各自的內部所畫定：山坳、洞穴、窪地、山谷，以及河流、湖泊和水潭的深度。一旦我們了解山不僅是由龐大的存在物所構成，也是由茫茫然的空間所組成，我們就能明白，我們並非「上」山，而是「入」山。薛佛一直在望「進」山脈的地景，她一再穿透表層窺探：深入岩隙，探入湖泊或河流明亮的內部。她裸身步入埃文湖的淺水處，將手指伸入老鼠洞裡探查雪堆。她還回憶童年在瀑布水潭嬉戲，「往水裡扔進我能夠找到最小的白色小石子，看著它們慢慢搖晃著沉落湖底。」在《靈動之山》一書中，由於反覆使用「into」一詞，這個介詞因而獲得一種動詞的力量。她進入群山不是為了尋找廣闊的戶外，而是深刻的「內裡」、深邃的「凹處」。

一小時又一小時的步行之後，薛佛說，你會「把肌體走到透明」。她在《靈動之山》的結尾一段寫道：「我超越了欲望。這並非出神忘形……我並沒有在己身之外，而是在己身之內。那就是山所賜予的最大恩惠。」這是笛卡兒「我思故我在」的薛佛版：「**我行故我在**。」她頌讚步行人身上那種形而上的節奏感，「我在」（I am）一語中的抑揚格，一如落下和抬起的腳步聲。

◆ ◆ ◆ ◆ ◆

到達分水嶺前的最後八百公尺路。雙腿沉重，腳步遲緩。一道藍色的暮靄在天際逐漸朦朧。地形愈來愈窄，向下凹陷。感受逐漸受擠壓，視線變窄，視力縮減……然後突然間，到隘口了，世界在我們面前打哈欠似地開展，森林密布的北坡在我們身前身後一路延展。我把一束香楊梅、杜鵑、刺柏和乾石南放在一塊渾然天成的花崗岩台上點燃起來：暮色中搖曳的橙紅色火焰，隘口上冉冉的一支火炬。

我們在漸重的暮色中繼續前行，向彼此講著故事以振作精神，一邊走下羅斯墨丘斯那廣大的松林。樹林在暮色中宛若暗影幢幢、毒蕈處處的童話森林，小路取道而過，月光在松針上閃現微光，傾瀉在松樹兩側淌下的松脂之淚上。我們就這樣一路向北下行，頂頭的天空依舊湛藍、神奇，而我們的雙腿疲憊，步伐遲緩。

◆ ◆ ◆ ◆ ◆

我外祖父在人生的盡頭，連走到河流峽谷都已經無法辦到。那曾經帶著他遠行去過許多國度的雙腿已然失去活力，他身體的重心變高，穩定性降低了。箭步縮短成挪步，挪步轉變爲蹣跚，蹣跚又再變成顫顫巍巍。他和我外祖母長年來一直放在後門口的枴杖，用來撥開蕁麻或指出地景特徵的枴杖，成了不可或缺的行動輔助工具。

也就是在我外祖父逐漸失去行走能力的那些年裡，我的孩子，他兩個最大的重孫，正逐漸獲得行走的能力。一步延長爲蹣跚學步，蹣跚學步變成拖著腳走，拖著腳走最後成爲箭步。我外祖父過世後的第五天，我三歲的兒子和五歲的女兒登上生命中第一座眞正的峰頂——位於英格蘭湖區洛斯湖附近的達令丘。羊啃光了山崗上的最後一段草坡，露出前人踩踏出的一系列既深刻又清晰的腳印。孩子走在我前面攀爬那道山坡，將自己的腳踏進那些足印裡，順著那足跡的邀請而去。我看著兩人行走，想到自己也曾經是那樣的孩子，在父母的注視下前行。我的母親也曾經是那樣的孩子，在她的父母注視下前行。到達峰頂時，我們坐下來，喝著甜茶，看著山脊起伏，向遠方連綿而去，數不勝數。

◆ ◆ ◆ ◆ ◆

我外祖父的喪禮在都明多村那平實的小教堂舉行。我和弟弟及表兄妹站在門邊，不斷和我們不認識或即便認識也叫不出名字的人握手、喃喃致意。一整排黑色西裝，所有人講著恭謹的言辭。扶靈人戴著長及前臂的黑色手套，讓我聯想到米老鼠。風琴師的樂聲響起，弔唁者沿著走道前行，在深色長椅上坐下。紅山山脈聳立在東北方，花崗岩裡石英迎光而耀，雲母閃爍光芒。埃文河水花四濺，赤楊葉在空中如渦流起旋。我走到教堂前的停柩處，松木靈柩上放著龍膽花、石南和飛燕草。我將一小枝高山杜鵑插入花束中心。

葬禮開始了。牧師說道：「愛使我們永存。」紅山山脈北坳的勒奇斯溝裡有卵石輕輕滑動。一顆石頭落下，然後留了下來。「超越愛德華和艾莉森⑧而永生的是兩人的愛。」牧師說道。薛佛寫道：「對他者的認識永無止境，待知之物隨所知之物一同與日增長。」我泫然欲泣，卻不知道自己爲何沒能流出淚來。

人們從教堂魚貫而出，風琴手奏起〈通往島群之路〉。這是一首出名的蘇格蘭民謠，源自十九世紀的音樂廳，歌詞裡充斥著僞蓋爾語，還帶有一絲記憶中雅各賓黨人的色彩，唱出夢中的西部大地、通向那裡的寬廣大道，以及最終將走到那裡的徒步之行。這歌曲將伴人西行前往赫布里底群島，演奏為迷失方向的途程、步向落日的行旅。我母親的母親曾唱這首歌給她聽，她又將之當作搖籃曲和學步歌謠，以高亮的嗓音唱給我聽：

遠方的低吟召喚我前去
取了我的牧杖我便即上路
遠方的庫林山給我以愛
舉步我便承載陽光而上路

風琴師不斷變奏，但依然聽得出是同一首歌，古老的歌詞隨時光飄出我的腦海，與樂聲合流。我們步上人行道，走進陽光裡。更多的低語，更多的握手。陽光，石灰泥塗抹的牆面，汽車的聲響，木柴燃燒的煙霧。人們熙熙攘攘，由於風琴師賣力演奏，交談的聲量也提高了。靈車閃爍微光，那擦得發亮的車門上倒映著周遭的人影。扶靈人現身了，將靈柩送上馬車，輕聲喊著，一、二、三、**起**。靈柩離開馬車，進入靈車之內，微微左右搖晃了幾毫米，輕輕推著兩邊的橡膠緩衝墊。那墊子撐著靈柩，就像母親用手臂迴護年幼的孩子。

必經塔穆爾和羅納湖和洛哈伯
行過漫天花招的石南小路
若你心內隨我腳步自吹自擂
你必不曾與聞眾小嶼星羅棋布

一名扶靈人走到路中央，以死亡和一身黑衣所賦予的權威，抬起一隻手平舉著阻下車流。汽車都減速停了下來，倒退排成一列。教堂裡傳來〈通往島群之路〉的最後一段。

藍色島嶼喚我前去
笑聲令跛足者都能躍往
從斯蓋瑞到路易斯的藍色島嶼
石南蜜的馥郁在每個名字上嘗

靈車駛上大路，車前面幾公尺處走著那群扶靈人的領頭人，一邊帶路，一邊清道，步履緩慢、慎重，步態和身形散發謙恭的僵硬感。深色的路面映射太陽，靈車緩緩向前，扶靈人爲我外祖父行完最後一段人生路，步步節奏分明，謹慎起腳，鄭重落步。

---

*注1：作者的外祖父看到希特勒遊行慶祝的那條大街，名爲Mariahilfe，音譯爲瑪利亞希爾夫，意譯爲聖母之助。這是一個國家正在被併呑的場景，而併呑者在那條街上慶祝遊行。作者刻意一筆帶過，在我們眼前描繪出，在納粹面前，聖母瑪莉亞只有「無助」（Hoffnungslosigkeit）而沒有「幫助」（Hilfe）。那不只是戰爭禍端，還是信仰與世界觀的破裂。譯注

*注2：我失敗了，沒能做到。作者注

*注3：吉力馬札羅火山（Kilimanjaro）是非洲第一高峰，海拔標高五、八九五公尺。奇納巴魯山（Kinabalu）位於馬來西亞，是馬來西亞列島最高峰，海拔標高四、〇一五公尺。譯注

*注4：正如同我在*Mountains of the Mind*第五章所描述的那樣。我的外祖父母和兩人的世界開啓了我的第一本書，因而兩人在這本書中再度現身，也是理所當然。作者注

*注5：布萊阿索（Blair Atholl）是蘇格蘭語地名，意思是「新愛爾蘭的鄉野」。譯注

*注6：文中所謂「十九世紀前半葉後半」是不得已的中文翻譯。事實上，作者精確指出時間跨度。原文是「the second quarter of the nineteenth century」，字面意義爲十九世紀的第二個四分之一，也就是一八二六年到一八五〇年。偶爾可見一世紀的quarter被中譯成「季度」的例子，但在

本文文脈中似乎不宜，姑且譯爲「前半葉後半」。譯注

＊注7：*via viridis* 是拉丁文，字面意義爲 the green way，綠道。譯注

＊注8：作者的外祖父名爲愛德華（Edward），外祖母名爲艾莉森（Alison）。譯注

第三部

3

漫遊

海外

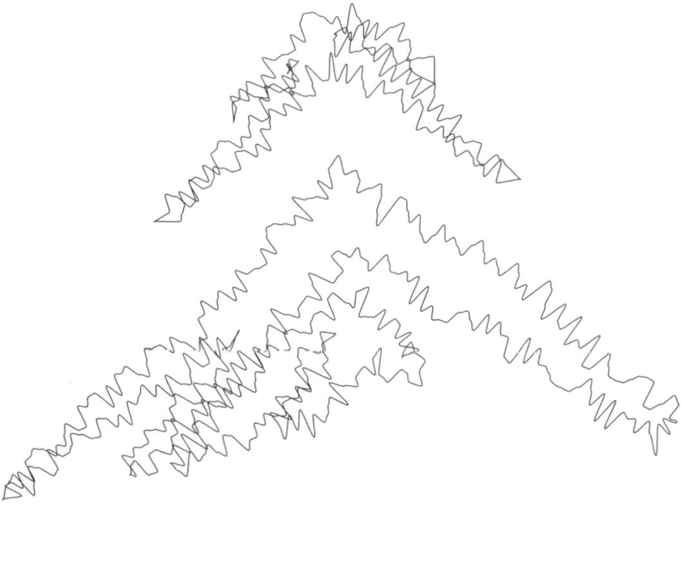

十、石灰岩

拉亞謝哈德—幽閉恐懼與衝突—sarha—步行之為一種抵抗—抑鬱的土地，抑鬱的精神—來到拉瑪拉—殉道者紀念籃球賽—古怪的燈光圖形—走下庫窪乾谷—荊棘—土地—分區—Qasr與狐狸犬—「詛咒的外殼」—「岩石的骨頭」—梅瑟施密特—優勢道徑—黑矽石之眼與熱情的變色龍—接觸泉與源源不絕—走，別走

我外祖父喪禮的次月，我的朋友拉亞（Raja Shehadeh），一位前人權律師，也是熱愛小徑漫步的人，從他在巴勒斯坦拉瑪拉的家來到劍橋，要跟我一起徒步旅行。兩天的時間裡，我們跋涉於暮夏英格蘭東部鄉間的步道和小徑。我們沿著盎格魯薩克遜的土壘「孚連堤」（Fleam Dyke）行走，這道堤像是一座線性的隆起天然林，越過白堊丘直到劍橋南部。我們將雙手舉高超過作物，投降似地穿過成熟的玉米地和大麥田。我們沿著薩福克郡海岸日漸崩落的斷崖小徑行走，最後終於踏上奧福岬角（Orford Ness）的鵝卵石灘。這裡曾經做過核武試爆，如今冷戰時代的建築物和瓦礫殘骸在含鹽的空氣裡頹然傾圮。拉亞說：「我一直期望著有那麼一天，我自己的國家能像這樣解除武裝，我們巴勒斯坦能夠將這些東西當成戰爭博物館裡的文物，而不是威脅人命的武器。」

我們邊走邊談著在不列顛和巴勒斯坦行走的差異。我向拉亞訴說我穿越路易斯島和哈里斯島的經驗，談起我乘船去過蘇拉岩、徒步造訪過史帝夫的巨石圈，提到我曾經投宿的牧羊人小棚屋，以及那名拿望遠鏡監視我的守望人，談到步行前去參加外祖父的喪禮，以及凝視過的蒂潭。

拉亞告訴我的則是幽閉恐懼、行動受限以及種種衝突。他說，作爲巴勒斯坦人，最好不要在主要城市以外的地方行走，若是情非得已，那麼最好不要帶地圖、相機或指南針，這些物件在遇上以色列巡邏兵的時候都會顯得很可疑，東西可能被沒收，人甚至可能遭到拘留。拉亞的一個朋友就因爲走在以色列北部的戈蘭高地時拍攝了一些照片，而被拘留了十一天。

拉亞在拉瑪拉（Ramallah）地區的山丘和小徑上行走已經有四十多年了。他剛開始走的時候，一九六七年的六日戰爭①還沒開打，丘陵地貌自羅馬時代以來一直沒有多大的改變，他在其間多多少少可以不受限制地走動，這樣的活動在阿拉伯語中稱爲*sarha*，這個字在原本的動詞型態下，意爲「大清早帶牲口到牧地去，放任牠們自在行走、吃草」，後來轉義用在人身上，指一個人沒有擬定計畫，無拘無束地四處漫遊。可能有人會認爲，英語中與之相對應的詞彙是stroll（散步）、amble（漫步）或者

ramble（閒晃），但這些字都不具備 *sarha* 一字中蘊含的脫離、欣喜和興之所至的語意。英語中的 wander（遊蕩）一字語意較爲接近，因爲 wander 有著 wonder（好奇、揣想）這個字的影子，跟蘇格蘭語中的 stravaig 一字一樣，都有漫無目的、四處溜達之意。但這當中最好的選擇可能是 saunter，這來自法語的 *sans terre*，是 *à la sainte terre* 的簡寫，意爲「前往神聖之地」，也就是徒步朝聖的意思。Saunter 和 *sarha* 都有著「漫無目的」的表面語意，同時兼有精神層面的內涵。

自從一九六七年以色列占領巴勒斯坦之後，拉亞便眼看著拉瑪拉一帶開闊的地景日益縮小，危險卻與時升高。他愈來愈難在家附近找到散步路徑，道路不是被以色列移居者的便道穿過，就是通往軍事陣地或以色列崗哨。以色列在約旦河西岸定居的政策，使這一帶大興土木，新修築的道路通常只有以色列人能使用，沿途都有以色列陸軍戍守。拉瑪拉也開始毫無計畫地擴展，城市的規劃限制很鬆散，附近的鄉村接二連三被都市吞沒。

於是拉亞幾乎再也不可能 *sarha*。過去對他來說意味著自由的丘陵地，如今令人感到危機四伏。儘管如此，拉亞還是繼續走，一週至少一次，通常不只一次。有時候他只走幾公里，但如果他能找到不受刁難的路，有時會走上十五公里甚或二十公里。多少世紀以來將村落與村落或村落與城鎮連結起來的路徑，如今都被以色列人關閉，他往往不得不大幅繞道而行。當步行變得不再那麼容易，便意味著步行對他來說愈來愈重要——在被占領的情況下，步行成了戰勝空間壓縮的一種方式，是小規模卻不斷反覆實踐的公民不服從。

拉亞跟我說，有時候，步行能使他暫時忘卻這片土地的現況。他談起遠離檢查崗哨、圍牆和路障的愉悅，那種身在廣闊的天空下「因喜悅而暈眩」的感覺。有時候，他會發現地質史時間跨度的證據，知道自己腳下的石灰岩曾經是一片古老海床，這能夠輕易擊碎巴勒斯坦當前的困境帶給他的挫折感。他寫過一本關於約旦河西岸生活的書，題名為《巴勒斯坦行腳》（2007），書中「路徑追隨」被明確地比喻為一種政治性的活動，步行本身則是一種抵抗的手段。但對拉亞來說，步行也是一種內在旅行的方法，穿越地景則是高度私人且十分強烈的政治經驗。地景——死海和約旦河谷地以及拉瑪拉隆起的山丘——既是他的精神世界產生深刻變化的因，也與這些變化互相勾連。

拉亞在東盎格魯與我共行後不久，我前往約旦河西岸，去加入他的 *sarha*。

• • • • •

我在日落時分來到拉瑪拉。迂迴曲折如階梯般的石灰岩丘陵地此刻褪成泥灰白堊的顏色。城市近郊滿是瓦礫堆和垃圾堆。街邊有茉莉、檸檬和九重葛生長，空氣中散發芬香。冠鴉以雙足跳躍，在垃圾堆中覓食，電線竿上貼著「第廿九屆殉道者紀念籃球賽」的海報。牆壁上滿是噴罐噴出的綠、紅、黑色塗鴉。九重葛花期將盡，成千上萬的白色花瓣已然飄落，彷彿一頁頁的羊皮紙，一疊疊堆積在人行道上。

我坐在拉亞家庭院裡一棵檸檬樹下的椅子上休息，消除旅途的疲憊。這庭院築著高牆，我頭頂上那片四角形的天空裡已有點點星光閃現。我在台拉維夫機場入境時可眞不容易，護照被沒收，行李被搜索，人則被一連串的官員帶到一連串愈來愈小的房間裡盤問一個半小時——從機場大廳到大廳旁邊的房間，再到後面的房間，最後到小隔間裡。審問者對我帶來給拉亞和西岸其他朋友當禮物的燧石特別起疑（後來我才知道原因），但終究還是放行了，最後訊問我的那個人陪我走到出口，囁嚅著爲造成我的不便致歉。他希望我了解狀況，了解這是必要的措施。他祝我在以色列玩得愉快。

我從他身邊走開，試圖用發軟的雙腿自信且眞誠地穿過機場大廳，就好像酒醉駕駛試圖遵守路上的分隔線開車，想要證明自己還很清醒一樣。我想像著我面前那光潔的磁磚地板上有一條小徑，而我得跟著這條小徑走。如此這般，我的步法才總算變得比較穩當一點。

拉亞和他的妻子潘妮已經聽過這種事件的各種版本，兩人安撫我，告訴我這小麻煩的來龍去脈。

那天傍晚，拉亞開車載著我到一條沒有路燈的道路。這條路呈西南向穿越拉瑪拉的高地，兩側就是陡降的台地。我們下車，站在那裡眺望遠方。

「明天我們要走的就是這條路。」拉亞說。

我們腳下的山谷一片黑暗。山谷後方有一片奇特的燈光圖形。離我們最近，與我們高度相當的，是一些壓扁的橢圓形，由成對的波浪光帶圍著。在那些橢圓形之間的較低處，散落著點狀的霓虹燈。再過去，相當距離之外，有一道鈉氣燈的橙色弧線，再過去便是一片漆黑。我想起曾經讀到過，有些澳洲原住民「追夢者」對歌徑格外熟悉，所知之多，能於一片黑暗中在土地上飛奔，因爲他們看得見歌的光亮，栩栩如生，彷彿他們是沿著燈火通明的道路奔跑。

「光是那邊就有十二個。」拉亞說。

「十二個什麼？」

「屯墾區。山頂上那一圈圈燈光是猶太人在丘頂的屯墾區，一路都有清楚的路燈。那些比較暗、地勢比較低的，是巴勒斯坦人的村莊。再過去的那一道弧線是海灣，現在屬於以色列了。那一片漆黑就是地中海。再過去就是雅法，在浩劫日②之前，我們家就住在那裡。」

就尺度而言實在是太小了，小得荒謬。你可以從西岸地區的中間一眼望盡以色列，直直看到地中海。感覺上從我站著的這個地點就可以把一塊小石頭丟到離我們最近的屯墾區。

「明天必須保持警戒。」拉亞說，我們正同時望著一片漆黑和燈光，他指著谷地說：「那邊，我和潘妮曾經被砲火困在那裡，就在那塊大石頭後面。」巴勒斯坦人第二次大起義剛開始的瘋狂年歲裡，拉亞和潘妮依舊散步，某天突然有子彈飛越兩人頭頂打進岩石裡。兩人找到掩蔽的同時，子彈和石灰岩片就在身邊發出嘶嘶聲。但開火的其實不是以色列人，而是巴勒斯坦民兵——他們正在練習瞄準，選了拉亞兩人當活靶。

此外還有其他令人膽寒的遭遇：巴勒斯坦村民把拉亞當成以色列移居者，以色列人卻把拉亞當巴勒斯坦村民。三年前，拉亞跟名爲路易莎的英國朋友一起外出散步，遇上兩個巴勒斯坦青年，兩人都裹著頭巾，看不清楚面貌，手上拿著棍棒，指著路易莎說：「要是沒有你在，我們會當場宰了她。殺死有罪的英國人可是合律法的③！」

◆ ◆ ◆ ◆ ◆

隔日清晨，破曉後不久，我們離開拉亞家，展開我們的第一次行腳，要走一條漫長曲折的谷地，庫窪乾谷（Wadi 'qda）。這谷地向西方延伸直達海岸，其間有一條古道沿著乾河道而行。谷地由數千層的石灰岩層層堆疊成台地狀，長滿橄欖和橡樹叢，地上厚重的灰泥和石灰岩混合之後，呈米黃色、奶油色和象牙色的條條斑紋。我非常緊張。

我們從高處的道路邊緣往下走，那是一條鋪得很差的碎石柏油U形路，窄小得跟髮夾一樣。我們幾乎立刻就遇上惡兆：一堵薄薄的空心磚牆，砌著厚厚的水泥，被用來當成射擊練習場。牆上畫著標靶，同心圓式的靶，上面有許多彈孔。牆頭上還放著一排綠色的玻璃瓶，大部分瓶子的頂部都已經被打掉了。我開始對自己哼唱〈十個綠色的瓶子〉。這首歌後來一直在我腦海縈繞，還真像隻肥蒼蠅一樣揮之不去④。

「是民兵還是警察？」我問。

「兩者都有可能。最有可能是警察。」巴勒斯坦直到三年前才組了一批有戰力的警隊，從武裝幫派手中取回西岸地區的控制權。而這些人總需要練習的場地。

再向前走了一百公尺後，路一點一點地變小，在一座只蓋了一半的小別墅旁消失了。我們走到崎嶇的台地上，找到一條順著台地一路下行、通向乾谷的小徑。那天熱氣不斷蒸騰，但同時也有強勁的西風吹來。一株橄欖樹下散布著一些彈匣，看起來像動物走過的痕跡——AK47的排遺。

陽光落下的力道之強，就像伐木時倒下的樹木。橄欖樹叢中散布著高大的冬青櫟。蔓生的葫蘆藤有著巴洛克式的心型葉子，盤旋纏繞著起絨草，簡直就是托馬斯在英格蘭南部鄉間白堊丘地所見，出人意表地押著同樣的植物韻腳：墨角蘭、鼠尾草、百里香、牛膝草。荊棘（natsch）密布，在整個西岸地區到處生長，高及踝骨，整株都是刺。以色列的土地法學家甚至把「natsch」當作荒地的縮寫代稱——長出荊棘，就代表土地沒有人耕種或整理。一旦被標明為閒置，那片土地就可以重新被歸類到「公有」土地，之後在必要時以色列要徵用也更為容易。在這裡，一切都具有政治性，包括植物學在內。

以色列將西岸地區分為A、B、C三類。A類是巴勒斯坦人的大型城鎮。B類是村莊。餘下的C類則是「開放土地」，巴勒斯坦人不得進入。拉亞興致盎然地告訴我這些的時候，我們正跨進C區。根據以色列法律，這就是擅闖土地。

一隻大狐犬從山谷另一側的藏身處跑了出來，跳躍著奔下山谷，消失在岩石群後，給這片光禿禿的山坡帶來一絲活力。沿著台地走了一公里半左右，我們來到一座石灰岩建成的塔，牆上塗抹著灰泥，呈一種黃褐色。這是一種名叫 *qasr* 的傳統建築，供農民和牧羊人使用。整個西岸山丘四處點綴著 *qasr*，大部分已經傾圮。我們面前的這一座依舊完好，還有柱子支撐著，馬上讓我聯想起牧羊人小棚屋。我手腳並用爬進狹窄的入口，拉亞跟隨在我身後。

「其實，預先示警會比較好。」拉亞說。他的聲音在這涼爽的空間引起回音。「先丟個石頭，這樣蛇或者蠍子什麼的就會先退去。可以把它想像成一種禮儀，就像先敲門一樣。」

拉亞的動作就跟他的言辭一樣精準。就體型而言，他身材瘦小得像隻鳥。他在尋找適當的語彙時，會將食指和大拇指合在一起揉著，好像要把什麼脆弱的東西捻得更加細緻。思考問題的時候，他的頭會往一側傾斜。他不會回應無需評論的東西。我花了一點時間才了解，他的沉默並不是責難，只是講求效率使然。他的謙虛也不是造作。他身上完全沒有英國式的謙遜，那種態度刻意壓抑志得意滿，其實只是為了在未來的某時某刻加倍迸發。而拉亞之所以謙虛，是因為他清楚知道，他所生活的地區存在著更重大的問題，而他的人生正是為了那些問題而存在。

拉亞也很會找路。如他所言，在過去數十年間 *sarha* 的過程當中，他的「雙眼可以辨識山間縱橫交錯的羊腸小徑」。他在那座 *qasr* 旁邊找到一條明顯的古道，一路下降到山谷底部，也就是乾谷。在那裡，小徑與河床合為一體，行路人和水都循著大地的自然線條而行。我們越過幾卷刺網，在河床的泥沙間迂迴推進。那裡的彈匣更多，提醒我們這谷地在一九六七年的遭遇，以及拉瑪拉在二〇〇三年還曾被包圍轟炸的往事。

我們一邊前進，拉亞一邊跟我講故事。他談起他帶來走過這片谷地的人，以及此處的地景如何觸動他們。他談起谷地在不同的季節變換的色彩，而那一天，谷地呈現一片黃色與紫色。他指著約三公里外手指般細長而色深的落羽杉，在這一片橫向的景致裡很是罕見，是一種強烈的直立對比。

「有好幾年的時間，軍隊就駐紮在落羽杉那裡，一般人根本不可能走在這片谷地。軍隊監視這片谷地，只要看到有人在這裡走動，就會攔下來。現在他們搬到比較靠近多勒夫的地方去了，所以我們才能再度走在這裡。」拉亞說。

一陣強烈的西風吹上河床，在谷地間四處拍動。我們走在一條風的河流裡，逆流而上。一對紅隼高吭，在河谷遠端的高空循著牠們的殺戮線盤旋。一對瞪羚出現在紅隼下方，顏色是跟坡地一樣的棕色和棕褐色，向山丘上滑過去時，腿彷彿動也不動，好像什麼反重力的流體。然後——有人在監視我們，在路旁，或許有八百公尺遠。是巴勒斯坦人，面朝向我們，說著話。拉亞看著他們監視我們，但什麼也沒對我說。他只是稍微變更我們的路線，遠離那些人繼續前進。我感覺自己毫無遮蔽，被細細檢查，心中充滿荒謬的憂慮，擔心自己就要站立不穩，就要失足摔落了。

◆　◆　◆　◆　◆

前往聖地的旅人，總是走在他們心中想像的地景上。土地本身很容易被忘記（當成擾人或無關的東西擦掉），或被屏除（當成死氣沉沉或令人反感的景致）。來自西方的朝聖者、測量員或製圖家在巴勒斯坦丘陵地發現同樣的地景：貧瘠光禿，令人聯想到死亡。薩克萊（William Thackeray）在一八四〇年代來到巴勒斯坦，稱這片土地爲「焦乾」、「野蠻」、「無以名狀的陰森荒涼」，是一個只有「恐懼與鮮血、罪惡和懲罰」的地方，是一片殺戮儀式永不落幕的地域，「不論望向何方，沒有一處不曾遭受某種暴行，沒有一處不曾上演某種屠戮。」對於十年後造訪該地的梅菲爾（Herman Melville）來說，石灰岩就像骨灰罈一樣遍布上萬平方公里的土地。他在日記裡傾吐他所見到一連串令他膽寒的印象：山丘「脫了色」，令他聯想到「痲瘋病」，想到「詛咒的外殼——乾老的起司——岩石的骨頭——被碾碎了、被齧蝕掉、被咀嚼著」。

對拉亞來說，走路和徒步行旅提供了一種方式，讓他得以駁斥任何對他的山丘那文盲般的解讀，也是一種講述、發現故事的方法，而不是總停留在謀殺及貧瘠的老調上。就跟路易斯島上的芬利一樣，拉亞收集地圖，他已經打造了一座相當可觀的西岸及聖地古地圖博物館。但他步行時不喜歡帶著地圖，一方面是因爲拿出地圖來讀會被誤認爲是在進行可疑的活動，也是因爲不管哪一方的官方地圖（以色列的也好、英國託管政府的也好），都帶有只關注自身利益的殖民偏見，容易誤導人。拉亞寧可發展他所謂的「腦海中的地圖」，以他個人的記憶和參照來加注路標。他給我看過一幅他所繪製的拉瑪拉山地及河谷地圖。上面塗塗寫寫，以阿拉伯文標示著斷崖、礦脈露頭、河床出水口等等，也以英文小字記錄著發生過的事件：「拉亞和潘妮在此處遭到槍砲攻擊」、「阿濟茲（拉亞的姪兒）在此發現未爆的導彈」、「我在此遇到帶槍的以色列移居者」、「我在這裡發現恐龍腳印」。這讓我想起安娜關於路易斯島的歌徑：「蜻蜓曾在此晾曬翅膀」、「老鷹曾在此梳理羽毛」。

對拉亞來說，在這樣的地點之間走動，是將發生過的事件融入故事的方法。他在自己行腳的過程當中發現了以色列軍方在一九四八年浩劫日抹去的巴勒斯坦村莊位置，並標示在自己的地圖上。那些消逝的村舍有時候往往只以一株杏仁樹標示出地點，這是某種型態的影址。拉亞藉由記錄行腳，找出方法將正在消逝的事物存檔在語言中，或是用語言重新創造已逝的事物。

◆ ◆ ◆ ◆ ◆

又再續行數公里路，我們離開了庫窪乾谷，進入另一個名爲卡爾巴乾谷（Wadi

Kalb）的谷地。巴勒斯坦人的村莊阿因昆亞位於我們北方，在那後方約八百公尺遠的丘頂上，便是以色列人的屯墾區多勒夫，有著陸軍崗哨和瞭望塔，戍守著入口。

天空陰沉，不合時令的大雨即將來臨。空氣凝重、緊張，地景亦如是。突然傳來細碎的爆裂聲。隆隆巨響的回音在谷地迴蕩。我想著，**那是雷聲吧**，然後我又想，**那是炸彈**。不，那之後出現了刺耳的嘎聲。原來是阿因昆亞村裡的清眞寺開啓擴音器時產生的靜電干擾。沉默，然後一個強勁的聲音呼喊著：**眞主至大！眞主至大！穆罕默德是祂的先知！眞主至大！**

那是週五的喚拜。清眞寺塔上八個擴音器全開，每扇窗戶各有兩個擴音器，分別指向東西南北四個主要方向。拉亞恰在此時嘆了一口氣。

「過去的喚拜沒有這麼狂熱。但現在，當然，因爲人生裡愉悅時刻太少了，只能寄託後世。人們已經很不服，因此喚拜變得很憤怒。」

我們越過兩隻被壓扁的狗屍。我停下來看著牠們，從牠們毛皮中迅速生長起來的細菌那種奇妙的菌絲令我分神。

「在拉瑪拉，清晨四點的喚拜一開始，我跟潘妮就都睡不成覺。宣禮員愈來愈狂熱，大家抱怨一番，他就會冷靜一陣子，然後他又會忘記，再度瘋狂起來。」

我們找到路，往上走到長滿刺梨樹的一片片台地。在台地上行走有點像打柏青哥。往前走，走到一塊地上，你開始選：是走泥土斜坡從一片台地下到另一片台地，還是越過突出的巨石？你向上走。向前，向上，左轉再向前，向上，右轉再向前，然後來到下一個向上的地點。台地上長滿了橄欖樹、檸檬樹、橙樹和石榴樹。石榴已經熟透了，在枝頭上裂開來，而樹幹基部散落著塑膠瓶、食物、包裝紙和人的糞便。

宣禮員大聲叫嚷著。**善行之最莫過於穆斯林的統一，尤其是巴勒斯坦的統一！不要像那些在爭端中飛黃騰達的人，他們將會受到嚴厲的懲罰！**

開始落雨了。雨滴之大是我生平所見之最，在石灰岩上留下兩英鎊硬幣大小的濺漬。濺灑的雨滴不是圓形，反倒呈橢圓形，那是西風使然。雨滴又好像落成相扣的正四邊形，彷彿要留下通道給我們，讓我們得以通行而不被濺濕。

雨使得灰泥土壤黏稠得有若蜜糖。拉亞和我的鞋底很快就沾滿黃色的泥土塊，腳重得跟深海潛水員的蛙鞋一般。鼠尾草的香氣因雨水而甦醒，但腐敗的動物血肉和人類廢棄物的氣味也隨之而來，幾乎蓋過鼠尾草的芳香。

「我們跑去那間別墅吧。」拉亞說著，開始俐落地走上小徑，我的動作比他慢得多。那棟別墅大約在山坡上一百公尺處，也是我們此行的路標之一。拉亞在那天早些時刻已經告訴過我，那幢別墅直到一九六七年都還屬於薩拉提莫家族，這家族是巴勒斯坦知名的點心製造商。一片大台地擋住我的視線，我看不見那棟別墅，不過我大略知道位置。大雨傾盆而下，我想到可以抄近路，於是穿過一小片田地，七手八腳地攀上台地的石灰岩壁——然後整個人僵住。

一個男人正跑過屋前的空地去躲雨，但並不是拉亞。我看到別墅內另有一名男子。他身上有些帶子，某種金屬物品掛在胸前，閃閃發亮。別墅的入口和窗戶都像眼窩那麼黝黑。

我縮身躲在石灰岩台地下。**他們一定是移居者或是士兵**，我想著。然後我想到，**我得阻止拉亞**。我追著他跑上山丘，經過一株冬青櫟，眼看著他已經沿著小徑往屋子前進了。

他幾乎走到門口了。我想著，**他不可能看到那裡面有人**。他打開門。隨即是一陣咆哮。其中一個人迅速走向拉亞——然後抱住他。我聽到拉亞的歡呼，「巴瑟爾！怎麼會這麼巧！」

我走進別墅看到的第一樣東西是一匹白馬。屋子後方的雙扇門開著，一匹白馬站在門檻中心，回過頭來望著我。那裡還有五個人，三男二女，其中一人顯然是拉亞的朋友，胸前掛著抱嬰袋，裡面有個嬰兒，那閃閃發光的東西原來是抱嬰袋上的金屬環。

那正是薩拉提莫家族，回來看望祖產。「我試著每個月來個一次左右。」拉亞的朋友巴瑟爾說。他現在住在耶路撒冷。「這是我母親，她已經好幾年沒有回來過。這是我姨母，這應該是她最後一次來了。」姨母咧嘴而笑，向拉亞和我點頭問好。屋外，雷聲第一次隆隆響起。

一九六七年的六日戰爭後，薩拉提莫家族被迫放棄這幢別墅。如今這已是一片廢墟。窗玻璃破了，留下鋒利的尖角碎片，地板上滿布松針和橡實，牆面上都是塗鴉。多勒夫的以色列移居者和阿因昆亞的巴勒斯坦居民都會到這棟別墅來，因此這裡也成了雙方以塗鴉較量的場所。牆上粗略地以黑色畫著一柄ＡＫ47，對著噴漆噴成的六芒星發射子彈，此外還畫著納粹黨徽、淌著黑色血液的心臟，還有許多以羅馬字母拼寫成、對我來說沒有意義的名字，此外還有我讀不懂的阿拉伯文及希伯來文。

寬大的房屋正廳通往有兩座穹頂的房間。腳下的地板似乎很光滑，我用腳擦去灰塵，露出了完好無損的地磚，是呈對角線交錯的黑色花紋。這時巴瑟爾的母親走了過來。

「這地板很特殊，只要用抹布一擦，就光潔得像是打過蠟似的。」她語帶歉疚地說，彷彿那地板蒙塵才不過一日，而非四十二年之久。她告訴我，她在一九五九年離開巴勒斯坦去了科威特，之後又去了美國，鮮少回到西岸。然後她領著我走回屋內，帶我導覽一圈，好像這屋子才剛裝修過，而我是首位訪客。

「這裡是我們堆放麵粉袋的地方。那邊是我們堆米袋的地方。」她指了指大廳的一個角落。

她走近我身邊，將手張開，給我看她掌心兩顆疙疙瘩瘩的棕色卵石，動作很像魔術師展示掌中的硬幣。

「我實在沒辦法克制，多拿了兩個。」

「不要再拿了，母親。」巴瑟爾的聲音從另一個房間傳來。

「你想看看我父親和叔叔建造的麵包爐嗎？」她領著我走到屋子後門處，經過馬的旁邊，在雨中沿著泥徑而行。

「來，過來，就在這裡。」我預期會看到一座很大的石造烤爐，一座嵌進丘壁的大壁爐，但那卻是一具生鏽的小架子，有一道L型爐口，很難認出那是一具烤箱。

「它是這樣開的。」她說著，嘎吱一聲開了那彎曲的門，裡面滿是棕色的卵石。

「卵石就是從這裡拿的嗎？」

「是啊，很多都是從這裡拿的，有一整袋。我從希布倫、海法、耶利哥、耶路撒冷拿了其他的石頭，巴勒斯坦的每個地方都至少拿一個。我把這些石頭帶回美國的家，放在壁爐裡，在上面烤麵包，這樣一來，等麵包烤好了，我拿起來的時候，巴勒斯坦已經印在麵包上。你在拉瑪拉可以吃到這樣的麵包，叫做塔棒。我建議你嘗嘗。」

她皺著眉頭。「以色列人從我們手中搶走了土地，他們是賊。我曾經寫過一封信給〔美國總統〕雷根，我知道信會被丟進字紙簍裡，但我不吐不快。『親愛的雷根總統，』信是這樣開始的……」

我沒有再聽下去。下方的山谷裡，一群松雞颼颼飛出藏身處，咯咯叫著飛過谷地的另一側。有個男人從村莊下方的房子裡走出來，將一桶垃圾倒到山坡下。這讓我想起伯格（John Berger）自創的字「蕩平之地」，用以形容衝突地區，意為「一個或多個地方，該處不論物質或非物質的一切，都被全然漠視、被竊取一空、被消滅殆盡、被炸得粉碎、被沖刷一空，只剩下觸摸得到的土地。」

「我姨母還記得這個地方，眞好。海珊國王橋上的海關給她一週的簽證。我們已經逾期兩週了。不過沒關係。她的阿茲海默症太嚴重了。」巴瑟爾在我們要離開的時候對我說。

這位姨母對我面露微笑。突然雷聲大作。一頭驢子嘶叫了起來。宣禮員聲嘶力竭。大雨傾盆而下。電鑽聲彷彿槍響。在谷地較高之處，乾谷上開始有水流動，我們才走過的古道，如今成了一條新的河流。

◆ ◆ ◆ ◆ ◆

次日拉亞和我繼續行走，又擅闖另一個長形的C區。這次我們的起點是名為拉斯喀喀（Ras Karkar）的村莊。我們的路線從拉斯喀喀隨一條古道及乾谷直到山丘頂端的難民營，然後走下一道正弦波般的長型谷地，叫做扎卡乾谷（Wadi Zarqa），這裡有許多湧泉匯入。拉斯喀喀在英國託管初期抵擋了英軍，因而享有盛名，歷史上也向來富庶且受尊重，現今卻一貧如洗。為了節省混凝土，塑膠飲料瓶都被砌進牆去，甚至還有用啤酒箱、破椅子和棘刺枝束拼西湊而成的圍籬。

我們從拉斯喀喀的西坡離開這座村莊，那裡正是該村的貧民窟。雨水沖刷出奇特的石灰岩像，矗立在山坡上，像是阿拉伯食屍鬼或傳說中會招來厄運的侵蝕柱。這些岩柱四周圍繞著小孩子的短褲、死去的狗、人字拖鞋和數不盡的紙尿褲、從陽台或屋裡隨手扔出來的垃圾。大多數的紙尿褲都已經乾裂腐壞，裡面所包的吸水凝膠變成灰色晶體四下散落。

那天還有另一人與拉亞和我同行，是一名叫梅瑟施密特（Clemens Messerschmid）的德國地質學家。真的，他真的就是這個姓⑤。梅瑟施密特很高，灰色的長髮，有幾束還會垂落下來遮住他的臉，他會用小指將頭髮推回耳後。他走起路來活力四射，蹦蹦跳跳邁著大步。他對地質學情有獨鍾，也很少談到地質學以外的事情。這些年來他一直在研究扎卡乾谷大小湧泉、河流的流速。以色列人不願意他在西岸工作，但他卻發展出幾種進出以色列時避開對方注意的方法，對方也就無從阻礙他的研究。

梅瑟施密特似乎對我們行走的地區瞭若指掌。他熟悉每一條步道、每一道側坡，而且還根據走在上面會遇上以色列移居者或士兵的可能性來分級。他喜好描述每片新區域的地質地形，用詞之抒情，簡直渾然天成。他用黑色墨水筆為我畫出解釋性圖表。我很享受聽他講話。他很有耐心地向我解釋約旦河西岸的「背斜層橫截面構造」，以及為這大片乾燥地區貯水的兩個重要地下蓄水層的位置。他也說明地景顏色的成因：散落於土壤中的鐵為乾燥的氣候所驅動，最後生鏽，使土地呈現橘色和褐色。他指出這地區三個主要的表面岩層：彷彿鍍過金的石灰岩和泥灰所組成的水平「伯利恆」岩層，純由泥灰組成的「亞塔」岩層，以及喀斯特化、滿布瑞士起司氣孔的「希伯崙」岩層，梅菲爾特別鄙視這種岩層。

地質學家認為雨水在石灰岩上造成的溶解作用是在創造「優勢路徑」。每一次下雨，雨滴都在石灰岩的表面流淌，同時以碳酸在流經之處蝕刻出路線。這首先會造成淺淺的小溝，之後又會吸引更多的雨水流過，於是愈來愈深入岩身。透過雨水長年累月的作用，髮絲一般纖細的裂隙也會變成細流，之後再變成裂縫，最終則會變成絕壁的斷裂面。

在約旦河西岸這種以石灰岩爲主要表面岩層的地方，大尺度的裂隙常常就決定了台地和步道如何形成。人類和動物在尋覓路徑時，都會受到地形先天習性的影響。這些步行者創造了「優勢路徑」，這路徑又會吸引之後的步行者前來，這全部的人都以自己的腳在走過時印刻出路線。如此這般，萬千年前的一場陣雨，便可能決定了今日一個步行者的路徑。

之後我們走上乾谷河床，朝一個難民營走去。河床的石頭都被時斷時續的河水洗淨、翻轉、分級，感覺就像走在鋪設了卵石的街道上。

「這是這裡最自然的地景，也一定是最古老的。」梅瑟施密特說。

我看見一塊打磨成圓形的黑矽石，彎下身去撿了起來。它看來好像一顆白色的眼球，外面層層包裹著棕色的麻布。梅瑟施密特從我手中接過黑矽石，細細審視，若有所思地掂著它的重量。

「很好的黑矽石，這個。」

我告訴他我在台拉維夫機場因爲燧石而被盤查的事。他聽了露出微笑。

「啊，好吧，你要知道，黑矽石和燧石可是巴勒斯坦人起義時最愛用的石頭！」

他把白色眼球向上一扔，又再度接住。

「巴勒斯坦青年告訴我，他們最愛扔的就是黑矽石，它是最好的投擲物。鋒利、堅硬，拿在手中很有分量。」

向上扔。又接住。

「在第一次大起義中，用黑矽石擊中以色列士兵的人會被稱爲『石頭之子』。」梅瑟施密特將一頭鬈髮推回耳後。拉亞則小心翼翼地走下小徑。一隻鶇鳥從一棵桉樹後方振翅飛出。昨日之雨經由喀斯特管道，滲入我們腳下已有四千萬年之久的地下蓄水層。

「我曾經在距離這裡不遠的地方，看到兩隻變色龍在一棵無花果樹上交配。一隻變成黑色，一隻變成紅色。也不知道是哪一隻在享受。」梅瑟施密特說。

◆　◆　◆　◆　◆

又過了好幾公里，我們在扎卡乾谷下游一道石灰岩斷崖上彷彿鑿出來的水潭邊停步，泉水正往裡面滴落，梅瑟施密特彎下腰，雙手捧起泉水來喝。

「他們把這稱作出血丘或泣丘。」梅瑟施密特說著，指向那水潭，「因爲它們會滲出水來。一、二月的時候，等雨眞正落下來，這裡就會冒出大量的湧泉。這是地質層交會的結果：喀斯特化的石灰岩遇到泥灰土，希伯崙岩層遇上亞塔岩層，水無法再向下流，就會從這裡湧出來。泉水奔流而山丘哭泣。」

他用小指比著石灰岩上一個深色的污點。

「我們稱這種湧泉爲『接觸泉』，在兩種不同的岩層相交時冒出的泉水。可滲透和不可滲透一結合，結果就是『源源不絕』。」

我們離開了泉水，向西續行，穿過炙熱靜止的空氣，通過一片新犁過的田。我的眉毛上滿是汗珠。蚊子嗡嗡嗡地繞著我的頭飛。我們穿過一片樹皮被剝下的桉樹林，這是從不列顛引進的品種，然後我們穿過一片灌溉梯田，上面長著茄子和辣椒，網箱上葡萄藤蔓生，植物和棕褐色土壤形成醒目的對比。我記得不列顛陸軍的狙擊手被教導，在射擊之前要先看看明亮的綠色植物，這是讓視力清晰最有效的辦法。

西方天際線出現了人影，因爲背光，看去只是剪影。一股憂慮像漣漪般在拉亞和梅瑟施密特之間蕩漾開來。以色列移居者？然後一隻羊也出現在天際線上，混入那群人影裡。是貝都因人。拉亞鬆了一口氣。

◆　◆　◆　◆　◆

回到拉瑪拉的那天晚上，我走到街上，在一整日都暴露於天地間之後，享受涼爽的空氣，以及城市與黑暗帶來的封閉感。在一條繁忙的四線道上的垃圾堆旁，我經過一個廢料筒，裡面的廢棄物被縱了火，內部升起一股搖擺不定的黑煙。一隻運動鞋掛在廢料桶的外面，以鞋帶和它那從外面看不見的同伴繫在一起。我正等著要過十字路口，行人通行燈開始閃爍了：**走；別走；走；別走**。

＊注1：六日戰爭又稱六月戰爭，是第三次以阿戰爭，發生於以色列和鄰近的阿拉伯國家（埃及、敘利亞、約旦等國）之間。戰爭爲時總共六天（一九六七年六月五日開打），以色列獲得壓倒性的勝利。戰爭的爆發點就在作者的朋友的朋友因拍照而被拘留的戈蘭高地。譯注

＊注2：Nakba 在阿拉伯語中意爲「浩劫」，指的是一九四八年五月十五日以色列建國日。同日以色列驅逐巴勒斯坦人，摧毀許多巴勒斯坦村莊，數十萬巴勒斯坦人因此流離失所。以色列以五月十五日爲國慶，巴勒斯坦人則稱之爲「浩劫日」。譯注

＊注3：「合律法」（Halal）是伊斯蘭五大戒律之一，意思是「獲允許的」，又譯「清眞」。原本這只限於食物，「清眞食物」即指符合教法規定、可以吃喝的食物。後來也擴展到對生活用品等的限制。這裡作者提到兩名巴勒斯坦青年說要殺掉英國人時，用的動詞是「屠宰」，又說是律法所許可，等於是說，那兩名青年沒有把那個英國人當作人，而是可以屠宰的動物。譯注

＊注4：Greenbottle（寫爲一個字）在英格蘭英語中意爲「蒼蠅」。此處作者說這首英國知名的兒歌就像

蒼蠅般揮之不去，剛好兼指靶場牆頂上的綠色瓶子（green bottle），用來指未來可能遭遇的阻折。一語雙關。譯注

＊注5：這位地質學家的姓 Messerschmid 與二戰期間爲納粹製造軍機的飛機公司 Messerschmitt 只有字尾的拼法不同，但在德文口語發音當中，兩者無甚差別。由於該公司在歐洲相當有名，作者在讀者爲英國人及其他歐陸人的前提下，才會特別強調此人「眞的」叫這個名字，而不是他杜撰來開玩笑的。譯注

十一、根

行於朝聖之旅—「看不見的蜜蜂」—共鳴法則—森林圖書館—統治權的展現—摩爾的面具—冬日暴風雪—新生的黑莓—路徑追隨、趕牲道與巡禮路—倖存的古道—加利西亞的女巫—心之所繫的山谷—溫和的綠人—永恆之光，樹脂之香—白藍柯的瞭望台—苔蘚作枕頭—黑色鳶—騰空懸浮的奇蹟—神奇的禪園—不受綁縛的普羅米修斯—在燒炙硬幣般的太陽下—河中沐浴—花粉浴—小徑上的鳶羽毛—進入塞哥維亞城—飛鳥之城—西北向走入熱之朦朧

詩人布倫登（Edmund Blunden）於一九四二年寫道：「我們愈來愈常**踏上**朝聖之旅。」如今我們又再度愈來愈常**踏上**朝聖之旅。在西班牙，前往聖雅各伯的沿途有許多關閉了數百年之久的中世紀旅店，如今又重新開張來接待巡禮路上的大量新訪客。歐洲正在經歷一場復興運動，雖然上教堂的人不斷減少，朝聖者的人數卻穩定增加。我從巴勒斯坦回來後不久，無意間讀到一篇捷克作家西列克（Václav Cílek）所寫的優美論文，題名為〈看不見的蜜蜂〉，文章開篇寫道：「默默前去朝聖的人愈來愈多，朝聖的地點開始改變。在石頭上，在森林裡，都會看到小型的獻祭——用小麥編織的花

束、一束石南上插著一枝羽毛、用蝸牛殼排成的圓圈等。」我認得路邊的這些裝飾，那是微小的、對世界所做的重新布置，當作暫時性的路標，我在步行的過程當中經常遇到。確實，我每個月走在古道上，幾乎都會看到或聽說有人踏上徒步之旅，他們的目的超越了單純的運輸或娛樂，終點則多少具有一些神聖性。成千上萬這樣自創的朝聖活動正在發生，通常與世界上的主要宗教無甚關聯，其嚴肅性和神聖性也參差不齊。各個偏僻地區都有這樣特立獨行的人從事他們的信仰之旅，相信某些向外出走的行旅，終將成為返回內心的旅程。

「朝聖者」和「朝聖」這兩個字，至少在世俗之耳聽來，沾染著一種令人厭倦的虔敬。但我在步行中所遇到的都是謙遜的即興詩人，很能鼓舞人，全都以步行來為自己尋求意義，有些簡單，有些繁複，有些簡短，有些主宰一生，而除了「朝聖者」以外，我找不到更好的字眼來稱呼他們。拉亞走上他的 *sarha*，芬利和安娜行於路易斯島的荒原小徑，史帝夫在他的岩石陣中踏出自己的路線，伊恩在海路上揚帆經歷風暴與陽光，連梅瑟施密特都試著要透過地質學來了解政治。在此之前還有托馬斯、薛佛等數十位已然作古之人。

我還聽過其他這類「默然朝聖者」的故事，各自進行著緩慢的旅程。一位受到伯洛影響的年輕人從劍橋啓程，只走鄉間步道和綠蔭道，一直走到彭布羅克郡的聖大衛。三個名叫艾德、威爾和金吉的民歌手傾盡家產，離家走上英格蘭的小徑，餐風露宿，靠著演唱沿途學會的歌謠維生。一個女人花了一年的時間從巴黎步行到耶路撒冷，還在途中遇見自己的丈夫。一個男人沿著北安普頓郡（不列顛製靴業的故鄉）的邊界和步道行走，一路上睡在穀倉裡和教堂的門廊上。有一天，我與一個常步行的朋友交談時，注意到他的二頭肌上有一連串圈狀的刺青，刺的可能是西班牙最有名的一行詩：馬查多的 *No hay camino, se hace camino al andar*——「本來無一路，路由行而來」。

一個我素未謀面的男人從多塞特郡寫信給我，告訴我他跟一個坐了四年牢剛獲釋的好友沿著「脊道」走的長程行腳。他寄給我一些模糊的照片，白堊小徑在蒸騰熱氣之中穿越綠色山丘，消失在未知的遠方。他寫道：「一旦走過了，古道便棲息於我們體內。即使在這裡，現在，在蔥綠的西南低地，我還常感覺自己在遠眺那些被踩得硬實的白堊小徑，回憶起那些身心獲釋的奇異日子。」我沒敢詢問他朋友是因什麼罪而被判這樣的刑罰。有一天，我跟一名叫阿諾德的年輕人一起走了四十公里路。他的父親去世了，而他從倫敦出發，要步行前往瑞士的聖加侖（他孩提時代住在那裡）。他帶著父親的骨灰，晚上睡在法國北部廣大的紫花苜蓿草原上和農田邊，天色一暗即刻搭起小小的帳棚，第一道日光升起前就啓程，好避開農夫和警察。

也有西列克其人，一名專研稀有礦物的地質學家，出生於他自行稱之爲「波希米亞」的國家。西列克在三十年前便開始在自己的國度漫遊，被一種難以言喻的力量驅使，要去探究他口中的「地下帝國」。他並沒有抱著什麼目的，意不在獲取知識或經驗，他是「朝聖者，而不是征服者」。然而在過去的十年當中，他的好奇已然轉變成沉迷，他開始盡可能地行走於神聖之地，城堡、修院和教堂。他花了一週的時間走過科斯漢姆附近的芒克頓法雷採石場（Monkton Farleigh Quarry）那近五十公里的地下迷宮。他寫道：「我發現，那類可以深入地下或至少可以在大自然中過夜的地方，我對它們的地景會有比較好的認識和了解。」西列克提出了一系列他稱之爲「朝聖者法則」的建議。在那當中最爲鮮明的兩項分別是「共鳴法則」——我們會起共鳴的小地方比大型的朝聖地更爲重要，以及「呼應法則」——地景中的某處與我們心中的某處相呼應。

我是在從巴勒斯坦回來後不久讀到西列克的法則，那之後我很快就去了馬德里，要走聖雅各伯巡禮路的一條支線。在所有朝聖之路中，聖雅各伯巡禮路是最著名的一條。我從馬德里往北經過瓜達拉馬山區的松樹林，再下到中世紀古城塞哥維亞，再上到焦黃的 *meseta*，也就是高原台地，一路前往聖雅各伯。我也想見一個名爲白藍柯（Miguel Ángel Blanco）的男人。他建造了這世上最令人驚異的圖書館，專門建檔記錄他數百次的默然朝聖之旅。

．．．．．

「從圖書館裡選三本書。」白藍柯說著，指了一下這悶熱的房間。「第一本會訴說你的過去，第二本通曉你的現在，最後一本預見你的未來。」

這是馬德里的一間地下室，四面牆從天花板到地板都是架子，架子上有數千個木盒，大小從狹窄的雪茄盒到淺淺的藏寶箱不等。每個盒子向外的一面都開著，盒口烙印著識別編號。從盒口望進去，裡面放的都是以簡樸的亞麻布包著的書背，顯然是書，不過有些書背比我所見過的任何書都還要厚。盒口都挖有半圓的洞，可以抓著裡面的書直接抽出來，就像從牆裡拉出一塊鬆動的磚頭一樣。書背上沒有文字，但顏色各不相同，有橙色、桑椹色、褐灰色、黑色、猩紅色，具有一種後現代的巴洛克效果，是個帶有龐畢度美術館色彩的奇珍室①。

「不用想太多。是書選你，而不是你選書。」白藍柯的妻子艾蓮娜微笑著說。

白藍柯的圖書館不是一般的圖書館，館藏不是按照主題或學門分類，也不是按照杜威十進位圖書分類法排列。它的全名是「森林圖書館」，在過去的二十五年間都還在持續增建，算來至少有一千一百本書。但這些書不僅是書，也是聖物箱，每本書都記錄著一段步行之旅，每個盒子裡都有從特定道徑收集來的天然物件或物質：海藻、蛇皮、雲母片、石英結晶、海豆、閃電燒炙過的松樹皮、灰色松雞的羽翼、毯狀的苔蘚、用過的燧石、黃鐵礦塊、花粉、樹脂、殼斗，還有冬青櫟、山毛櫸和榆樹的葉子。這圖書館建造的許多年間，不僅館藏增加，空間也在擴展。現在它在馬德里北部占據一棟公寓建築的地面層及地下室。走進這圖書館所在的房間，感覺就好像進入波赫士的書頁，看到〈巴別圖書館〉與〈歧徑花園〉交錯。

在里斯本的植物園博物館裡，有一個一五六〇年達伽馬進獻給葡萄牙國王佩德羅五世的木箱，裡面共有五十六個抽屜。那木箱裡的每一個抽屜，都是用不同種的熱帶硬木所製成，而這五十六個物種都是來自當時葡萄牙的殖民地。雖然那箱子的形式和白藍柯的圖書館有類似之處，目的卻迥然不同。達伽馬的箱子把樹木當作殖民對象，其取得和安排都是爲了展現統治權，是複數世界臣服於單一掌控的證明。白藍柯的圖書館與此相反，是讓建造者的自我散入大自然中。

我把第一本書從它小巧舒適的木盒裡抽出來，我的「過去」。小小的，約當一本平裝小說的尺寸，編號九十五號。白藍柯把書從我手中拿去，說：「啊！*La Máscara de Henry Moore*〔摩爾的面具〕②！」他和艾蓮娜對望了一眼，將書拿到書桌前，放在關節燈的一小片光照下，翻開扉頁。起初這看來像是一本普通的書，前面有四頁閃亮的紙，上面是粗黑的手寫字。「這是植物做成的紙。」白藍柯說，翻書時手指摩挲著粗糙的書頁。

然後他翻到第四頁，書變成一個盒子了。上面有玻璃片，下面是小櫥子似的空間，有點像維多利亞時期自然史博物館的標本抽屜。玻璃下面是一條生鏽的金屬片，上面鑿出兩個菱形的眼洞，還有一些裂開的白色陶器和兩小塊白色的石英碎片。這些物件放在看來像沙和樹脂做成的底板上。我望著白藍柯和艾蓮娜，等著兩人解釋，但白藍柯攤開雙手，好像在說，**只有你知道這代表什麼**。我想起在走過的許多小徑上見到的白色石頭，想起史帝夫在他的巨礫下爲我找到的石英片。

森林圖書館肇生於一場大風雪。在一九八四年十二月三十日和一九八五年元旦之間，由東北向西南橫貫卡斯提爾高地平原，將南方的馬德里和北方的塞哥維亞一分爲二的瓜達拉馬山區那由花崗岩和片麻岩構成的鋸齒山脊遭到勁風的侵襲，成千上萬的蘇格蘭松被吹倒。狂風大作的那些日子裡，白藍柯被困在他那位於南瓜達拉馬山區傳恩弗利亞谷地的小屋裡。當風暴終於平息，冰雪也已融解，他出門走進谷地，循著一條熟悉的小徑走，卻因此邂逅了一個新世界：積雪深達四、五公尺，被吹倒的樹木留下的坑洞和連根樹幹，森林突然一片空曠。他一邊走，一邊收集沿路找到的東西：松樹枝、樹脂、松果、捲曲的樹皮、一個黑色的跳棋子和一個白色的跳棋子。他回到屋內後，將收集來的東西放在一個小松木盒裡，覆上玻璃，再用瀝青將玻璃封死，用書頁將整個盒子包住，用膠帶貼好，最後再用一個包著亞麻布的硬紙板做出封面。

圖書館的第一本書就這樣誕生了。白藍柯將最早的那個書盒子稱為 *Deshilo*——「融解」，這也成了一連串工作的源頭。他的製造方法基本上沒有改變。所有的書盒子也都是行路時收集來的物件，有的是機緣巧合找到，有的是刻意尋求所得。找來的物件都在盒內以線或繩子固定，或者緊實地壓入泥土、樹脂、石蠟或蜂蠟內。如此這般無言的安排，每個書盒都象徵性記錄著一趟踏過的行腳，一條依循著走的小徑，一段徒步旅程及途程中的種種邂逅。於是圖書館像是一部多維度的地圖集，不斷成長的路線圖，一部奇特的永無止境的旅程編年史。

我把我的過去之書《摩爾的面具》放回原來的盒子裡，感覺到我放回去的時候，有空氣從手指邊被擠壓出來。

「現在來看你此時的盒子！讓神使說話吧！」白藍柯說。我選了一個比較大的盒子，書背是紫色亞麻，編號五八八。我在書桌的一小片燈光下打開盒子。封面寫著 *Zarzamora vigen*〔新生的黑莓〕。我翻過書頁，來到玻璃面。盒子的底部覆蓋著一種黃色乳膠般的物質，有點像凝固的脂肪。從那脂肪中突出三、四十個棘刺，好像在脂質之海裡游泳的鯊魚所露出的鰭。就跟我的第一個盒子一樣，這個盒子看起來很刺眼，充滿攻擊性和暗黑感，引人注意卻令人憎惡。白藍柯皺了一下眉頭，「我不知道你怎麼稱呼它們。」他指著那些刺說，那些刺在我看來像是非常大的黑莓刺，「不過接下來幾天我們去瓜達拉馬山區健行的時候，到處都會看到這種有刺的植物，這個 *Zarzamora*。」

雖然挑選盒子時，周遭彌漫著一種露天市集上的超感視覺氣氛，不知何故，我卻覺得自己被這些盒子和這沉默的巨大圖書館給**視破了**。表面上是我打開了這些書，實際上是它們開啓了我。

白藍柯和我通信已有好幾年，但這是我第一次到西班牙來看他和他的圖書館。我想要更加了解白藍柯對步行和徒步行旅的迷戀、他那非比尋常的記錄旅程的方法，以及西班牙文稱爲 *senderismo* 的「追隨路徑之旅」。西班牙的古道特別豐富且態樣繁多。*Cañada*，也就是趕牲道，形成的網路散布西班牙各地長達近十三萬公里，占公有土地面積達一百萬公頃，形塑了全國土地的持有模式（尤以平原地區爲最），而且至今依舊用於運輸家畜。這些路線包括「王室趕牲道」，先從列昂到艾克斯雷馬都拉，然後轉而向西到瓜達拉馬地區，又再轉向近正東北方直達巴斯克鄉間。在阿斯圖里亞斯的某些地區，稱爲 *vacas rojas* 的北方紅牛成群結隊漫步，自由地吃草，在尋找蔭蔽和草原時踩踏出寬闊、持久的小徑。聖雅各伯巡禮也發展出各種地方化、世俗化的版本，即*romeria*〔朝聖〕，這種村民遠足的傳統是源於赴羅馬朝聖的歷史，現在則通常由村落的中心走到鄰近的某個聖地，沿途吃吃喝喝，慶祝冬天過後土地復甦。在坎塔布里安這種還有熊和狼倖存的山區，則可以發現不同的鄉野遺風：游牧人趕著牛群和羊群，沿著據稱可以上溯到青銅時代的路徑行走。海岸附近的山脈有成千上萬條小徑蜿蜒，最後抵達港市和海灣，將內陸與大海連結起來。正如山區的融雪會沿著谷地而下，路徑也引領著過去多少世紀以來川流不息的朝聖者、商販、生意人和其他的行旅者。

在半島戰爭③過後，西班牙那數之不盡的小徑、聖雅各伯巡禮路的盛名、因唐吉軻德而聲名大噪的流浪冒險傳統，都吸引了英格蘭和愛爾蘭的眾多步行者。伯洛當然去了，但羅利．李、普瑞契特、斯塔基、福特、布列南等也去了，年代較近的則有步行藝術家符爾頓（Hamish Fulton），此人出於長期崇尚運動的驅使，已經橫越西班牙數十次，行走距離以萬公里計，還把他走過的路徑用黑色馬克筆標示在一張大比例尺的鄉間道路地圖集上。我以前的一個學生洛伊德曾在某個秋天揹著背包，帶著烏克麗麗，走完整條聖雅各伯巡禮路，彷彿就是當代的羅利．李倚靠自己的音樂技能和灌木叢來維生。他在回來以後寫信給我說：「四十天西向橫斷西班牙，以腳感覺那整個國家，起始於法國的山區，終結於西班牙的大海，以邊走邊唱來賺取晚餐錢。」

徑道的概念啓發了白藍柯的圖書館。他說：「我的每一本書，都記錄了實際發生過的旅程，但同時也是 *camino interior*，一種向內的路徑。」他曾經走過「法蘭西之路」，即穿越庇里牛斯山並橫越卡斯提爾平原的傳統路徑，並在康波斯特拉主教座堂的正面採集了一些苔蘚，用來做成第六三二號書盒。一九九〇年代晚期，他曾在加利西亞的布里雍村住過，離康波斯特拉大約只有十六公里遠。他在那裡遇到加利西亞的 *meigas*，也就是被貶稱爲「女巫」或敬稱爲「藥草師」的女智者，也跟她們一起行走。女智者很快便接受了白藍柯，讓他進入她們的世界，教導他關於藥草的藥用知識。他將這些「女巫的植物」放入當時他在那裡製作的盒子裡，建立起他所謂的「影子植物標本箱」。他也在幾個月的時間裡建立了一條另類的、異教徒式的朝聖路徑，他命名爲「聖米尼亞巡禮路」。路的起點和終點都在老樹林裡一株大橡樹的聳立之處，森林本身便是主教座堂，橡樹就是聖壇。白藍柯初次行走那條路是在一個滿月之夜，一九九八年的四月十七日，而後他又在白天反覆行走，直到踏出自己的步道。

不過，瓜達拉馬山脈才是白藍柯心之所繫。他從峰頂、溪谷、小徑、陡坡和神祕地點收集了許多物件，爲這座山脈製作了幾百本書。他自兩歲起就認識傳恩弗利亞谷地，於他而言，行走在森林小徑上，既是形而上也是實際的徒步行旅，一如循著海道航行有助於伊恩掌自己的舵、航人生之海。

白藍柯說：「我的人生已經與樹木合而為一。我認為樹跟我是對等的，而我在它們之中看到了自己的命運。」他一度向我形容他的「根」在傅恩弗利亞，說他在那裡的時候，自己「有一部分是樹」。這樣的言論之於白藍柯，就跟倒茶或談論天氣一樣自然。在他身上找不到愚蠢的成分，因為他不浮誇。他談到這些事情時，一點都沒有某些人揭開自己精心培養出來的怪僻的那種虛矯賣弄。他一點也不掩飾自己的泛靈主義。他是溫和的綠人（Green Man），結識他是我的幸運。

白藍柯還有一種強大、能感染人的沉著，確知自己已將生命奉獻給有價值的活動。那座圖書館構築了他人生的過往，還將建造他人生的未來。他相信自己正在進行的事是有價值的，但是態度溫和謙遜。錢對他來說好像不關痛癢，很久以前他就不再將作品賣給藝廊了。使圖書館永存、維持圖書館完整一致，已經變成更重要的事情。圖書館在恢宏中之所以帶有那麼一抹憂鬱，是因為白藍柯全然投入他的計畫，也因為他全然忘卻了自己。這當中的藝術性並不存在於細節裡，不在個別的盒子裡——儘管細節與盒子都非常精巧——而是存在於那整體的姿態當中。他創造了一部完全不自我中心的回憶錄，一部以自然為核心的自傳。他對我說：「這是我的生命，我記憶的儲存所。我的記憶消散之後，它還會在這裡。」

「那麼，最後來看看你的未來吧！」艾蓮娜說。我選擇了八一八號。標題是

Pizarras, Espejo de los Alps（板岩，阿爾卑斯之鏡），也是照慣例三本書中最具吸引力的一本。我很高興在前兩本不祥的尖角和鋸齒之後選到它。前幾頁是植物製成的紙，輕薄半透明，上面有岩石和化石的印記。玻璃下散落著幾縷海草。這本書紀念的是二○○一年阿爾卑斯山的一次行腳，並且展現了阿爾卑斯之巔一度是海床的事實：紙上那些顆石藻間接地顯露了時光深處確曾有過滄海桑田的劇變。

我在圖書館裡又瀏覽了兩個小時。屋外的白日漸短，附近樹上的知了怒鳴不休。艾蓮娜和白藍柯坐在一起，低聲交談，一邊看著我。兩人之前就已經見過這座圖書館對人施展的魔力。

我看的最後一個盒子題名爲 *Luz Eterna*，「永恆之光」，有俘虜人心之美。書的內部覆著一層金葉，葉子上灌了一層從瓜達拉馬山的松樹上取來的松脂，帶有蜂蜜的光澤。那金色就像動物眼裡的脈絡膜毯，因爲透過樹脂而有雙倍光亮。金色反射著光，樹脂將光放大，於是那盒子彷彿照亮了幽暗的房間。我像關燈一般闔上書，然後我們一起離開了圖書館。

• • • • •

次日大清早白藍柯跟我就入了山。我們開車從馬德里北部出城，郊區突然成了一片冬青櫟林。我們穿過數公里乾裂的平原，地景被花崗岩的利齒及手指扯亂。石牆在原本是鐵網圍籬之處把景致切開。瓜達拉馬山脈兀立於朦朧的地平線上，山脊纖細，美得失真。這山脈生成於第三紀，遠比庇里牛斯山和阿爾卑斯山古老得多。起初蘇格蘭松只有一兩株，而後三兩成群，最後變成一片片的樹林，有藍綠色的松針和橙色的樹皮。我們經過王室趕牲道和快速道路的交會點，柵欄和路標把趕牲道標示出來，是我們的新道路對斜交的古道致上的敬意。

最後我們終於來到傅恩弗利亞（Fuenfria）谷地入口處的塞爾塞迪利亞村（Cercedilla），從那裡我們開始步行進入松林和高地。白藍柯顯然很高興能離開城市，我也有同感。太陽已經很高很熱了。森林裡的空氣聞來有清新的麝香味。「我每天一定要走路，不然我會覺得自己跛腳了。」白藍柯說。他的腳步輕快，大步而靈活。我卻揹著沉重的背包吃力地行走。

我們在谷地漫遊，走在有時只有白藍柯認得出來的路徑上。他帶我沿著注入主流的幾條支流行走。有一年，他走過並測繪了山谷裡的每一條水道。

白藍柯談得最多的是樹木，他向我介紹各類樹種，就好像引見老朋友似的：白色的雪松，一對碩大的冬青櫟，還有少見的橡樹亞種「無梗花櫟」，是曾在這山區生長的橡樹孑遺。在一座老石橋旁，他下到河邊，給我看兩株長在彼此身上的紫杉。它們簇生在一起的樹葉上披覆著半透明晶瑩的紅莓，看來像被吸掉一半的櫻桃。「這個跟地衣一樣，是瓜達拉馬最古老的生物。」他說著，拍拍其中一株紫杉的樹幹。我想起梭羅在日記裡寫過，他走了十三公里路，就只是爲了向一棵樹打聲招呼。

白藍柯最喜歡的是松樹。「這是 *pino piñero*〔石松〕。那邊是 *Pinus nigra*，黑松。那是 *Pinus pinaster*，海松。*Pino vigía*，崗松，這是瓜達拉馬最老的野生松樹，枝幹是彎曲的。當然還有 *Pinus sylvestris*，蘇格蘭松，樹幹非常直，被哥倫布用來造快帆船的桅杆。高地上面那邊有 *pino carrasco*〔地中海松〕，長得像雲一樣。*Carrasco* 散落在整片森林裡，有時候我會從一棵 *carrasco* 走到另一棵 *carrasco*。」

之後我們走出林蔭，上到一處高地草原，那裡有勤奮的牛群伸出魯鈍的長舌在吃草，身上的牛鈴奏著有一搭沒一搭的樂曲。草地因日曬而枯黃，其間星星點點長著粉色的秋水仙，花朵之間，蝴蝶擇徑飛舞。白藍柯領我走過草地，越過花崗巨岩，來到一塊突出的岩石，岩石的盡頭是一面小小的懸崖。一株死去的松樹斜倚在崖邊，樹皮因爲風吹日曬而脫落，露出下面白蠟似的形成層。他伸出手抓住松樹低垂的樹枝，像跟松樹握手一樣，然後和善地靠上樹幹。

「這是我的瞭望台，這棵松樹還蒼翠的時候我就認識他了，現而今他已經……*seco*，枯了。他是我最老的朋友之一。」白藍柯說。我們俯瞰著綠樹成蔭的碗狀傳恩弗利亞谷地，它的東北緣有七座光禿禿鋸齒狀的花崗岩峰。白藍柯看來並沒有注意或是根本不介意附近有塊巨礫被噴上黑色陽具，以及數百公尺外高約十二公尺的電視天線正在刺鐵網籠裡嗡嗡作響。那株松樹的皮下宛若流銀，有漣漪和漩渦的流動紋理，節孔彷佛立於溪流的岩石，而紋理便從旁流過。木蠹已在樹身上做過工，樹上蟲洞如謎，在木材內看不見的地方延展相通。

・・・・・

傅恩弗利亞谷地通往一道翻越瓜達拉馬山脈的高山隘口，也就是傅恩弗利亞隘口，許多世紀以來一直是這座山脈的主要通道，谷地上因此有不同年代的古道縱橫交錯。有一條羅馬道，是西元六九年到七九年之間由羅馬皇帝維斯帕西安下令修築。有一條從馬德里通往康波斯特拉（Compostela）的巡禮道支線，大體上循著羅馬道而行。還有一條波旁尼卡道（Calzada Borbónico），修築於十八世紀，專供西班牙君王從瓜達拉馬北側的狩獵行宮南返馬德里之用。這兩條主要步道像一對相伴的溪流，蜿蜒向上，反覆交錯。波旁尼卡道上的卵石因爲數世紀以來的往來交通被磨得十分光亮，一如耶路撒冷苦路那被踩得發亮的台階。

白藍柯和我選擇走上羅馬道，一路向上來到樹蔭逐漸稀少、松樹愈見矮小的隘口。這條小徑跟我之前走過的羅馬道都不一樣，迂迴於河床之上，在長著綠灰色苔蘚的花崗巨礫之間穿行，那苔蘚觸手柔軟，好像珠寶盒裡的天鵝絨襯墊。

「附近修院的僧侶會來收集這些青苔，然後枕著它們睡覺。苔蘚會驅走心中的惡念，吸收灰暗的夢境。」白藍柯說著，用指尖壓著青苔。我很喜歡這種說法：防噩夢的吸收劑，壞感覺的擦拭布。

幾分鐘後，在小徑上，我發現一根很像松鴉羽毛的東西，很大，遠比我在英格蘭見過的都大，有深藍色的條紋，上緣是黑色。④「你看，我走不到三十分鐘就可以發現東西。」白藍柯突然說。「六步對我來說就已經很夠了。」他咧嘴而笑，補充說：「西班牙有句諺語：*Caminar es atesorar!*——行萬里路積萬金銀。」

◆ ◆ ◆ ◆ ◆

在離隘口還有一小時左右路程時，白藍柯在小徑的一個轉彎處離開我，回身快步向山下走去，直到小徑遮蔽他的身影，消失在我的視野之外。我在陰影裡坐了一陣子，喝了水，然後揹上背包繼續上行。熱氣令人昏昏欲睡。我開始迫不及待尋找睡覺過夜的地方，或至少找個適合下午小睡的地點。對於過夜的地點，我想找的是被太陽曬熱的岩石，就像在火堆裡被烤過一般，必能在黑暗降臨後將白日的溫暖散發到我身上。

如今我在山脈高處的松樹林裡。已經看不見橡樹與櫻樹散落的河谷低地。我曾見層層樹冠之上有一隻白翼的鵰在飛翔，更上方的藍空裡有飛機的燈光閃爍。我很高興身處群樹之間，很高興有白藍柯作伴，但也很高興如今能在森林裡獨處。地上堆疊的紅金色樹皮在我腳下嘎吱作響，大山雀和冠山雀迅捷地掠過枝頭。

從一個空曠處，我看到約三公里外山谷另一邊的山坡。樹冠之上有一隻巨鳥滑翔，身形之大，可以看到牠的影子落在下方的樹頂上。光在牠身上和雙翅的羽毛上閃爍。那是一隻黑色鵟，瓜達拉馬山區指標性的鳥類。大型雌鳥展翼可達二公尺半，最大的甚至長達三公尺。在猛禽當中，只有安地斯山脈的兀鷹翼展長過黑色鵟。十九世紀晚期，有一名士兵兼鳥蛋收集家佛納曾在瓜達拉馬山區旅行，在一株蘇格蘭松頂上的鳥巢採集到一些蛋（這在禽鳥學中堪稱傳奇性的英勇事蹟，其史詩性堪比辛巴達攀入大鵬鳥巢）。

下午兩點左右，我來到傅恩弗利亞山口，在炎熱的樹蔭裡休息。我吃了煙燻火腿、新鮮的麵包和羊乾酪，都是白藍柯和艾蓮娜爲我準備的食糧。我從一道清泉中掬起涼如晨露的水，深深飲了幾口，然後從隘口處向東北方穿過陡峭的林地，朝我在白藍柯的瞭望台看到的山巔走去——Sieta Picos，七岩峰。小徑曲曲折折，沿途有白色花崗岩的小疊石做成的路標——這樣的花崗岩遍地都是，地上、平坦的大石上，甚至連幼樹的分枝處都有。這是我以前見過的路徑標示法。我向上攀得愈高，松樹愈見稀少，最後完全不見蹤影。松樹的林線已過。

我走出森林的保護，進入花崗岩原野。巨礫碎裂成堆，灌木稀疏，太陽像盔甲一般從頭上壓下來。杜松樹叢長得像箭鏃，岩薔薇是一種芬芳但帶有黏性的灌木。我走近時，成群的小鳥就像炸彈破片一樣四下飛散，然後又在幾公尺外聚集在一起。幾公里外的一座高峰上有家滑雪中心，看起來像月球上的工作站，有支巨大的火箭，就跟丁丁在《奔向月球》裡炸飛的紅白雙色火箭一模一樣。

在松林山丘的北邊，我看到了 *mesa*（平頂山），延伸到地平線的赭色平原，而塞哥維亞還在 *mesa* 之上，豎立著像一座想像中的城市，完好地被中世紀的城牆緊緊圍繞，在橙色的太陽下燦然生光。城牆在平原低處一片蒸騰的熱氣中顫動，有那麼短暫的片刻，我起了強烈的幻覺，看到城市飄浮在平原上空。這不足爲怪，因爲後來我才知道，塞哥維亞最爲人所知的奇蹟就是飄浮：一六〇二年十一月的某一天，有人看見聖克魯茲的一座修院上有明亮的光線閃耀，人群蜂擁而至，發現一位名爲卡諾的道明會神學家「專注地跪著祈禱，但懸浮離地高達一公尺多」。

我來到七岩峰的第一峰，卻發現自己踏入了禪宗石園。地面鋪著細碎的白石英，碎石下冒出因勁風而長得低矮的杜松、大腿高的松樹和花崗岩巨礫。高山多肉植物的葉子豐滿，恣意擠滿岩隙。同樣從碎石地中長出來的還有山峰本身，像二十公尺高的花崗岩城堡。岩石在水的侵蝕下變圓，形成有摺飾的滾邊帳幔，看來過度繁複，好像枕頭似的，純是一派摩爾的雕塑風格。

雖然還只是偏晚的下午，我已經決定要在此地打發當日剩餘的時間和夜晚。腳下是高掛在山脊上的神奇花園，馬德里閃現於遙遠的南方，塞哥維亞則在北方發出橙色的光彩。我褪下背包、襪子和鞋子，把它們全都留在第一峰的影子裡，然後開始探索山脊，在岩石間攀上爬下。我循著蜿蜒於礫石和樹木之間的石英小徑而走。西方的第二峰是比第一峰更大的花崗岩城堡。我從坡地走上峰頂。蜥蜴飛掠而過，時衝時停，在突出的石頭上暫歇，面朝下望，好像在炫耀自己吸附岩石的本領。

我在岩石上找到一道寬寬的凹槽，像保齡球道兩側的球溝。我在裡面躺下，肩膀舒適地靠著，腳底板抵著粗糙溫熱的石頭表面摩擦出聲。花崗岩在我身下延展了數千年之久，而在我上方一千多公尺處，有兩隻黑色鳶在山頂的上升暖流裡緩緩盤旋。花崗岩的溫暖滲入我體內，我打著盹睡著了。

醒來的時候，我發現離我約十五公尺處有隻鳶像刺探敵情似地飛過。體型約當滑翔翼，有狀若陸龜的頭頸，皮膚鬆垮下垂。牠發出鳴叫飛走了，似乎是在試探我是不是腐屍，或者某種型態的普羅米修斯，被鎖在岩石上無助地接受審判。我坐起身，表現出充滿活力自由自在的樣子，於是雋飛走了。我可不需要什麼東西來破壞我的肝臟。

下午稍晚，我在西邊數來的第一峰和第二峰也就是東邊數來的第六峰和第七峰之間，一個較矮的花崗岩露頭上發現一道天然洞窟，足以供兩人並肩躺著。這個洞窟經過局部改造，成了遮風擋雨的庇護所，一邊還堆起石頭堵死。洞裡有兩只燭台和半瓶水。這裡既有遮蔽又很荒僻，找不到比這更好的過夜處了。我把裝備挪到洞窟裡，暮色降臨時我點起蠟燭，我的影子便在岩壁上搖曳。

夜空裡有乳白色的弦月，空氣涼爽。鴞在下方的森林，呼呼的鳴聲穿透暮色。松間有風微微作響。有聲音漂流而過，原來是兩顆流星。

◆　◆　◆　◆

破曉時空氣乾燥沒有露水。太陽出來時一片金色風暴，無限光澤映照在臉，白藍柯的永恆之光自空中傾瀉而下。我吃了蘋果、麵包和起司，看著光線氾濫大地。當光線越過谷地照亮對面松林的深處，松林彷彿在顫動。彼時彼刻，如斯情景，我感覺到純然的快樂。

那漫長而慵懶的一整天，這樣的愜心都伴隨著我。那天的時間都花在隨意穿行於森林的眾多小徑上，而我頭頂上是一瓣檸檬似的白日之月，和彷彿燒炙硬幣般的太陽。小徑旁的一小片蔭影裡，蹲坐著一隻發亮的蟋蟀。一隻鴞蜷伏在松樹的高枝上，褐色的肩膀聳成圓形，看起來像個蜂窩。我發現了一個王室宮殿的遺址，國王和王后或曾於翻山越嶺時在此過夜。一隻雌隼迴旋而起，然後輕健地向下俯衝。我的視線追隨著牠下降，看牠飛過天空，飛過樹木，沾染上色澤，變成一片褐色。

森林裡死去的松樹與活著的松樹交錯。死去的松樹沒有樹皮，閃著微光，萬綠叢中點點幽魂。約有一小時左右，我把它們當作路標，當作開道者，走在它們之間。它們散發銀光，身材扭曲，有如冰凍的水柱，彷彿自地下湧現。如同行走於掃帚道的時刻，我感覺自己走在世界的底面而非表面。

那天下午陽光最熾烈、蒼蠅最擾人之時，我從一道山脊往下降了三百公尺，來到白藍柯所說可以找到浴池的溪流。那裡看起來不像會有水，但我很快就聽到水聲，果然有一道藍色清溪在巨礫間奔躍。我順著水流前行，水量也隨之增大，不久我發現了一串小小的深潭。我脫衣入浴，在冰涼的水中玩得嘩啦啦，然後躺在河邊一塊平整的岩石上，讓陽光與石頭的溫暖滲入身體。

那天我在森林濃密處過夜，被一支荒腔走板的蟋蟀交響樂團所圍繞。日落時分，琥珀色的日光穿過松林斜照，我看到其中有無數細小的花粉粒子鍍著光的金邊，一場持續飄灑的樹浴落在我的肌膚上，在空中掀起一股騷動。

薛佛在一九四五年寫道：「當我看著〈世界〉，它弓著背，每一層地景都剛毛倒豎。」這是對於觀察所做的絕妙觀察。薛佛很清楚，「地景」不是楣柱上的雕飾或框內的油畫，不是從一段距離之外被觀看、被鑑賞的東西。地景不是被動地為我們所凝視的物體，而是恆常變換的參與者，是與我們同類的主體，會對著我們拱起背、剛毛倒豎，會怒氣勃發地向我們衝來。地景依然常被當作名詞來理解，帶著固著、布景的語意，靜止不動，有如繪畫一般穩重。⑤我則寧願於將這個字想成隱含動詞在內的名詞：地景會跑開⑥，是動態的，會引發騷動，不僅在我們人生的過程當中，更在每時每刻，每起事件當中，雕刻形塑我們。我寧願將「地景」當作集合性的詞彙來理解：空氣的溫度與壓力、光線的下落與反彈、岩石及土壤和建築的紋理與表面、聲音（蟋蟀鳴叫、衆鳥啁啾、風過林梢）、氣味（松脂的香氣、石頭的熱氣、碎裂的百里香）和其他數不盡的稍縱即逝的現象和氛圍，這一切共同組成了每一個特定地點、特定時分那**剛毛倒豎**的當下。

是夜稍晚時分，松林深影中有兩對動物的眼睛，分別閃著橙色和綠色的幽光。

◆ ◆ ◆ ◆ ◆

我醒來時全身都是花粉。平頂山上一片藍褐色的天空。破曉之後我在松樹間迂迴的路上往下走了好幾個小時，最後穿林而出，眼前是灌木叢和空曠大地。「聖雅各伯：五八七公里」，我行經的一支路標上這樣寫著，上面還畫著巡禮路的扇貝殼標誌。對我來說太遠了。

在小徑的轉彎處，我找到一支半公尺長的棕色大羽毛，羽毛管上還有黏糊的血跡。這是鳶的尾羽或飛羽。我拾起羽毛，卻幾乎感覺不到它的重量——這是史帝夫那輝綠岩和鯨鬚雕塑的逆向回音。羽毛的上半部摸起來粗糙，是修道士袍的那種棕色，但靠近羽毛管處變成蓬亂的白毛，每一股都很纖細，指尖摸上去甚至沒有感覺。

穿過烘燒的平原，我走向塞哥維亞，每一步都激起塵土飛揚，滿口滿眼都是塵土。尾端分叉的紅鳶在我頭頂上方戒備似地翻轉盤旋。塞哥維亞早就從中世紀的城牆向外拓展延伸，城南是倉庫群和新得發亮的鐵路終點站。但它似乎還在向周遭的平地延展，一如艾利城向英格蘭東部的沼澤地區延展。我走向塞哥維亞，感覺好像走在一趟寓言旅程：走過一連串的古道而穿越了松林山脈，在滿是鳶的天空下睡在路旁，徒步走上城牆圍繞的中世紀古城，而從山巔上初次望見該城時，它竟像是懸浮在烘燒的平原上。

我還是以主教座堂爲指向和路標，不過現在也看得見古城北緣阿爾卡札城堡的尖塔了。我與一些西班牙長者擦身而過，他們在炎日下打著赤膊，其中有個人赤裸的棕色腹部上掛著褲子的吊帶，他問我是不是要走去聖雅各伯。我說我從馬德里和塞爾塞迪利亞村越過山嶺而來，現在往西北方去，但應該不會到聖雅各伯。他點頭認可，友善卻又沉默地跟我並行了一陣子，直到轉身用臀部推開一扇迴旋式柵門，走進一片乾枯的田地。

那天下午稍晚我來到塞哥維亞城中心主教座堂的廣場上，坐在蔭涼處休息，看著廣場。鴿子三五成群發出聲響振翅而飛。有著鉤喙的雟滴水嘴獸從主教座堂的外牆上突出來。主穹頂的表面上散落著上千隻鴿子、歐椋鳥和烏鴉，看來好像要將建築物騰空抬起。

那天夜裡，從城南的壁壘望出去，瓜達拉馬山脈是一片低懸的長形剪影，一輪紅月掛在上方。

破曉之前我悄悄溜出塞哥維亞，沿著巡禮路向西北方走，走向眞正的高原台地。空中又是一片朦朧，大地顫抖著向天空伸展，我想像著西班牙和法國的朝聖者正從四面八方往康波斯特拉的聖雅各伯會合，穿過對雙腳來說確實存在但對心靈而言卻宛如幻象的地景。

＊注1：奇珍室的原文Wunderkammer是德文，意爲專門收藏奇珍古玩的房間，英文的對應字一般是cabinet of curiosities。作者在這裡故意使用德文字Wunderkammer，是爲了與法國現代派建築的龐畢度中心（Pompidou）相對，呼應「後現代」與（前現代的）「巴洛克」，刻意創造出奇特的違和感。譯注

＊注2：亨利・摩爾是英格蘭雕塑家（一八九八至一九八六），常以青銅爲素材，作品有一定程度的抽象性，在世界各地作爲公共裝置藝術而擺設。譯注

＊注3：半島戰爭是抵抗拿破崙入侵伊比利半島的戰爭，其中英國也有出力。戰爭結束於拿破崙垮台的一八一四年。譯注

＊注4：後來我知道那是藍翼喜鵲的羽毛。作者注

＊注5：地景（landscape）一詞是在一五九八由荷文*landschap*英語化，本意是「土地的一塊或一個單位」，但在十六世紀開始與荷蘭的風景畫派緊密相連，於是英語化的主要字義便成爲「以繪畫描摹的風景」，直到一七二五年之前，都不曾被用以指稱實際的風景。作者注

＊注6：所謂「地景會跑開」，原文爲landscape scapes。Scape一字在古英語中是escape（逃離）的變體字。譯注

十二、冰

岡仁波齊山與貢嘎山—朝聖者與攻頂人—獵捕大貓熊—強—查理之死—彼得潘主義—蜀犬吠日—卡林的駕車博弈邏輯—逆大渡河而上—一九三二年的探險—Darshan!—康定傳教士—石英的神聖性—在加錯家的柵欄內—金字塔型的山及其魔力—向河而去—冰雪武器庫—高山反應—苦寒的試煉—貢千與拙火—密勒日巴及其歌徑—聖化的地景—完成轉山—「愛的交流」—山中之死—冰河的溫柔—箭狀列陣的紅嘴山鴉—腳座—邂逅先前的自己—幽靈小徑

在佛教的諸多聖山當中，最神聖的當屬圖博西部的岡仁波齊山①，是恆河、布拉馬普特拉河、印度河和蘇特來傑河的發源地。數千年來，岡仁波齊山腳的轉山素以艱辛聞名。圖博佛教稱朝聖為*kora*（轉山），意指朝聖者必須順時針繞著聖地步行，而其中最為極端的一種型態，是以等身長頭的方式走完全程——**彎身，跪倒，面朝下匍匐在地，用雙手指尖在地下留下印記，起身，祈禱，腳往前拖，來到之前手指畫記之處，彎身，跪倒……**以這樣的方式通過海拔五千五百公尺的卓瑪拉山口，行完長達五十一公里亂石滿布的山道。

岡仁波齊山是所有聖山當中最爲知名的，但至少在我看來，並不是最雍容的。這項榮譽應該屬於貢嘎山，意爲「木雅族的潔白山峰」，是金字塔型的山峰，孤高聳立於中亞山脈的最東端。貢嘎山體高大，七五五六公尺高，比岡仁波齊山高出一〇八二公尺。峰頂尖峭，之後陡降六公里半到山腳下的四川盆地。四川盆地偶有雲破天清之時，從盆地望過去，貢嘎山峰頂便聳立雲後，像沒有腳一般。

自十三世紀開始，佛教朝聖者或走或騎，絡繹不絕地前往貢嘎山。有些人繞著整片貢嘎山脈轉山，漫漫長途需耗時數週。其他人去參拜西邊的寺廟。這座寺廟面朝貢嘎山，以貢嘎活佛轉世之家而聲名遠播，但在文化大革命期間遭到紅衛兵破壞。此外有些人就是專程去看山。佛教學者恭文達喇嘛②在談到喜馬拉雅山區的佛教聖山時寫道：

> 這些山的力量之大，人無分遐邇均受引誘，彷佛受到隱形磁鐵的吸引。他們會受到無從解釋的強烈渴望驅使，經歷不足為外人道的艱辛困苦去接近……這神聖力量的中心。這種崇拜的……態度並不是被海拔高度等科學事實所震撼（在現代人心目中，科學事實凌駕一切），也不是受到想要「征服」群山的動力所驅使。

貢嘎山還吸引了另一種崇拜者。一九二〇年代（那時美國羅斯福總統的兩個兒子到四川去，想藉由獵貓熊來證明自己的男子氣概，在那裡初次見到貢嘎山）的登山家「彷彿受到隱形磁鐵的吸引」，去到貢嘎山，試圖要登上尖峭且滿是冰溝的峰頂。許多人因此喪命，因爲貢嘎山委實艱不可攀。直到一九九九年，死於攀登的人數都還超過成功登頂的人數。

朝拜貢嘎山的這兩種方式互爲強烈的對比。轉山的行爲中有一種謙卑，矯正了登山者那渴望攻上最高點的自得自滿。轉山那種一圈又一圈的繞行可謂永無止境，與山巔所象徵的終結恰正相對。轉山朝聖者滿足於往上、向內觀察神祕，登山者則熱望著往下、向外探求知識。

◆ ◆ ◆ ◆ ◆

初冬時節，我的朋友強（Jon Miceler）打電話給我，問我要不要加入他去貢嘎山的短期遠征，走的是以前將四川茶鄉與尼泊爾和圖博連結在一起的路徑，然後再去走朝聖之路（其中有些已有七百年的歷史），這兩條路徑的交會處就是貢嘎山。那時我對朝聖之旅的興趣正日益增強，對高山的渴望更是強烈得無以復加。我想不出還有什麼更想做的事，於是我到中國西南方四川省的省會成都，在強的公寓和他碰面。之前他嘗試以三週時間開車穿越滇緬公路，才剛從那旅程返回。

「失敗了，一路都是爛泥。通行許可也成問題。而且螞蟥也未免太多了。」他很懊惱地說。

強是圖博學家，飽學之士，也是探險家。他既是朝聖者，也是登山家。他在美國出生，由信佛教的母親和當醫生的父親撫養長大。他探索喜馬拉雅東部地區的文化和地景已有將近二十年的時間。他是嚮導、歷史學家，近來則是世界自然基金會的區域主管，醉心於那把世界（緬甸、中國、圖博和印度邊界）摺合起來、非同凡響的高地褶皺，尤其沉迷於它的博物學和精神世界。他能說流暢的中文，可以用圖博語自在交談，而他對佛學的興趣，尤其是對喜馬拉雅地區的佛學，可謂終身不渝。

我不可能在那個地區找到比強更好的夥伴。他不僅博學多聞，而且身材壯碩，一百八十九公分高，精瘦強健，臉上有雀斑，顯然經過日曬的洗禮，戴著一副無框眼鏡，一頭深色鬈髮。他在平地上健步如飛，能一口氣走上許多公里，而在陡坡上，他踩著人字紋鞋底可以平穩地一口氣走許多公尺。他曾經四度到岡仁波齊山轉山，也從事過許多次生態學家所謂的「徒步橫貫」，也就是收集資料的健行，有時候他一去就是好幾個月。要熟悉一個地區，徒步橫貫的效果是其他方式所無法比擬的：步行者記錄所見的一切並確定位置，物種、動物排遺、刮擦過的痕跡、天候變化、侵蝕態樣等，而橫貫線上意外的巧遇也是這種方法的優點之一。強在二十多年間一次又一次行走於喜馬拉雅山脈的小徑上，這使他擁有超乎尋常的第一手知識，用希臘文說，叫做 metis〔智慧〕，用中文說叫做「內行」，而這兩個詞都帶有「透過經驗而獲得知識」的含義。但他對此十分淡泊，而且還慷慨地與人分享。

強心目中的英雄人物是植物獵人金登沃德、詩人史耐德以及傳奇性的田野生物學家夏勒，這些人都跟強成了朋友。一九七〇年代帶著作家馬修森到尼泊爾西北方的喜馬拉雅山區去尋找岩羊，也就是喜馬拉雅藍羊的人，正是夏勒。那趟旅程後來被馬修森寫成經典之作《雪豹》（1978）。夏勒因為他的步行能力和他對田野數據資料一心一意的追求而臭名遠播。馬修森有個朋友聽說他要跟夏勒一起進入高山地區，對他說：「我得警告你，我最後一個跟夏勒一起在亞洲徒步旅行的朋友回來時——說撤退還比較恰當——滿靴子都是血……」不過馬修森通過了夏勒的考驗，強也是。他在二〇〇一年跟夏勒一起上到圖博高原北部稱為「羌塘」的地方，在那裡發現了瀕臨絕種的圖博羚羊。③但我對於自己是否能夠通過強的考驗卻頗感焦慮。

◆　◆　◆　◆　◆

強為我們訂定的探險計畫簡單明瞭，但容易出問題。我們輕裝出發，只能指望天候良好。強說：「在喜馬拉雅山區的隆冬，氣候窗口有時候也可能打開④，我們運氣夠好的話，天氣會乾燥明亮，冷得刺骨。運氣不好的話，會天氣陰沉，暴風雪大作，冷得刺骨。」

我們見路就走，不過目標是曲折繞上貢嘎山西麓以及面朝西麓的那座寺廟。登山並不是問題，但我開始猜想，這會不會成爲之後遠征攻頂的行前探勘。強很快就澆熄我的念頭，他說：「你永遠上不了貢嘎山，而且你也不會想嘗試。等我們親眼見到那座山，我會跟你講個故事，那絕對會讓你相信我的話。」

我們有兩頂帳篷、兩匹矮種馬和四個人。強、我、一個圖博馬夫，還有一個年輕的加拿大登山客，艾瑞克。艾瑞克瘦到見骨，而且比強還高。我身高不滿一八七，是三人組中最矮的成員，活像蘇格蘭松誤入紅木巨杉林。艾瑞克顯然體能絕佳，與他身上那種慵懶的氣息和溫和的脾氣呈強烈的對比。他年僅二十四歲，在岩攀、冰攀方面已經頗有名氣。他在加拿大大平原長大，初試啼聲之作是在安大略湖附近的冰瀑開發新路線，他有些朋友則是選擇攀爬巴芬灣內漂浮的冰山。他的夢想是登上絕難攻頂的山，比方說，貢嘎山。

強在他的黃金年代是強悍的登山家，在優勝美地大岩壁的多繩距路線上做先鋒攀登，也是攀登喜馬拉雅多座山峰的先鋒。他也有朋友魂斷深山。他在公寓一角往防水袋塞裝備時說：「其中有一個幾個月前在山裡失蹤了，死在一場雪崩，離我們要去的地方並不遠。我聽說了這件事，但等一開始的驚嚇和難過結束後，我了解這就是查理想要的死法。我不認為他會樂意變老。」

許多登山家和探險者都有彼得潘情結，希望永遠不要長大，而當死亡發生在高海拔或高緯度地區，也就意味著這種渴望能夠暗暗實現。嚴寒會延緩身體腐壞的速度，賦予遺體一種低溫的不死之身——馬洛里（George Mallory）的遺體在他死後七十五年於珠穆朗瑪峰⑤的上方台階被發現，背部的皮膚和肌肉依然如大理石雕像般挺直。史考特船長（Captain Scott）在南極大陸高原上的一頂小帳篷中潦草地給巴利（J. M. Barrie）寫下最後一封信時，離食物和安全溫暖的營地只不過數公里之遙；富蘭克林號的船員遺體在死後一百三十八年才從畢奇島的冰雪中挖出來，他們玻璃般的眼珠、笑容和吃驚的表情，彷彿才剛從沉睡中甦醒。巴利本人於一九二二年就「勇氣」一題演講時，明確地將彼得潘、史考特和冰雪那令人毛骨悚然的保存能力連結在一起。他對聽眾說：「當我回憶史考特，我想起阿爾卑斯山一則奇怪的故事，說有一名青年落下冰河失蹤，他有個從事科學研究的同伴計算出他的遺體會……在許多年後再度出現。有些倖存者後來回到冰河地點，想知道預言是否成真。如今他們都是老人了，而那再度出現的遺體卻還像他離開他們的那天那般年輕。史考特和他的同伴就是這樣出現在遼闊的冰原上，依舊那麼年輕。」

＊　＊　＊　＊　＊

我們從成都開車向西，從烏雲低垂的陰沉天空下穿過平坦的四川盆地。

「四川平原幾乎都不出太陽。」強說。艾瑞克去年在四川住過一年，深有同感地點頭。

強繼續說：「一八七〇年代有個探險傳教士寫下遊記，形容說，太陽偶爾出現的時候，四川的狗都會吠叫，因爲牠們不知道那是什麼東西。」

我們的司機卡林穿著胸前繡有老鷹盾狀徽章的黑色皮夾克，與高采烈地唱著圖博流行歌謠。風景向我們身後掠去。梯田有精巧的灌溉系統。竹林裡偶有單株的竹子如天線般突出。茶樹叢排列整齊，像文藝復興時期修剪成盒狀的樹籬。卡林開車格外危險，偏好和迎面而來的卡車鬥狠，從內側超過速度較慢的車子，在路緣上彈跳著前進。強問他爲什麼這樣開車時，他提出他那套博弈駕駛邏輯，說他至今還活著就是駕駛技術高超的證明。他一邊長篇大論地向我們解釋，一邊轉頭看著我們，用雙手比著手勢強調他更精妙的論點，後來一輛卡車衝著我們鳴著喇叭呼嘯而過，我的心頭亂跳，回頭望向備胎後方，卻沒看到後窗外有什麼問題。

我們一路向山間飛馳許多公里路，擋風玻璃上撞死的肥大蒼蠅像人吐的痰。路邊的白楊樹從敞開的窗口**刷刷刷**地掠過。灰色的道路。灰色的天空。地面隨著長江的支流大渡河高低起伏。淤泥滾滾的河水在砂岩上切出一道峽谷。兩側峽谷遮擋日光，我們行駛在濕漉漉的陰影裡，向上看去，只見頂上有一束束托臂樑般的陽光。

強說：「一九三二年第一支美國探險隊到這裡攀登貢嘎山的時候，是乘竹筏**逆流而上**大渡河。那時候軍閥當道，有人從河的兩側朝他們開火。沒人傷亡，不過都還沒摸到山的邊就碰上砲火……」他望向窗外，愉快地眨了一下眼睛，想像著那充滿冒險機會的年代。

許多景物閃過窗外。一隻豬的雙踝被縛，倒掛在樹枝上，一個男人拿著刀子從豬的腹部往下切，好幾公尺長藍色的豬腸從他的手臂溜了下去。一個女人胸前掛著一個嬰兒，從一束稀罕的陽光中走過。五個小時的車程後，我們進入一條隧道，數公里後我們出了隧道，豔陽高照，天清氣爽，貢嘎山就在眼前，戴雪聳立在地平線上，遠比我想像中要高許多。卡林把車停在路邊，我們下了車。霧淞和鋪展於山巔的白雲看來好像絲質哈達。

隧道帶著我們穿越了氣候分野，進入一個全新的世界，像從墨黑中走入柯達彩色照片。我想著佛斯特（E. M. Forster）曾經談到鐵道終點，說它們「帶領我們進入輝煌和未知的大門，通過它們，我們來到冒險與陽光之境」。那條隧道給人的感覺正是如此：一條通往明亮國度的通道，在隧道的開端全然無法想像。此地落下的是強烈的銀色陽光，恰正如馬修森所言，是「喜馬拉雅山劍刃般的鋒利之光」。

我們凝視著貢嘎山時強說道：「有個梵文詞彙叫做 *darshan*〔達顯、功德〕，意思是與凡間的聖人面見，是神聖的物理性體現。」我本來不知道，但很高興學到這個字。*Darshan* 聽起來很像是我見到驚人山峰時經常脫口而出的「哇！」

我們一路行車，沿著之字形山路往上再往上，穿過一片片陡坡上松樹林密布的谷地。寒凍的空氣裡，太陽好像在燃燒。一輪明亮的冰晶。松針尖上閃耀著劍刃般的鋒利之光。

傍晚六點，我們來到康定。許多世紀以來，這裡是前往拉薩的茶葉貿易樞紐。雲南、四川的茶葉都從四面八方運來，之後由馬幫一路護送，經過巴塘、昌都，最後抵達拉薩。

強遇到一個台灣登山客，對方告訴我們冬季的這個時節還可以通行的關口。他叫我們直走到一個叫做玉龍西的偏僻村落，找一個叫做巴錯的男人。巴錯有好馬，人也可靠。之後我們跟一個叫做克里斯的年輕人一起吃麵。他在康定住了好幾年，經營一家基督教住宿所。他在斯里蘭卡出生，在印度境內的喜馬拉雅地區接受教育，有一雙海豹般水汪汪的眼睛。他會說僧伽羅語、印度語、中國普通話和圖博語，也會說英語。

「我不是傳教士，但我在此所爲的一切，都是基於信仰。」克里斯輕聲說道。

「他分明是傳教士。」我們離開麵店時強說道。

次日早晨我們再度上路，走上從康定到折多的通道，海拔將近五千公尺，道路狹如針尖。有一座佛塔，經幡在風中翩然舞動。白瓷般的雪。我們西方遠處有一座寬大的河谷，乾枯貧瘠得像是月球表面，谷底的河流裡是白色的冰，藍色的水。在貧瘠光禿的褐色土地上，又是許多個小時過去了。雪在農田上一條條臥著，融化的雪水從犁過的田畦往下流到畦溝，卻依舊維持著白色。尾巴上黏著糞便的氂牛成群結隊。遠處傳來隨著河中湍流翻滾的礫石那種空洞的聲響。圖博屋舍是堅固的石造建築，有著精繪的屋簷。河面露出許多浮冰。橋樑和門戶通道處處纏繞著經幡，明亮的色彩與地景一成不變的色調恰成對比。

車行七小時，車道縮減成土路再縮減成小徑然後變成什麼也沒有。在那彷佛永無止境的谷地裡，我們一度駐足於一處聖地，一個菱形的矮丘，只有一小塊田地大小，是由成千上萬的嘛呢石堆疊而成，也就是銘刻著六字大明咒的石片。嘛呢石堆上豎立著幾根高大的木竿，掛在頂端的經幡迎風招展，上面密密麻麻印著經文。而在嘛呢石的另一端，則是一座高一公尺多的白色疊石。

強說：「四川北部的羌族人認爲白色的石頭具有一種特別的力量。他們採集白色的石英石和大理石塊，做成這樣的疊石堆。有些疊石堆非常巨大。我曾經見過直徑約有數十公尺長的。疊石是地景上最神聖的地點。」我取走了兩塊白色的石片，兩片都是三角形的白色石英，滾著粉紅色的邊。

之後的兩小時我們在谷地裡四處尋找巴錯。每個人都跟我們說「再過去就到了」，要不是往前頷首示意，就是向北方擺一下手。我們終於在暮色初現時找到他。但他的名字是加錯，不是巴錯。他的住處有好幾棟屋子，位在一道豔紅色的岩壁下方，海拔超過四千公尺。他慢慢走下一道緊實的泥土路來見我們，對我們的出現毫不意外。他比我年輕，有一種強尼戴普式的俊美，相貌好看得沒天理。他家的田地有一道尖刺柵欄圍著，房子面對著貢嘎山，不過東邊的高山擋住了直望山峰的視野。

加錯的五棟建築都有寬闊的牆壁，砌著厚實的磚，矮矮地離地面很近，以避過此地年復一年的嚴冬。經幡拍打著屋脊。每一扇窗子的木製百葉都有藍色、金色和紅色的精細雕飾。橙色岩石如岩層般砌進牆壁裡，成了一道道裝飾紋。長日將盡，晚色在屋瓦邊緣閃耀金光，在隨風搖曳的長草上銀光閃閃。不知名的飛鳥橫過山谷向南而去。一對雲朵垂在西方雪地之上。

那天晚上我們在加錯的庭院裡搭起帳篷，剛好避開他那頭綁著的狗的牙爪。夜空萬里無雲，繁星點點，數量之多，我從未得見。孩子們的笑聲從屋內傳來。我抬頭凝視夜空，那種美令我瞠目結舌，讓我忘記脖子的痠痛。戴雪的山峰捕捉些許月色，又將之還給夜空。加錯的狗不斷吠叫，整夜不曾停歇。

• • • • •

叮噹的馬鈴、嘎吱的腳步、我粗重的喘息，這就是在四千五百公尺高處行走的光景。一步一步，持之以恆，竭盡全力，循著一條光禿的小徑前行。世界縮小到只剩眼前的下一步，只在抬眼向上一瞥時才豁然開朗。天上金色的太陽傾洩沒有熱度的光亮。冰雪堅硬。反照率極高。

我們一早就離開加錯的家，那時只有兩隻烏鴉在柵欄上方的藍空翱翔。我們走過一道不太穩當的木橋，過了河。水在河的邊緣結凍，在河的中心流蕩著深邃的綠色。杳無人跡的高聳谷地、叢生的刺柏、天上盤旋的鵟、無法攀登的山峰——多半呈三角形，全都是花崗岩體——如此羅列在向北的天際。我們走過的雪地上有動物細緻的蹄印，也有狐狸的蹤跡，還有不知名動物的排遺。鳥的足跡印在雪裡，彷彿細小的箭頭或路標：**走這裡！走這裡！**

四小時的努力後，我們來到埡口。貢嘎山就在我們面前，約在三公里的遠處，三公里的高處，這距離遠比我預想的要近。*Darshan*！我在雪地坐下，上方的經幡在風吹日曬雨淋下已然破爛。我拚命吸氣，被眼前的貢嘎山驚呆了，只想了解這座山的結構。

頂峰分成三道主山脊，每一道各有附屬的成串小山脊，這些有著城垛連峰的小山脊又繼續分支。這種樹突狀的構造創造出無比繁複的結構。主山脊的兩側都密布鋸齒，溝槽從我們這麼遠的地方都清晰可辨。碩大的西南面有一道向外懸的白色冰河。在這迷宮中心的就是那座主峰，銳利如鯊魚之齒，齧咬蒼穹。

從西邊我們所在的埡口看去，貢嘎山很像小孩所畫的山，是一座白冰和黑岩的金字塔。就這個角度而言，它與世上其他金字塔型的山並無二致：喜馬拉雅山脈在尼泊爾境內的阿瑪達不拉姆峰⑥、加拿大洛磯山脈的阿希尼博因峰⑦（我弟弟登過這座山，回來時雙腳的足弓都斷了）、阿爾卑斯山脈的馬特洪峰（我外祖父曾經只穿著粗花呢夾克和平頭釘靴就上去了），還有吉爾吉斯境內天山山脈的騰格里汗峰⑧，一座海拔七千公尺高的紅色大理石山峰，在向晚的某些時刻會閃現紫色的光彩。金字塔型的山滿足了山的柏拉圖式想像，與夢中所見的山差相彷彿。它們的外形純粹，使人與山的邂逅愈加難忘。走近這樣的山，給人正在踏入寓言或史詩的感覺。羅斯金在一八五六年寫道：「馬特洪這座奇怪的山對想像力有極大的影響，就連最嚴肅的哲學家也無法抵擋。」一直以來，這類山吸引的信徒最多，取走的人命也最多。

坐在埡口看過去，要登上貢嘎山頂似乎非常容易。我猜艾瑞克當時大概也是這麼想的，好像一步就能跨越分隔我們與山的空間，好像能在崩雪的山坡上跳舞，能夠沿著山脊搖搖欲墜地行走，能在它那奶油泡芙似的冰河上方飄浮，可以觸摸它那充滿魔力的山巔……我搖頭想要擺脫這些荒誕不經的念頭。這埡口強風肆虐，絕非久留之地。我們下方遠處是將我們與貢嘎山山體分隔開來的溪流峽谷。我們還要走許多公里路才能到那谷地過夜。

山路開始向下，陡峭的下坡路，穿過覆滿頁岩的坡面，陽光流淌過小徑上的石片，馬的前蹄一直打滑，只好用後蹄止滑，馬身兩側掛著的鹿皮包裹一直因重量猛然前傾，馬鈴發出急促的警聲。我們走在後面，循著一條由埡口往下猛切的溪溝而行，兩側是幼小的松樹和喜馬拉雅橡樹，再穿過杜鵑花叢，在粉狀的雪地踉踉蹌蹌，有時雪深及膝。部分溪流已經結凍，凝結在半空，呈種種精巧的渴求之姿：水晶燈、飛濺的墨點、仕女帽上的裝飾羽。谷地西邊遙遠的橡樹頂冠在日光下耀如黃銅。一隻明亮的小鳥飛到形狀扭曲的松樹上。我們在牧羊小屋外的空地上休息了一陣子。我背靠著溫暖的牆壁，面向太陽和貢嘎山，漸漸瞇起雙眼。

數小時後，我們走出森林，來到河的主流。不遠處的下游是一道凍結的瀑布，上百公尺高，約三十公尺寬，就這樣懸掛在峽谷垂直的山壁上。架立起來的一支支冰矛冰劍在深夜熠熠生光，好像一座兵器庫。月亮現身夜空。我們在岸邊找到洪水沖平的一小塊地，岩沙和青草相互糾纏，大小夠搭兩頂帳篷。我們搭帳篷的時候，加錯用繩子縛住馬腿，然後收集木材，生起火堆。橡樹落葉在河心緩緩打轉，順流而去。

初步的雜務都做完以後，我穿過樹林向上游走去，直到看不見營地，便脫去衣服，把河流邊緣的冰敲破，很快地洗了個澡，清除身上一日的汗水。我開開心心但臉青嘴紫地回到營地時，強說：「你們不列顛人都是這樣，一定要在山裡沐浴。非得等到洗完澡，提爾曼⑨才會認爲一天的工作結束了。」強用平坦的石片做了簡陋的火坑，燒起柴火。火坑中心是三塊岩石做成的三腳爐架，上面一只金屬壺正在煮水。我們坐在石頭上，將腳挪近火堆取暖。

半小時後，高山反應來襲，我像被斧背重重敲了一記。有過高山反應的人都知道，這會令人變得十分虛弱。噁心、骨頭疼痛、頭痛欲裂，整個頭被塞入中世紀那種生鐵製成的刑具「劇痛頭盔」。嚴重的高山反應會致命，就算是輕微的發作也能令人啞得像魚，病得像狗。每次我從高海拔地區抱病回來，都發誓再也不去那樣的地方。有一次在法國境內阿爾卑斯山上的小屋裡，我還把這誓言寫下來，甚至連名都簽了，要用來約束未來的自己，但之後我就失去方向感，把那張紙給弄丟了。我曾在尼泊爾境內海拔六千四百公尺的喜馬拉雅山區走過一條雪道，路的兩側都是之前健行者的血跡和嘔吐物，可見他們的身體被這嚴酷的高度折磨到什麼程度。治療高山反應的老偏方中，有一種是將布片或海綿泡在尿液裡，覆在鼻子和嘴巴上。我從來沒試過這個方法。

兩小時後我又再度能說話了。一片苦寒黑暗中我們圍火而坐，壺裡煮的水飛濺到火焰上，火焰嘶聲回應。馬鈴在夜裡聽來格外冰冷。我們各自走回帳篷時，強問道：「凱魯亞克⑩是怎麼說的？——就讓我們枕流漱石吧！」

那天晚上是我野宿經歷中最寒冷的一夜。最低溫低到攝氏零下二十度。那是乾冷，卻冷徹骨髓。那天晚上其實我們都沒怎麼睡，只有加錯例外。我跟他睡同一頂帳篷，他鼾聲大作，聲音從一大堆毯子下傳出來，長達十個小時，眞是鼓舞人心。某個時刻我爬出帳篷，想要活動四肢來暖身。谷地的黑色山壁像畫框一樣框住天空。一顆流星滑過，之後是一顆人造衛星，閃爍著橫過一片漆黑。金灰色的星火點點，搖曳火堆之上。凝乳般的黃色月亮。古老的土地，高聳的峭壁，沉默，月亮，火，一種深沉的平靜和彼此相連的感覺。

我在黎明微光中再度走出來的時候，谷地裡的一切都滾上了霜花邊。我把睡袋拉出來，發現它已經凍成冰繭。我把睡袋靠著一棵樹放著，然後去找我的長褲，發現它們也結冰了。我把它們放在睡袋旁邊。天氣之冷，連加錯都用圍巾遮著口鼻，褲腳也塞進襪子裡。

但是有這樣的早晨，這樣的天候，在這樣的野地醒來，即使要付出失眠和喪失核心體溫的代價，這代價也顯得微不足道。強把火堆重新燃起，我們圍著火焰而坐，烤著赤裸的足，讓冰塊變回血肉。我們燃料罐裡的柴油已經凝結成果凍，艾瑞克把瓶子放到火上加溫，好讓油能回復到可用狀態。太陽先是把光傾倒至我們西邊的高峰上，然後自己在東方的山峰上閃閃登場，溫度和光亮如洪水般奔流而下。

我問起強早期佛教聖僧的生活，也就是那些大半生在這樣的環境下禁食的人。他們怎麼受得了這種生活？

強回答：「但他們就是爲了過這種生活而來的。深谷幽林、奔湧的溪流、沉寂的天空。這就是那些貢千，也就是偉大的冥想家，爲了達到那種心無旁鶩所需要的環境。像十一世紀的隱士密勒日巴，他把自己的精神遊歷寫成詩，爲高聳的喜馬拉雅山脈寫下浩大繁複的歌徑之網，一直傳唱到現在。」

「密勒日巴教授一種密宗瑜伽，叫做『拙火』。修習者修到最高程度時，可以自行在體內產生極度的熱。事實上，密勒日巴的密宗瑜伽之所以聞名於世，是因爲他們只穿一件單層的白色棉衣。大概就是拙火產生的熱量讓他們可以坐在像這樣極度嚴苛的環境下冥想。」

「我記得，有一次，我在印度西北部跟一群拉達克隱士在一起，他們住在岩窟，屬於佛教的某一種流派。這些人在公開表演後變得很有名。他們是向幾個挑選出來的外國人表演，但我沒入選。他們在大約四千公尺高的地方，把長袍泡在水裡，然後坐在戶外冬天的寒風裡，用身體的熱能把長袍蒸乾。這樣懂了吧！他們的拙火就是體內火爐，熱到可以把水變成蒸氣。」強繼續說。

「要是昨天晚上我也能拙火就好了。」我說。

那天早上的攀登路線是一條難辨的小道，穿行於晶亮的橡樹和松樹之間，也是我最美好的森林經驗。日光被層層樹葉細細篩過，於是斑駁葉影遍灑小徑。山谷的下半部隱沒在霧靄裡，又一座無名雪峰自那當中升起。我們好像行走在中國畫軸裡。森林的低層密密生著杜鵑，葉子被陽光照到的時候，全都閃耀著古銅色的光彩。我們向上走，穿過樹林，越過凍結的溪流，通過傾斜的橡樹群形成的隧道，走上一條葉與土的小徑。有疊石標示路徑，有些還有壁龕，裡面滿是花朵、樹葉和羽毛。

「現在我們上到真正的朝聖路了。」強說。

又向上走了幾個小時以後，小徑突然向北轉，靠山的那一側開始出現朝聖的痕跡，很引人注意：用石頭壓著寫有潦草經文的紙張、禮敬時脫下的衣物，還有成串的經幡。就像小溪匯入大河一樣，我們所走的小徑被吸入主要的朝聖路線，而這條新路也像河流一樣，在遇到障礙物時會自行分岔，繞過巨石、林木、浮屠、嘛呢堆等。走在這樣的路上，朝聖者等於做了許多次小規模的轉山，將那些環山小徑的路面踩踏緊實。通往貢嘎山的路其實很繁忙，令我頗感驚訝，因爲一九五〇年代中國殖民圖博及其後對傳統圖博佛教的暴力鎭壓，使得朝聖之旅變得相當困難，對一般的圖博人來說尤其如此。從事轉山的人數一度劇減。

許多世紀以來，多少朝聖者受到宏偉神聖的貢嘎山及此類神山的吸引，走上朝聖之路。能夠走在這些小徑上，我頗爲激動。我腦海中閃現一句西班牙文的迴文詩⑪，其韻律正與我的腳步合拍：La ruta nos aportó otro paso natural，亦即「小徑會自然地引領你的下一步」。這種交叉迴旋的形式巧妙指出徒步朝聖所帶來的轉化效果，將行旅者帶回初衷，令心智返回本身，朝聖在表面上似乎沒有改變，但內在卻獲得深刻的重新指引。這令人想起托馬斯那走一道「大致的圓」的一日漫步法，他堅信自己「藉由一系列的左拐右彎……能夠領略到出其不意的美感，並且……最終回到我的起點。」

隨著一陣清脆的鈴聲，一匹栗色馬轉過彎道而來，上面坐著一個人，穿著河水綠、紅色、藍色的錦緞和絲綢，色彩斑斕，細細繡上、印上龍和交錯的花紋。絲綢在陽光下閃亮如甲冑。他左手持韁，抬起右手向我們問好，然後繼續前行，在小徑的一處彎道後消失了身影，返回或者前進到他所屬的時代。而這樣的人出現在這片奇幻的森林裡，無比協調。

最後我們走出樹木形成的拱門，赫然見到貢嘎寺聳立前方。寺廟坐落在壁立千仞的峽谷邊緣，上方就是整個上午都被山坡和森林遮住、我們一直看不見的貢嘎山。

這是全然神聖的山區，這裡每一個人類留下的痕跡，都是虔敬的表示或是顯聖的標記。我從來沒有到過這樣的地方。所有的一切都朝向那座高峰。面向西方的山坡上立著一些白色的木製長矛，高約三到四公尺半，每根上面都掛滿了白色經幡，在風中劈啪作響，向四面八方傳播「嗡嘛呢唄咪吽」六字眞言。一些寬大的石頭上畫有十字形或腳印的符號，表示這裡曾經是喇嘛白生之處，他們經過漫長刻苦的深思冥想，創造了自己的化身。這裡還有許多浮屠和嘛呢堆，當然還有所有門戶都仰望著貢嘎山的寺廟本身。

強說：「Nayri 是圖博語，指的是像貢嘎山這樣神聖的地方。Ri 的意思是山，在圖博到處都看得到這個字。Nay 大體上是指『神聖的顯現』。Nay 能出現在一堆石頭上，或者一棵樹上，但最常見的是在山上。」

我們放下背包，拴好馬，在貢嘎寺旁一處沐浴在陽光裡的草坡上默默坐下。濁灰色的冰磧石坡將目光引向上方貢嘎山的南部山脊，以曼妙的姿態仰視頂峰。渡鴉向北飛去，穿過我們下方的深谷。小徑的土地是陶土色。一隻背上有陽光盤旋灑落的藍背甲蟲跌跌撞撞地緩緩朝貢嘎寺爬去。香爐架上燃著一爐爐的香，橙黃色的火光一圈圈緩緩自香爐向下流瀉，藍色煙霧與靜止的空氣交會。一名僧侶在寺前來回走著，用指尖轉著一排青銅製成的沉重經輪，發出隆隆聲響。我感覺到自己胃裡有一種熟悉的刺痛感，混合著恐懼和某種類似欲望的東西，是崇山峻嶺經常在我身上引發的感受。

薛佛在《靈動之山》敘述在她一生當中與山的關係的轉變。年輕的時候，她渴求「高度的強烈風味」，於是很自我中心地跨入紅山山脈，單純只依據它們「對我的影響」而評斷山。然而年歲漸長之後，她開始學會漫無目的地走入山丘，「去跟山在一起，就像是去拜訪朋友，沒什麼目的，單純就只是要跟朋友在一起。」她也會「繞著」山「轉，看看有沒有什麼好地方」。對薛佛來說，繞行取代了攻頂的狂熱，山峰爲高地所取代。她在該書的最後一章寫道：「我想現在我或多或少能夠明白，爲什麼佛教徒會去朝拜山。」她已然展開了屬於自己的轉山，紅山山脈是她的聖山，就物質層面而言，紅山山脈不僅始終令人讚嘆，某程度上也可以解讀。坐在陽光下仰望貢嘎山的我，感覺自己也經歷了類似的變化。年少時血氣方剛，只想著登上峰頂，渴望觸及尚未被測繪過、發現過的領域，而今我喜歡循著前人的足跡，行走於被踏實的小道。

一名男子和一名婦女步履沉重地向我們走來。兩人中間是一匹馬，馬上坐著一個小男孩，包裹在皮衣和棉毯裡。兩人停下來和我們交談了幾句，而那匹馬就在邊坡上啃著冬天稀疏的草。那男子鬆鬆拉著金絲編成的轡繩，他的妻子淺笑盈盈，雙手環抱在胸前。兩人的靴子磨損得很厲害，滿是塵土。這是來自數百公里外的農人。那男子向強說明道，一家人剛剛完成貢嘎山的全程轉山。他的話裡沒有絲毫驕傲或炫耀的意思，只是平淡地陳述一樁事實，歡喜之中倒也流露一絲疲倦。

「我來講之前說過要跟你講的那個故事。」朝聖者離開後，強向貢嘎山擺了一下手，「聽過這個故事以後，你絕不會想要攀登這座山。你要知道，走上這座山的任何一條路，都等於一腳踏進棺材。一九八〇年代，中國向西方登山界敞開大門，這是一九四九年之後首度開放，當然有很多人爭相要前往心目中的寶山。貢嘎山是這當中最大的挑戰。有人登上過貢嘎山，一九三二至三三年間，一支美國登山隊成功登頂，之後一九五六年又有一支中國登山隊達成目標，但也只有這兩例。一九八〇，我的朋友里克，第一個登上Ｋ２峰⑫的美國人，特地趕來想要拍攝貢嘎山，隊上還有一名叫做金的嚮導，以及伊凡，戶外品牌「巴塔哥尼亞」的創辦人，還有年輕的山岳攝影師強納森。他們在狂暴的天候中來到貢嘎寺，在冰磧石上方紮了一頂低矮的帳蓬。他們展開艱苦的冰岩混合攀登，完成之後也只上到貢嘎山的西北山脊。你從這裡就可以看出從那裡攀登有多麼困難。」強指著那道山脊——隆起的雪坡，教人束手無策的直立山壁。

「他們才剛抵達下方山脊那道較低的山壁，就遇上雪崩，損失慘重。金有多處骨折，里克斷了好幾根肋骨，伊凡死裡逃生，幾乎沒受什麼傷，但強納森受了重傷，頸椎斷裂。里克設法爬到他身邊，強納森就這樣死在他的臂彎裡，在那高高的山壁上。」

「他們設法將強納森的遺體運下來，安葬在一道很深的冰隙裡，從那裡可以看見貢嘎主峰。他們做了一堆疊石作為標記，之後放棄了探險計畫。金的背部雖然有多重骨折，但還是忍著下了山，一段時間之後也終於完全康復了。」

「一九九九年，里克跟我聯絡，於是我幫他安排了一趟重返貢嘎山的旅行。但這次的目標不是攻頂，而是完全不同的朝聖之旅。跟里克一起來的是強納森的女兒艾希亞。強納森過世時，她還是嬰兒。她想了解父親為什麼甘冒生命危險來登山，最後也真的把性命奉獻給山。里克希望能夠幫助她解開心頭疑惑，於是帶著她徒步來到這裡。」

「光是入山的路上就像走在地獄。天候極差，一路電閃雷鳴，不過一行人最後還是抵達貢嘎寺，然後里克和艾西亞繼續走，攀上那道冰河。里克憑著記憶，將艾西亞帶到當年埋葬她父親的地點。」

「令兩人既驚恐又著迷的是，里克找到了當年的疊石堆，而且發現那下面露出一小片 Gore-tex 衣料。他隨即醒悟：冰河漂移了，疊石堆隨之移動。冰河以一種極其溫柔的方式，將強納森的遺體送上地表。」

強頓了一下，「里克叫艾西亞先站遠一點，確認了她眞的想看父親的遺體，才放她往前走去，看見自己的父親躺在那裡。不是從墳墓裡出來，而是被墳墓帶出來。她看見自己的父親，栩栩如生，在冰天雪地裡保存得跟二十年前過世時幾無二致。她甚至還能伸手觸摸他的臉。她剪下父親的一綹頭髮作爲紀念。之後兩人重新安葬強納森，在他過世後整整二十年。」

◆ ◆ ◆ ◆ ◆

那天下午，艾瑞克和我沿著貢嘎山西側的冰磧石一路向上，那是往強納森墓地的方向。這一帶沒有道路，只是巨礫和雪融後的小溪所形成的迷宮。地下的冰河持續移動，這裡的地形也不斷在改變。我們在桌面大小的白色岩石上跳躍前進，遇到水流較寬之處，就涉水而過，或者拿倒地的樹幹來架橋。灰色淤泥上有腳印，看起來像是大型貓科動物。我看到五隻麝香鹿在貢嘎山冰磧石上站著，用脣在石頭之間找路，然後沿著優美的對角線走下陡峭的碎石坡。

我們沿著最大的河流往上走，經過覆蓋著象牙白冰雪的巨石灘，冰塊滴著水，好像教堂裡蠟燭的淚滴。一群雀鳥突然從溪邊振翅而起，發出刺耳的叫聲。

在我們所到達的最高點，能夠比較清楚地看到貢嘎山西北山脊的險峻之美：脆弱的冰槽、寬達數百公尺的凸起冰面，也是強納森葬身之所。我一點登上那座山峰的念頭都沒有，光是能夠在這樣的天候下、在這樣的光線裡望著它，就令人喜不自勝了。我做了一對疊石，石塊由下往上愈來愈小，每一塊都平衡地放在下一塊上面，以紀念我們曾在此親眼看到貢嘎山。

幾天後我們取道另一條小徑離開貢嘎山區。一路艱苦地向上跋涉，驚起一大群雪鴿振翅飛上半空。牠們在空中轉彎時，雪白的腹部反射著燦爛的陽光。三小時的上坡路後，我們終於抵達那座關隘，遍地石塊雜亂交錯，戴雪山峰一路迤邐向南。這裡的雪已經漂移過，融化了，又再度凍結，因此十分堅硬，帶著白色乙烯塑料的光澤。一群列陣呈箭頭隊形的紅嘴山鴉嘰喳地從我們頭頂飛過，鳥喙鮮亮，身材精實。我看著牠們，視線隨之再度落向那片山谷。加錯輕聲唸著六字大明咒，嗡嘛呢唄咪吽，嗡嘛呢唄咪哞。伴隨著那咒語聲，我們翻過山隘，展開返回萬里紅塵的下山路。

山坡遠端的雪地裡有一串長長的腳印，是獨行人走過時留下的。腳印不是凹陷在雪裡，卻相反地突了出來：雪上一串矮矮隆起的底座，每個都有七至九公分高。它們不是腳印（footprint），而是「腳座」（footplinth），早先一位不知名的人士所留下的。他獨自一人走進了貢嘎山這片神奇的空間。

◆ ◆ ◆ ◆ ◆

不論是人還是動物的腳，一旦落入雪地，下壓的力量便會使腳下的雪變得緊實，形成一種印痕。這印痕旁邊比較疏鬆的雪會被陽光曬融，也可能被風吹走。雪平面會慢慢消蝕，降到跟印痕一樣的高度，之後會變得比印痕還低，於是那印痕下被壓實的雪終於如浮雕般凸起。這種印痕違反直覺，因為腳步下壓的力量似乎使地面**長出**一種向上的結構，違反了重力理論。這些腳印具有迴文性：原先被下壓的如今向上抬升，壓痕／印象（impression）被反轉而成了凸起／表達（expression）。

冬天裡有過那麼幾次，我循著上山的路下山，遇到自己先前留下的腳印，只見它們已經成了腳座。遇上早前的自己留下的蹤跡，蹤跡卻已經產生了變化，於是心中升起一種奇詭的感受。在那一去一回之間，世界已經產生了微小但重大的改變。與此類似但我更熟悉的感覺，是在山區那高海拔世界經驗到的改變，是在上攀與下降的數小時之間所產生的改變。有時候這凸起的印跡，在我看來，是某個不知名的行人所留下的腳印，而地表不過是富有彈性的薄膜，行人鬼魅般的步履壓印上去，將那抬升的痕跡留在我們的世界這一端。一個顚倒的幽靈在堅實（solid）的土地上大步行走，輕鬆得像我們大步穿過同質（solid）的空氣。

從貢嘎山回來以後，我跟大衛和另外三個朋友一起去蘇格蘭，來到本內維斯西部一個叫做「灰冰斗」（Grey Gorries）的山脈，花了三天時間循著舊日趕牲道入山，走在山峰和山脊上。當時的天候狀況相當驚人：才下了一場厚厚的新雪，冬陽光亮耀目，強風呼嘯，漫天飛雪。我們穿過白茫茫的雪地，純淨的新雪向四面八方伸展，除了能感覺到向下的重力以外，辨認不出任何方向。雪花飛舞四濺，像羽毛一般，迤邐向北長達五十幾公尺，直到名爲冰斗峰（Stob Coire Easain）的陡峭山頂，彷彿便是曾在貢嘎山見過的那向四面延展的冰晶哈達。因爲地形的關係，東面的冰斗有風不停打轉，吹起小型的雪颶風，至少十五公尺高，在山側漫飛鼓盪。其中一個雪颶風的路徑跟我們的道路交錯了一兩次，嗡嗡聲隨著颶風的接近愈來愈大，雪粒發出強烈的嘶聲衝擊鼻孔和眼睛，颶風離開之後那種萬籟俱寂之感，彷彿有鬼魂從我們中間穿行而過。

最後一天走下最後一座山的最後山肩時，我發現一連串腳印，並且跟著那足跡而去。如今我悔不當初，因為那給我們帶來致命的災難。那腳印起於一片空曠雪地的中心，彷彿腳印的主人從天而降。而且那些腳印並非凹進雪地裡，而是凸出在雪上。

我真不該跟著那串腳印走下山肩，走上愈來愈陡峭的地面。但我還是走了，因為對一條路線不太確定的時候，自然會去跟隨前人留下的足跡。於是我跟著那腳印走，其他人跟在我後面。

雪下是一片石南，蒼白粗硬的莿枝無法供我們行走時抓握，而下方還有滑溜發亮的沼澤草地。不久後坡度就變成四十度，然後是五十度，然後六十度。突出的岩石上全都結了冰，我們手腳不停打滑。腳下的一切愈來愈傾斜，但那腳印卻泰然自若，繼續前行橫過山坡，步伐的大小也沒有變化，將我們一路引導向下。

我根本就不應該繼續跟著那串腳印走，但畢竟我還是走了，而腳印連綿不斷，沿著石南叢中一道狹窄的台地前進。那可能是以前鹿走的路線，通往一道約三公尺寬的堅硬冰槽，冰槽驟然停在另一道狹窄的台地上，下方是落差達二十公尺的岩石。腳印沿著冰槽往下走。

我實在不該繼續走下那道冰槽，但我還是走了。腳底一打滑，整個人就摔了下去，若不是硬把鞋跟嵌進地裡，我就摔出岩壁邊緣，落下陡坡了。其他人也一一下來，沿著那塊台地慢慢挪動腳步。我持續前進，將臉轉向內側，面向石壁，但台地愈來愈窄，最後竟比書架寬不了多少。山坡上強風肆虐，吹歪我們的頭，陽光映在雪上像尖針般刺眼，巨礫壓向我們，下方的斷崖拉著吸著要將我們往下拖。我聽到自己砰砰的脈搏。

最後連那道架子般狹窄的地面也消失了，只剩下石南和岩石，陡坡可能只差二十度就變成垂直。此時我們都不再說話，竭盡全力要用手抓牢，用腳踩穩。我們下方是斷崖，後方沒有回頭路，前方是顯然無法跨越的地面，但那腳印竟然還繼續前行，步伐間距不曾變化，召喚引人的程度也不曾變化。我停下腳步，其他人也在我身後停下。我開始反胃，腎上腺素湧起，恐慌壓過搖搖欲墜的冷靜。我看得到下方山谷裡人們繼續正常生活著：一輛汽車開過路面，擋風玻璃上映著陽光，一個人走在湖邊小徑上，一隻海鷗翩然飛過一片樺樹林。

我們緊貼岩壁站在那道台地上，心驚膽跳地拖延了大概三分鐘，既不想前進，也不想後退。我想起登山時真正的恐懼感是什麼樣，而我又是多麼不喜歡那種感覺。最後我想，死亡似乎離我們的前方比較近，離後方比較遠，於是我們一步一步地往回攀爬，撤離險境，用手抓住冰槽的每個洞，跟隨我們自己的腳印攀回原先山脊上那道陡坡，這一切的起始之處。終於回到安全地帶以後，我在雪地上平躺了一陣子。不久後大家都笑起來，互相握手致意，大衛唱了一首「金髮美女」樂團的歌，然後我們沿著另一串腳印向西走去。而我至今仍不明白那些腳座的成因，不懂那些腳座爲什麼可以在無法逾越的地形上飄然下行。

---

*注1：岡仁波齊山，圖博語稱爲Gangs rin po che，Gangs指雪，rin po che即仁波切，指珍寶。岡仁波齊山是佛教、印度教、耆那教及苯教四大宗教的神山。布拉馬普特拉河爲印度名，在圖博境內稱爲雅魯藏布（yar klungs gtsang po），蘇特萊傑河在圖博境內稱爲朗欽藏布（glang-chen gtsang bo），中文則稱象泉河。譯注

*注2：恭文達喇嘛（Lama Gonvinda）原籍英國（生於德國），本名Ernst Lothar Hoffmann（1898-1985），後鑽研佛學，改名Anagarika Gonvinda。譯注

*注3：夏勒和強另有一次前往印度東北部阿魯納恰爾邦探險，訂定了一條調查路線，要穿越一個此前未曾有人去過的地區。在那地區遙遠的西北方，他們遇到阿魯納恰爾邦首度有目擊紀錄的雪豹，當時雪豹正從山徑朝下向他們走去。那天下午，雪豹被棍棒打死，雙腿綁縛在竿子上，由四個人抬下山。夏勒和強隨同這群人下到附近的村莊，在沉默中看著雪豹皮被剝下來。作者注

*注4：氣候窗口是指在一段短暫期間，氣候條件特別適合從事某些特殊活動，像是登頂等。譯注

*注5：作者原文寫的是埃佛勒斯峰（Everest），是西方世界對珠穆朗瑪峰的慣稱。珠穆朗瑪（Jo mo glang

ma）則是圖博語名稱，意爲「大地之母」，故而中文有「聖母峰」的譯名。譯注

*注6：阿瑪達不拉姆（Ama Dablam）的意思是「母親的項鍊」，海拔六八一二公尺。譯注

*注7：阿希尼博因峰（Assiniboine）是以當地的原住民族Assiniboine命名，海拔三六一八公尺。譯注

*注8：騰格里汗峰（Khan Tengri）通常被翻譯成汗騰格里峰，這是錯誤的，khan之「汗」就是成吉思汗之「汗」，是頭銜而不是名字的一部分。騰格里汗的意思是「天可汗」。譯注

*注9：提爾曼（Harold William "Bill" Tilman, 1898-1977），英國登山家、航海探險家。在人類首度登上聖母峰之前，數度探勘聖母峰多條路線。「有二十世紀最後一個眞正的探險家」之稱。譯注

*注10：凱魯亞克（Jack Kerouac, 1922-1969），美國「垮掉的一代」代表性小說家、詩人，著有自傳性作品《在路上》。譯注

*注11：迴文詩是一種詩文遊戲，一句詩從左邊唸到右邊跟從右邊唸到左邊完全一樣。譯注

*注12：K2指的位於巴基斯坦和中國邊界的喬戈里峰（Chhogori），海拔八六一一公尺，僅次於珠穆朗瑪峰。登山界視爲八千公尺以上最難攀登的山峰之一。譯注

第四部

4

返鄉

英格蘭

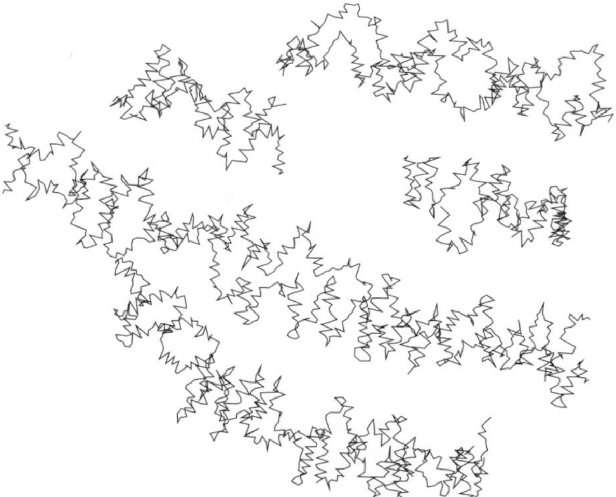

十三、雪

RIDGEWAY

史前大地藝術——神聖的建築——地景舞台與感知戲劇——黑馬，白馬——南極般的威爾特郡——飛行幻覺——拉維琉斯——扞格——雕塑為蹤——扁平化的光線，召喚人的小徑——蒼白的日光——空中的飄浮島——向北——冰點的生活——獨角鯨的號角——亂流，失蹤——平底雪橇——閃亮的雙眼

我們在蘇格蘭遭遇幽靈般的腳印後不久，英格蘭南部大雪，於是大衛和我轉而去走一段脊道（Ridgeway），也就是脊道在威爾特郡馬博洛白堊丘（Marlborough Downs）轉了道彎的那一段弧形路，起點是奧夫克頓的白馬丘（White Horse），途中經過神祕的錫爾伯里丘（Silbury Hill）和埃夫伯里（Avebury）。「脊道」這個名字通常用來指白堊丘上源於新石器時代、長達數百公里的小道。至於伊克尼爾道究竟是脊道的一部分，還是脊道後來的延伸，就要看你的史前時代是哪一個版本了。

威爾特郡的脊道無疑是英格蘭最被神聖化的地域。距今四千到三千年之間，虔敬的信徒在此建造了大規模的地景，立起巨石和圓形石陣，在寬廣大道上排列砂岩巨石，挖掘土壘，以及那簡單卻很玄祕的錫爾伯里丘，也就是一座巨型圓錐狀、頂部截掉的夯實白堊土丘。在埃夫伯里鎮和錫爾伯里丘，就跟在貢嘎山一樣，地形地貌和信仰之間的關聯顯而易見。路跡、小徑和壕溝堤都與新石器時代的地景劇場有著千絲萬縷的關係。考古學家堤利（Christorpher Tilley）在他的先驅之作《地景現象學》中主張，要理解新石器時代不列顛的神聖地景，首先必須了解將這些地點連結起來或是繞過這些地點的道路在歷史上的重要性。感知是一種戲劇，而步行這種既能接近又能穿越的活動，在這種戲劇中扮演著至關重要的角色：該區被堤利稱爲「強大道徑」的東西，是被用來「仿造」「地點及其環境之間」的關係。

大衛和我決定要在那個冬日沿著脊道前進，但不是徒步，而是越野滑雪，這絕不是史前時代所使用的方法。越野滑雪和下坡滑雪除了基本的動作相同以外，沒有共通之處。這裡沒有電梯，沒有山屋，沒有造雪機，當然也沒有信託基金。越野滑雪需穿過天然地景，而地景上除了積雪以外，沒有任何爲滑雪所做的準備。從事越野滑雪時，除了滑下小丘，也可以滑上或越過小丘，由此帶來痛快的自由和靈活。

破曉後不久，我們開著大衛的白色廂型車離開倫敦，取道A四〇號公路向西前進。路邊是黑油油的積雪，天空低沉，烏雲蔭蔽，雲後的陽光微弱飄忽。在靠近斯溫頓鎮的某處，我們將廂型車停靠在積雪的路邊，穿戴好滑雪裝備之後，沿著一條兩旁有黑色山楂向路面彎垂的陷落寬闊古道滑行，一路向脊道所在的白堊丘頂而去。

稜線上只有零下五度，東風吹來，樹籬簌簌發抖，使人更覺寒冷。在皚皚白雪之上，有三匹黑馬雕像般靜止不動，身形因對比和距離而變得扁平，看起來像是剪紙。那三匹馬附近另有一匹白馬，在白雪襯映之下呈現灰色。西方傳來槍響，響聲如漣漪泛過地景。我們調整好節奏便上路了：**滑行，嘶聲，磕，向前一步，滑動**。

光線低迷，隱約的光暈滲透整片大地，始終無法厚實到成爲發亮的陽光，卻仍能從久積的雪上汲取藍色的光澤。舉凡白堊露出之處，都呈現一種類似北極熊毛皮或老人膝蓋的黃色。一切都美得陰鬱：低壓的空氣、斜照的日光。在這片古老的小徑上滑雪，一切顯得既荒謬又奇妙。

最初的兩小時內我們沒有見到任何人。寒冷和幽暗令人卻步。我們涉足於另一種陌托邦：威爾特郡成了南極大陸，因爲天候特異而使人產生這種跨界的感覺。空氣中充斥著即將降雪的靜電，但始終沒有下雪。道路兩側有山毛櫸林。在上坡時或高地上，每滑行一次都會前進兩公尺，沿著這高高的稜線而行的某些時候，感覺就像在飛翔，腳下的雪幻化成白色的空氣，更增添一層幻夢感。

如今我明白過來，這就是大量文獻記載中英格蘭丘陵地的幻象，是這片地景能夠向人的心智施展的衆多常見魔法之一，而這種幻象不但會襲擊步行者，也會襲擊滑雪者。吳爾芙曾將大步行走於白堊丘稜線跟在空中翺翔相提並論。托馬斯發現他在觀看空中的紅隼狩獵時，自己的想像力也被送上高空。哈德森於一九〇〇年寫道，在白堊丘上，他感覺自己的心智「變得更輕揚，對重力更無感」，「最常……於登上這些美妙的綠丘之時」，萌生「飛翔的渴望」。好幾次他寫道，自己彷彿有「蒼鷺般高展的雙翅，毫不費力地飛行到另一種視野」。

飛翔的夢想在白堊丘上爲何會如此強烈，在那天變得再清楚不過。地景的線條裸露、綿延，起伏有如波浪。沒有什麼阻礙極目四望，也沒有什麼阻礙身體恣意活動，沒有迫人停步的深谷斷崖，沒有擾亂視野的森林。連綿丘陵意味著無盡的距離、無限的回歸。山丘草地也強化了這一點：椰皮墊般的草地比泥炭地更有天然彈性，於是雙足接觸地面時會彈回。還有白堊丘的群鳥，眞正的滑翔家、高飛者——鵟、鴞、紅隼、雲雀、禿鼻鴉、褐雨燕，總是在頭頂盤旋翺翔。

漫天飛鳥的白堊丘，長久以來一直吸引著沒有翅膀的步行者、未來的輕航駕駛人、懷抱升空之夢的人，以及其他嚮往高空景致的人。這些人當中最吸引我的是英格蘭景觀藝術家拉維琉斯（Eric William Ravilious），他醉心於小徑，熱愛英格蘭的白堊地，尤其愛那雪中樣貌，並畫下白堊地上一年四季的螺旋紋及小徑風景。每當我試著想像托馬斯對白堊丘的想像，通常想到的就是拉維琉斯的畫作，或者說，我透過拉維琉斯的畫作來想像托馬斯的想像。

・・・・・

拉維琉斯是水彩畫家、雕刻家、壁畫家，也是一九三〇年代英格蘭最負盛名的藝術家之一，愛好探訪小徑和古道，熱衷於雪白、荒僻的景致，也是日常生活的幻想家。陌生人叫他艾瑞克，朋友叫他拉維琉斯，親近他的人都叫他「那小子」，這是一種彼得潘式的綽號，一種對抗衰老的魔法，一種驅除死亡的傅油聖事。他相貌英俊，稜角分明的臉、深色的大眼睛、筆挺的鼻樑、深色的頭髮，修長的指間總是握著畫筆、鋼筆或香菸。他喜歡打網球、撞球，喜歡螺旋槳、冬天、沒有陰影的海岸光線、北國風光、陶瓷、黃楊木、水晶和冰。他吹毛求疵，但也很莽撞，經常把頭伸出火車窗外，每每被風吹走帽子。

他在英格蘭的丘陵地區成長，命中注定要愛上極北的冰雪和光線，但在那之前，他崇拜的是南方的白堊丘。他的童年在義本鎮度過，小鎮的後方就是起伏的南部白堊丘。週間和週末的傍晚，他父親會埋首研讀《舊約》，自己為經文寫注釋（大部分成年時光都樂此不疲），被丟在一旁的拉維琉斯便開始探索鄉間環境。他去探險，睡在荒郊野外（樹籬當棉被，天星作屋頂），循著白堊丘那誘人的線條步行幾個小時：引領視線的稜線、迤邐的河流，以及蜷伏在大地上的白堊小徑。他讀《湯姆歷險記》和

《哈克芬歷險記》，夢想著自己也能在河上有同樣的冒險經歷。

白堊丘那柔和均勻的光線、繁複的小徑和孤寂感，啓動拉維琉斯的想像力。這一切塑造了他的觀點和繪畫方式。他寫道：「由於地景的色彩是如此瑰麗，圖樣又如此出色清晰。」因此他開始珍惜某些地景的特色：鮮明流暢的線條、超脫俗世的氛圍。如此這般的地域，混合了人類的勞動和極端的年代，形塑了他的氣質和善感，一如形塑了托馬斯，雖然成果截然不同。這地域使兩人都帶著淡淡的憂鬱，也使兩人的藝術和性格都染上一抹疏離。用拉維琉斯一個朋友的話來說，他漸漸發展出「一種遠離所有忠誠和個人牽絆的警覺」。另一個朋友對拉維琉斯的觀察是，他「似乎永遠心不在焉，彷彿過著某種自己的生活，與他的塵世肉體若即若離」。他的畫作也反映出這種扞格不入。觀賞他的畫作，彷彿看著同一幅影像兩張上下相疊卻稍稍錯開的底片，或者兩條相切卻始終無由匯聚的小路。

拉維琉斯的畫作中那種違和感與他反覆使用的路跡、印記、小徑等元素的意象有關：看不見的行人在雪地或泥地上留下的腳印、杳無人影的小徑誘引著眼光和想像力前往畫外之境、地平線外可能發生的事件。拉維琉斯深受路跡吸引。他細讀托馬斯的著作，對帕爾默滿懷敬意，這位畫家在晨昏夜間與白日不斷漫步於他在肯特郡的村莊。他從沃特金斯的《長直古道》汲取養分，捕捉書中所描述隱蔽的、遍布英格蘭與世界的石器時代貿易網路。拉維琉斯在皇家藝術學院的導師納許也是白堊丘的愛好者、古道的信徒、道徑的藝術家。

拉維琉斯行走於白堊丘小徑，將之形諸藝術。一九二九年，他為了一本黃道宮年曆在黃楊木上雕出威明頓巨人：一個碩大的白色身形，頭上頂著一輪滿月，同時還以金牛座的形象現身。一九三四年，他為自己的花園小徑作畫。一九三五年，他畫了《白堊徑》，畫中有三條小路爭相吸引觀賞者的目光往不同的方向而去，卻又以一道帶刺的鐵絲網阻隔視線。一九三六年的一幅油畫描繪旅行者的幾輛篷車停駐在一條古道旁。另有一幅沒有標明日期的畫作，題名為《伊斯林路》，畫面向下凝望著薩塞克斯郡的林蔭道。他以小徑為主題的畫作有數十幅：透過水車瞥見、從屋內向窗外望、從火車上看到，還有各種越過田野、沿著懸崖斷壁而走，或者向上通往其他白堊丘巨大圖像的小徑（例如優芬頓白馬、賽恩阿巴斯巨人等等）。一九三七年，他到漢普郡的賽伯恩村去造訪淮特故居，走了一趟淮特在寫給彭南特的第三封信裡提到的那條沒徑，就沒徑做了一幅雕刻，雕出深陷的道路，上方被斜垂的林木層層密封，入口有一隻振翅的鴞守護。鴞轉向觀者這一方，臉上的羽毛有如騎士的面具，露出詫異的眼光。

白堊丘的光線和徑道一樣，推動著拉維琉斯的想像力。落在綠地上的是色澤特異的白光，混合著白堊丘特有的珍珠白、草葉綠和大洋的海藍色。曾在盛夏或嚴冬走過白堊丘的人都知道，那種光線有一種極其特別的力量，能讓視野變得扁平，讓四散各處的景物變成等距分布。這就是白堊丘引人入迷的幻景：看來一切都處於同一道傾斜的平面上，而條條小徑就從那平面挖鑿出來。就這方面而言，白堊丘的光線與其他具有扁平化效果的光線類似，例如極地之光，同樣都斜斜落下，也同樣帶著纖細的顆粒感。

光線和道徑的組合是拉維琉斯這位藝術家的獨特簽名。兩者結合，塑造了一種違和感。他創造出彷彿懸空的景象，懸空至近乎靜止的程度，但也暗示著某種未來或即將發生的動作。對觀者來說，視覺效果並不和諧，那種感受好像身處於兩個世界之間，又或者像是同時占據了截然不同的幾何平面。

• • • • •

走在脊道上的那一天，我感覺就像走在拉維琉斯的畫布裡。似乎生命暫時停止了，似乎動作都發生在他處。光線抹平景物，道路招手引領我們向前。雪地裡四下都是紋路：古老的白堊路跡、單車和拖拉機的胎痕、我們滑出來的線條，以及狗、野兔、兔子、雉雞和人的腳印。我們順著坡往下滑，滑過峨參空心的莖管和發黃的草，在山楂樹基部我們深陷積雪，而山楂看起來彷彿水晶：刺突、交叉的刺枝和黑色枝條映襯著皚皚白雪。

黃、白、灰、藍灰，地景被寒凍烤成梣樹般的灰色。四下皆是點點星火：樹籬上的山楂果色如鮮血，紅翼鶇鳥飛翔時燦然生光。低垂的太陽不時從雲後透出黃光。鶇鳥在灌木叢裡吱喳，啄下山楂果，仰頭將果子一口吞下。砂岩石塊一叢叢豎立，渾圓的背上披覆著白雪。鵟或獨身或成對，在天空盤旋，尋找足夠度過這漫漫長冬的腐肉。我們滑過一根電線竿，上面有一隻紅隼縮起脖子蹲著。我們經過青銅時代的圓塚和新石器時代的長墓。兩隻褐色野兔飛奔穿越寬闊的田野，後腿踢得雪花四濺。一排窄窄的山毛櫸林的樹冠上，禿鼻烏鴉饒舌不休，有時向空中躍起，又再落回原處，好像被樹木燙到腳似的。

下午過半的某個時刻，太陽略微現身，那之後不久，我們在脊道上轉了一道彎，橫過那綿亙將近五千年的純粹地景，終於看到遠方聳立著白色的錫爾伯里丘，彷彿飄浮於周遭地景之上，也是散落在這些書頁上的另一座漂浮島嶼。

日光猶在的最後短短幾個小時之間，我們通過了無人無色的世界。只有一次，一隻蒼鷺突然從我們南方的低地起飛，看來好像可以摺疊的支柱及畫布，一揮一收，慢條斯理地保持著剛好足以飛行的姿態，向北而去，時間彷彿都被那弧形的展翅拍慢了下來。

◆　◆　◆　◆　◆

白堊丘滿足了拉維琉斯大半生對自然地景的需求。尤其是冬季，山毛櫸林從背景中突顯出來，有如水彩畫上的墨筆，這體現了拉維琉斯的美學理念：鮮明的線條，飄落蒼白大地的蒼白光線。但隨著一九三〇年代慢慢流逝，他開始想望彼方，渴求另一個不同的世界。就跟他之前和之後的許多英格蘭人一樣，他將那彼方定位在遙遠的北國：北極圈內的幻夢之境、午夜的陽光、漂浮在漆黑水面上的冰山、極光的暈彩、藍灰色冰封的群山、銀箔般閃亮在地平線上一年最後的一絲陽光。拉維琉斯自童年時代便醉心於極地的浪漫氣息，讀了許多極地探勘和冒險的書，收集十九世紀各種版本的極地書籍、地圖和圖像，其中也包括巴倫[1]、羅斯[2]及赫姆斯格[3]極地探險之旅的銅版畫。那種白色——如果稱不上顏色的話，那就是一種色調，一種氛圍，或者一種留白——對他似乎有某種特殊的吸引力。起初他受南方白堊丘的吸引，之後則嚮往極北的冰天雪地。

二戰爆發時，拉維琉斯已經深深沉迷於北極世界，急切想要前往北方一遊，而機會終於在一九三九年降臨：他受命擔任戰地藝術家，領皇家海軍上校之銜，而且可以自行決定駐紮地。正如戴維森所細膩描寫的，在拉維琉斯人生的最後三年裡，「白雪和禿丘上的冰雪，一點一點地〔將拉維琉斯〕領向北地。」

一九四〇年五月，拉維琉斯等到他長久以來企盼的消息，將要搭乘皇家海軍軍艦「高地號」穿過北極圈前往挪威。高地號的任務是要增援盟國攻擊納爾維克。他寫信給妻子緹爾莎道：「再見了，緹。我會盡快回來。不過妳也知道，這不是我所能控制。」

他們多日間航行於平靜的海面，護衛皇家航空母艦「光榮號」一路往高緯度行去，白日隨著航行漸漸變長。拉維琉斯坐在甲板上，一工作就是好幾個小時。有時他會褪去外衣，靠在船尾，沐浴在北方的陽光裡，望著船尾捲起乳色和綠色的海水：一道白色的痕跡，一條白堊丘的小徑，呼喚著他走下船舷，大步沿著小徑回到南方，回到緹爾莎身邊。

激烈的海戰展開，拉維琉斯搭乘的軍艦遭飛機、魚雷和潛水艇攻擊，但他的家書鮮少提及這些危險。戰爭攻擊只是幕後活動，對他來說，地平線上永不沉落的太陽比戰爭更重要。他在北緯七十度三十分畫下午夜的太陽，極地海上橙紅色的太陽，海水之藍，近乎墨色。

拉維琉斯在那數週間的創作或許是他最佳妙當然也最奇異的作品。畫作充滿張力動感，卻闃無一人。畫中流露一種孤寂的警覺感，來自哨兵拉維琉斯。北極那銀色的蒼涼似乎將一種靜止感注入畫作中。一切都置身冰點。

拉維琉斯的書信也比以往更具幻夢色彩。那是一種「杳遠而優美」的氛圍。當船艦駛入迷霧，他們彷彿進入某種「異世」。燕鷗迅速飛掠，海豚滑過船舷。他們還曾在水面上看到空無一人已然翻覆的救生艇。他看著德軍戰機飛過，在鉛鋅色的天空裡閃現六便士銀幣的光芒，一度恍然覺得自己變身為一管玻璃，圓筒、易碎，是一種被人從上方看得一清二楚的感覺……

拉維琉斯經歷了四個星期總共十二萬公里的海上航行，在親眼見證了死亡與奇蹟後，發覺自己業已改變。對他而言，世界變遼闊了，意義卻也變淡了。北國的吸引力依舊。返家還沒有幾週，他就又引領企盼著再度離開，去冰島，去格陵蘭，去新地島之類俄羅斯的極區。

但戰地藝術家顧問委員會指派他去為優芬頓的白馬繪製掩護，那白馬從草地上被翻出一千年後，正被重新植上草皮，以免被德軍當成地標轟炸。委員會還想要他負責消防車的塗裝，以免這些車輛在為白堊丘徑噴灑黑色墨汁時被德國空軍當作導航輔助。

但他隨即被派往冰島，時機卻很糟：緹爾莎之前才住院做了緊急的乳房切除手術，出院返家後一週，拉維琉斯就得啓程前往冰島。他本該留下來照顧家人，但他沒有。他買給緹爾莎一本他次愛的書，包斯威爾（James Boswell）的《強森的一生》。他用鋸齒刀將書一切爲二，一半給緹爾莎，一半自己帶走，以此作爲兩人終將重聚的證明。他跟一個朋友說，冰島此行是爲了要一圓探索這物理世界邊境的夙願。

一九四二年八月下旬晴空萬里的某一天，他搭機前往冰島。在拉維琉斯眼中看來，從空中俯瞰的冰島火山就像月球表面的隕石坑，在地面投下深色如斑駁葉片的暗影。在冰島首都雷克雅維克的市集上，拉維琉斯拿起一支獨角鯨的號角，差一點就要買下來。他收集了一些花和貝殼，要帶回家作爲北方一遊的紀念。從首都經歷一番顛簸旅程之後，他抵達卡達達那斯，是位於島嶼東岸的英美聯合空軍基地，那裡有用煤渣塊砌成的營房、綠色的波浪鐵皮屋頂，背後則是綿延起伏的低矮山巒。

他到那裡才一天一夜，消息傳來，一架飛機在卡達達那斯失蹤了，那是海岸指揮部二六九飛行中隊的一架哈德遜馬克三型轟炸機，在與德軍潛艇交戰時消失了蹤影。

隔天黎明時分，拉維琉斯從睡夢中被搖醒。一場搜救任務即將展開，將有另外三架哈德遜戰機到第一架消失的地區進行搜查，位置離海岸有四百八十萬公里遠。拉維琉斯當時是否想以觀察者的身分上機？他想描繪那次任務，還是想參與救援行動？

三架哈德遜起飛時，一場暴風正在醞釀。他們進行搜尋，但一無所獲，返航時機翼在亂流中顛簸不定。飛機間的雷達訊號時斷時續，之後是一片死寂。

只有兩架哈德遜再度降落在卡達達那斯。拉維琉斯搭乘的那架飛機，ＦＨ三六三號，沒有回到基地。飛行員、導航員、無線電報操作員、槍炮手，此外還有一年少時代曾在白堊丘上夢想著有朝一日要飛越北國冰雪的藝術家，全部沒有回來。那五人全都在尋找一架失蹤的飛機時，失蹤了。

◆　◆　◆　◆　◆

那天傍晚，大衛跟我進入山頂上隆冬中的一片白樺、榛樹和山毛櫸林。冰柱從樹枝上垂下，最後一抹落日餘暉凝結在冰柱中的小小氣泡裡。樹林裡有一面閃著黑光的水塘，水看來濃稠如墨。我們行經一座盎格魯薩克遜時代的土造工程，一道東西向的雙重堤防。之後我們來到高地之上，向下俯瞰著成對的行者之丘和納普丘，兩座都是圓形的白堊丘，彷彿一道大門，脊道就從中穿過。

出乎我們意料之外，但卻頗令人高興的是，納普丘上有人在活動。幾十個衣著鮮豔的人坐在平底雪橇上歡快地玩耍。即使遠在一公里多之外，我們都能看清他們穿紅戴藍，與白雪相映，也聽得見孩子的叫喊聲和雪橇壓過厚實舊雪的嘎吱聲。我們悄悄滑下兩座山丘之間的低地，雪如此輕巧，我們滑過時像一團團羽絨般翩然落在滑板尖端。我們來到兩丘之間，登上行者之丘，來到丘頂的長墳，古墓的外廓被包覆在一層晶亮的薄冰裡。暮色降臨，紫色和猩紅色暈染整片天空。對面山丘上玩雪橇的人一邊滑雪一邊叫喊，放聲大笑。一個穿著牛角扣大衣的男孩伸展雙臂跑下山坡。**生命是由不斷向前奔馳越過靈魂弧翼的生命所創造**。

那難忘的一天還有一場最後的驚喜。天已經黑了，我們開著廂型車返家，在離開脊道才數公里遠的時候，大衛抄捷徑要駛上快速道路。正在此時，一隻黑色的龐然大物穿過寬廣的雪地邊緣走向我們南方，聳著雙肩潛行，看起來像是大型貓科動物，慢慢走入黑暗的樹籬。牠在我們的視野中爲時不過幾秒。家貓不可能那麼大，若論步伐或體型，應該也不是鹿或狐狸。正當大衛開上道路時，我在座位上轉頭一望，看見山楂樹叢的暗影裡有一雙明亮如燈的黃色大眼睛。「是黑豹。」我對大衛說。「我知道，我也看見了。」大衛說著，繼續開車向前。一路上我們都在討論那黑色的身影。後來我們才知道，在馬博洛丘一帶時有目擊大型貓科動物的傳聞。我眞希望當時我們有停下來，帶著火把去檢視那地方，或許能在雪地或泥地上找到牠的足跡。但我又想，在行過古道上的異世地景之後，像這樣既沒有證據又沒有反證，或許還比較好。那是某種來源不明的明確影像：重重黑暗中，熾烈明亮、灼人的眼光。

＊注1：指 Willem Barents (c. 1550 –1597)，荷蘭著名北極探險家。爲了找出從俄羅斯經北極圈抵達日本的東北航道，三次遠征北極，並死於最後一次的回程。譯注

＊注2：指 Admiral Sir John Ross (1777 – 1856)，英國北極探險家，三次率隊開闢穿越加拿大北極群島的西北航道未果。譯注

＊注3：指 Jacob van Heemskerk (1567–1607)，文藝復興時期的航海家暨探險家，曾試圖找出東北航道。譯注

十四、燧石

白堊丘風暴—地景的撫慰—消散了的自我中心—渴求與失卻的地圖—「雨濕山道」—雙重書寫的步履—步行者、流浪漢與流動工人—錢克頓貝里環的一夜—鬧鬼與恐懼—魔鬼之湯與毛骨悚然的機車騎士—文字艱澀的強斯牧師—摺合狀、包旋狀與內旋狀—樹與鳥；生根與起步—金斯頓丘上夜宿—碎片與薊籽冠毛—另一匹白馬—地景無常—無謂的追尋—卡克米爾河入海—藍綠色的波浪—找到燧石—內心之路與鬼魂之境

那長長的白色道路……是一種誘惑。它們提出的是怎樣的追尋！它們引領我們進入未來稀薄的空氣，或進入昔日的冥府。

——托馬斯（1909）

腳印留在小徑濕漉漉的白土上。我所行走的南方白堊丘稜線已經成了地景的邊境，將世界切分成天氣、光線和色彩各不相同的地域。腳下的小徑因爲剛下過雨而閃現光澤，那道纖細的白堊土，白得可以用來當粉筆寫字，上面散布著牛奶糖色的燧石。小徑在我前方明晃晃地越過丘陵地，落在山的另一邊，之後再度出現在視野中，

色彩隨著距離變遠而漸淡。

我走在一陣光之風暴裡，亞麻籽上熱烈的綠光如脈搏般跳動，將田野裡尚未成熟的大麥染成一片紅色和金沙色。樹林上有成群的深色禿鼻烏鴉，咆哮的風雨像蠟燭熄滅時落水的黑煙。在這片平坦低地上，白堊丘是唯一的高地，而這也意味著，我們就像身在沙漠中或海洋上，有時在天候變化之前數小時便能看出端倪。

那天上午大體上我過得頗為愜意：季風吹拂，一時來自東，一時來自西。然後，正午剛過，我便被捲入一場暴雨。太陽原先的黃色光焰霎時黯然如墨。雨水澆灌大地，小徑成為溪流，滾滾湍流再度沖刷著白堊丘。好一場生氣勃勃的夏日風暴。然後雨再度來襲，又大又急，看起來已經不像雨滴而像水柱，我眼前好像隔了一層槽紋玻璃，最後太陽終於再度現身，天空恢復原狀。我躲在梣樹、橡樹和有著高大山毛櫸的樹林裡尋找遮蔭，悲傷地想著法國史學家泰納那（Hippolyte Taine）田園牧歌般的聲明：「英格蘭的一流音樂」只能在「綿綿細雨拍打橡樹」時才能聽見。但那天早晨的雨沒有樂聲可言。那雨是支軍隊，打著天氣之戰。

而這不過是那天多次被雨淋得濕透的初體驗而已。每場陣雨中，世界變得搖曳縹緲。每一場陣雨後，太陽又發動反攻，大地蒸騰，泥土的氣味竄出。雨雲披著太陽的光彩向東南方而去，將會飄過遠遠的英吉利海峽，在法國海岸登陸。我試著測量自己在每場陣雨之間行走的距離。積滿雨水的馬蹄印和人的腳印閃現太陽的金光。我精神一振，慶幸自己正在野外散步。前方還有更多散步之日等著我，而那小徑向東蜿蜒（insinuating）——這裡用的是這個動詞古老而單純的字義，來自拉丁字 insinuating，意指「微妙地捲繞、彎曲」。

那天早上我從溫徹斯特出發，預計要循著南白堊丘的稜線向東走一百六十公里左右，到白堊丘在義本鎮（Eastbourne）附近落入英吉利海峽為止。那天稍早，我走了數公里路，經過種著水田芥的農場，穿過山毛櫸林，樹腳下滿是捲成薄片的樹葉。

我追隨托馬斯的旅程始於伊克尼爾道，如今我也再度回在白堊丘，為此事畫下句點。白堊丘是托馬斯「南鄉」的中心，是南鄉的心臟地帶，他在此地生活、步行的時間比任何地方都長。一九〇六年，他跟懷著第三胎的太太海倫一起帶著兩個孩子，一家人從罕布郡搬到肯特郡。他透過步行和路徑追隨來認識他的新家鄉。居住在此的十年之間，他在白堊丘上走了上萬公里路。就像音樂或宗教撫慰他人心靈一般，這裡成為他最熟悉的地景，撫慰著他的心。海倫回憶道：「古道上方常有紅隼盤旋。重新走上那已被遺忘的步道和隱蔽的小路……使他能夠拋開陰鬱的冥思而獲得滿足。」（這與卡繆之言異曲同工，卡繆在日記中半是輕蔑半帶嫉妒地寫道，他或許可以寫下「一個當代人的故事，他的心碎唯有長時間地對著地景沉思，方能治癒」。）小徑讓托馬斯得以隱藏自我，既是參與公共歷史的證據且暗示了連續性，但同時也祛除了自我中心：

道路續行
在我們忘卻時，也被
忘卻宛如流星般
滑過天際一去無跡

托馬斯喜歡白堊丘那種歷史的共時性：就形式而言，古老的路徑線與昨日犁出的田壟相呼應。他喜歡千年來人類在白堊丘上留下的標記和改動，圓塚、長墳、白堊土坑、山塘，這些都是證據，證實了某處地景具有紀念價值，人們會善加維護，奉獻給天主。他列出罕布郡和薩塞克斯郡的地名，享受那些名字「豐沛的詩意」。他與白堊丘小徑上相遇的人高談闊論。他走著，循著小路來到人跡罕至的農舍、荒廢的穀倉；他跟著燧石開採者的馬車道、走私者的路線、野兔的蹤跡而走，發展出一種關於道徑的優雅地形學：有從山脊頂向下到黏土層、沙地和河流那種下降的路線，他稱爲「輕盈的運動」和「鳥般的弧線」；有「雙雙纏繞著峽谷頂端」那種之字形迂迴的道路；

有在白堊丘小徑上長直路徑中「潛伏的彎道」；有「數條步道成捆並排」橫過野地，愈來愈窄，最後在橋樑或門關之前彼此交纏；有「碧油油的寬廣大路」自梣樹下經過，穿越「紫色的山茱萸和雀躍旅人的喜悅」。每到暮夏時分，他都會特別留意「一位道上的紳士」，他將那人想作「雨傘人」，已經在道上流浪了四十年，一邊徒步走著，一邊在身後拖著一輛嬰兒車，裡面放著黑檀木把手的雨傘，而在托馬斯與他首度邂逅的那年八月，嬰兒車裡還有一顆甘藍。常有人看到雨傘人在罕布郡路徑深幽之處野營，以華亭如蓋的橡樹或深色的雲杉作屋頂，棲身於一彎草綠。

我之開始徒步行旅，受托馬斯的影響最大，而在步行的過程當中，我一路讀著他寫的許多書：博物誌、旅遊書、書信、戰時日記、詩篇，還有許多關於他的描寫。這些年來我走了這麼長的路，開始將托馬斯的作品當成一種夢想地圖來看待：一種不斷累積但沒有中心點的想像投影圖，一張將渴求和失落投射在他人生現實地貌（尤其是白堊丘）的複合體。我認爲托馬斯在某程度上知道他所創造的是什麼東西：一種對內心地景的恆常探索，藉由穿越某些特定的地方，追隨某些特地的路徑，如此這般地訴說出來。

◆ ◆ ◆ ◆ ◆

在白堊丘度過的第一個夜晚，我在沃爾丘（War Down）一座可疑的林場工寮度過，把自己塞在繭狀的帳篷裡，聽著雨水從針葉樹滴下。我在帳篷裡度過的許多夜晚都比這舒適得多，不過到了黎明時分，雨總算停了，天氣變溫暖，我也很早就啓程。我一路上邊走邊試著背誦托馬斯寫於一九一六年的詩〈道路〉，如今那詩句浮現腦海：

雨濕山道
只要別再踩踐
陽光下便閃亮
蜿蜒如小河

野生的鐵線蓮像煙霧般纏繞樹籬。葫蘆蔓、常春藤、忍冬、旋花等蔓生植物沿著樹枝攀爬，當空垂掛於小徑，好像蜷曲滑溜的蛇。被雨水洗過的白堊徑光滑有如絲綢。

我可以看到東北方斯蒂普村（Steep）後方形狀優雅的高地。托馬斯一家人在這村子住了十年，換過三棟房子。他們住的第一棟叫做莓田舍，位在白堊高原腳下，高地上刺柏四散，最高處生長著冷杉。那棟房子偏僻得令人滿意：要去到海倫稱爲「外界」的地方，得走過一條曲折的小路，這條路又深又暗，「從幹道轉入這條小路的入口看起來好像隧道」。夜晚他們聽得見山坡上山毛櫸林裡的風響，聽得見狐狸咳嗽吠叫，聽得見鴞的呼呼聲。但即便在這樣一個能夠帶給托馬斯快樂的景致裡，他還是抑鬱纏身。莓田舍鎮日寂寥無聲，努力活著的重壓使他疲憊地低著頭，臉色因爲「抑鬱和痛苦的打擊」而陰沉晦暗。他對孩子尖刻嚴厲，對海倫更是無以復加。周遭的地景也不總是能安撫他。一九〇八年冬天某個絕望之日，他從抽屜拿出左輪手槍，放在口袋裡，沒跟海倫說一聲就出門了。傍晚他安然無恙地回到家，鞋上沾滿泥巴和樹葉，也不願意說他到高地上去做什麼。他以傷害海倫來取代傷害自己。

兩人在斯蒂普村也有過愉快時光，儘管少見。有時候他跟海倫在花園盡頭的雜樹林裡過夜，倦鳥歸巢時兩人躺在那裡，看著上方衆鳥飛翔的千姿百態。一開始托馬斯試著教海倫背下星座的名字，但她興致索然，單單看著夜空裡天星奧妙的圖樣她就滿足了。天氣好的時候，兩人會請鄰居代爲照顧小孩，放下手邊的工作，帶著後門邊的手杖，徒步走入田野。有時候兩人會經過淮特的賽伯恩村教區；有時候兩人會搭火車前往坎特伯里，再沿著朝聖道走回溫徹斯特。兩人曾經在威爾特郡住上兩週，去看優芬頓的白馬。海倫對於她所稱的「古老之道」的返祖現象，那種藉由雙腳而與「歷史和傳統」相連的感覺深感興奮。托馬斯教她用不同的方式來行走：「用〔她〕的身體，而不是用〔她〕的腳」來走，去體會她所行經的地景。

對海倫來說，每次陪同托馬斯步行的旅程也都是一種雙重書寫，同時留下兩道印跡：一道在土地上，一道在她的記憶裡。托馬斯過世後，她寫道：「每座山丘，每片樹林和草地，每條綠蔭道和陡峭的白堊小徑」都「因爲愛德華和我曾經走過，而永遠銘刻在我心底。」

◆　◆　◆　◆　◆

在與薩塞克斯郡相交的博利頓（Buriton）附近，我看到小徑遠處有道寬闊的背影。我加快腳步，不久便看清楚了那身影。那是個男人，矮小瘦削，大約五十五歲，那寬闊的背其實是登山背包。背包兩側的網袋裡各插著一只舊的可口可樂瓶子，上面的標籤早已磨光，看起來活像火箭兩側的推進器。背包上還拴著一只平底煎鍋，他每走一步，煎鍋就撞上背包上的金屬環扣，發出清脆的聲響。那是長途步行者的裝備，雜亂但有效率。我趨前與他並肩行走，攀談起來。他的名字是路維斯，舉止沉穩有節，戴著一副金絲邊眼鏡。他說，六年前他妻子過世之後，他便決定賣掉房子，開始徒步旅行。如今他已經從不列顛頭走到不列顛尾。他也曾步行越過法國，穿過西班牙到北非，還計劃要去中國，要去喜馬拉雅山區。不過他的主要活動範圍還是不列顛。他就住在漫長的小徑上。一年四季不論何時，每天早晨約五點起身，在吃早餐之前先走八公里路。他的可樂瓶裡總是裝滿了水。

「我會不時對自己好一點，夜晚睡在床上，吃一頓眞正的早餐之類。不過多數時候我走到哪裡就睡在哪裡。」

他一邊說著，一邊把手伸到背包後拍拍捲起的帳篷。每次展開重要的徒步旅行，他都會寫日記，用的都是同樣款式的日記本，紅黑兩色的封面封底，Ａ5大小很結實的日記本，直接塞進背包裡也不會弄壞。每次寫完一本，他就寄給住在新堡的弟弟。「他已經收到三十六本，全都放在書架上。有朝一日我要把它們集結成書。」

在安伯利村附近，一隻倉鴞突然從蘆葦上振翅而起。我們停下來看那倉鴞在水面狩獵，沿河慢慢向北而去，引發蘆葦叢裡的禽鳥一連串的尖鳴。這是一種白日幽靈，巨大的翅膀拍動卻沒有發出任何聲響。路維斯對我說：「你繼續走吧，我不趕路。」

現代徒步旅行有兩種歷史交織在一起。一種是興之所至的漫遊者，像伯洛式或惠特曼型，爲了道上的傳奇而走。另一種歷史晦暗深重，難以看清，與流浪漢、流動工人、乞丐、孤苦無依者、逃犯、被迫害者和失業者有關，他們在路上「緩緩而行」，聚在一起東拼西湊地度日。這些「步行者」每天要走十六公里路，十六公里路就夠他們一天溫飽。一八八〇到一九三〇年代是舊式徒步旅行盛行於不列顛的年間，也是歷史上「長途流浪」的關鍵年代。十九世紀下半葉見證了英格蘭自中世紀早期以來便存在的同業工會文化崩解走到最後一步，於是工人一聽說工作機會，便步行前去試運氣。許多第一次世界大戰後返回英格蘭的人都沒有工作，獲得穩定工作的前景也頗為黯淡，道上的生活成了唯一的選擇，於是戰後二十年間有大量的人口流浪於途，睡在野外，過著艱困的日子。鄉野的雜木林裡炊煙處處，因為這些樹林已經成為戰爭受害者的臨時家園。這些人的數量在一九三〇年代經濟大蕭條期間大幅增加，遍及歐洲和北美。

羅利．李的名著《仲夏晨間漫步》當中最令人心碎的時刻，是他剛離開自己居住的柯茲窩一帶的谷地後，沿著薩塞克斯的白堊小道往倫敦遊蕩而去的那段時光。他靠著海棗和餅乾讓自己繼續走下去，晚上睡在路邊，今天睡在乾草堆裡，明天睡在錢克頓貝里環（Chanctonbury Ring）。那是一九三四年，正是經濟大蕭條的高峰期。李是道上的新人，才剛要開始認識他將會邂逅的許多人：有些是為了娛樂而走的怪人，有些是長期的專業流浪漢（這些人很容易辨識，他們會在路邊煮茶，態度從容，還有餘暇研究自己的雙腳）。但李也注意到其他人「陰鬱蹣跚地向北行去」，他們是「無處可去的失業者，那時只能在英格蘭各地遊蕩」。這些人：

就像夢遊者一樣走在路上，各走各路，鮮少交談。可能是因為有警方看著，這些人多半走在內陸，不太靠近海岸。他們看來就像一支從戰場撤退的敗軍，個個雙頰瘦削，因疲憊不堪而目光呆滯。有些人帶著袋子或工具，有人帶著破爛的手提箱，有些人像幽靈一樣穿著城市人的西裝。有些人休息的時候會小心翼翼褪下鞋子，採一把草，將就著擦亮鞋子。這些人當中有木匠，有職員，有來自中部的技師。許多人在道上已經好幾個月，在一九三〇年代中期的艱辛歲月裡，在鄉野間失業的迷宮中困頓地爬上爬下。

這是悲傷卻精彩的段落，字裡行間自有深情，尤其是那「將就著」將鞋子擦亮的描寫。那些人以前的工作必然得將鞋子擦得纖塵不染，如今只能被迫意思意思擦去鞋上的塵土。這段文字也喚起這一隊隊落魄潦倒的人，他們走在大地上，但人們在記述令人陶醉的行路之旅時，往往遺漏了這些人。

◆　◆　◆　◆　◆

在畢肯丘（Beacon Hill）東方，我走在連綿不斷的白堊丘稜線上。樹林裡傳來松鴉和烏鴉競賽般的叫聲。路旁的白面子樹有灰綠色的葉面，背面則是亮銀色，是為路人指引左右的路標。我走過一片田野，上面生長著常見的蘭花和粉色的苜蓿，於是順手採了一些苜蓿花蘂，品嘗花蜜的風味。我穿過不同時代下的墳塚和紀念建築，有青銅時代的葬丘，裡面曾經有陶器器皿裝盛著骨灰；有新石器時代的長墳；路邊有個聖壇，紀念一九四〇年葬身此地的德國空軍，上面放著紀念十字架、玫瑰花瓣和燧石。之後我走出紫杉密布的黝黯樹林，上到一片綿延約四、五公里長的丘地。陽光好像漂白過，照亮灰色的山毛櫸樹幹，一架拖拉機在遠方犁地，整片田看起來好像燈芯絨布。草在風中搖曳，蚱蜢摩擦翅膀，隨草鞠躬點頭。白色燧石四散於田野。狀似羊毛的風滾草在石塊之間迅速滾動。

日暮時分，我循著一條凹陷的小徑，來到斯多林頓白堊丘東方那片陡峭的林地。光是看這條小徑凹陷的程度，就可以知道數世紀以來一直有人不斷行走，而我也很喜歡這小徑的外型：之字形的小徑，轉彎處呈圓角，穿過樹林蜿蜒向上。森林夜幕降臨得特別快。我轉過一道彎，只見一隻獾從一排山靛中衝出來，停下腳步瞪著我，眼睛在黑暗中閃現綠寶石的光亮，然後便沿著自己的路向山下飛奔而去，我則循著我的路徑上山，走出樹林，來到白堊丘頂端的高地，名為錢克頓貝里環的地方。李就曾在這裡過夜，如今我卻希望那天不曾在那裡過夜。

錢克頓貝里環圍著一圈山毛櫸樹。山頂上會種這樣一圈樹，是因爲這裡是青銅時代和鐵器時代的防禦碉堡所在地，羅馬時代則是一座廟宇。一七六〇年，陡坡下方溫斯頓村有一位年輕的貴族戈林決定要在錢克頓貝里環的土壘上添加一段屬於自己的歷史，於是他在地上畫了一個圈，之後在圈上均勻種下山毛櫸幼苗。據說他每天都用瓶子盛水，親自上山澆灌他在乾旱坡地種下的樹苗。（另一個版本是說，他找了僕人代勞。）

不論實情如何，那些幼苗長得很好，最後形成類似主教座堂墓地的那種樹林。長達兩個世紀裡錢克頓貝里環一直是南方白堊丘最爲人所知的地標。一九三二年七月的某個晚上，有一萬六千人登上從倫敦向南發出的加班列車，在月光下沿著白堊丘走了一圈，然後群集到錢克頓貝里環上等待日出。然而一九八七年的一場大風暴吹垮了錢克頓貝里環。如今環上主要的大樹已不復在，只有環內有一些新長出來的小梣樹和懸鉤子。

儘管如此，當夜我在丘頂還是感覺此地異常偏僻。布萊頓鎮在遙遠的南方燈火輝煌，看來像是什麼離奇的東西著了火，北方的威爾德則幾乎沒有燈光。天空是黯淡的銀色。天黑時我將睡墊展開，放在兩株倖存的山毛櫸樹之間，然後脫去鞋襪。被兔子啃食過的草撫慰我的雙腳，我把腳趾頭伸進草裡，然後繞著錢克頓貝里環走了一圈。快要回到起始點的時候，我一腳踩進羊糞，只好花幾分鐘用一束草把趾間的糞便清理乾淨。吃過東西之後，我躺下睡覺，一耳貼著草地，想像著這土地所蘊含的歷史深度——山毛櫸樹向下扎根，穿越了青銅時代、鐵器時代、羅馬時代、奧古斯都時代。這令人頭暈目眩的想法在我腦海中約有半分鐘，而後我便不知不覺睡著了。

我聽到第一聲尖叫的時候大約是凌晨兩點。那聲音的調子很高，像是人發出的尖叫，拉得長長的，而後漸漸褪去。我還睡得迷迷糊糊，心想，**是哪個小孩在難過？還是哪隻兔子被黃鼠狼或狐狸捉住了？**但這不可能，因爲聲音至少是從樹頂那樣的高處傳來。大概是鳥吧，一定是鴞。但是，這跟我之前聽過的鴞聲都不一樣，不像灰林鴞那種含混不清的呼啼，也不像倉鴞那種尖厲的叫聲。一股淡淡的恐懼襲來，但我告訴自己這念頭太荒唐，不要理會。然後另一種叫聲加了進來，音調與先前不同，比較低沉而且更粗嘎，尾音上揚，類似刀片接觸到車床時那種刺耳的聲音。這聲音跟之前一樣，聽起來比較像人而不是鳥，是我分辨不出的聲音，也同樣從樹巔那樣的高處傳來。我在那裡躺了兩三分鐘，聽著那些叫聲。然後，當肩膀和指尖傳來一陣刺痛時，我醒悟過來：那些聲音分開了，現在正朝著我而來，依然來自樹頂，但現在聲音繞著樹，一個以順時針方向，另一個是逆時針，就快要在我所躺之處會合了。我感覺好像站了起來，大叫著，點起了火把，但實際上我還是躺著，只暗地希望那聲音能快點停下來。那些叫聲幾乎就在我正上方約七、八十公分高的黑暗裡會合了。約十五分鐘過後，聲音終於停止，我耗費好大的力氣總算再度入睡。

我回家以後開始研究錢克頓貝里環一帶的民間傳說，才知道那是白堊丘最知名的鬧鬼地點。根據十九世紀末、二十世紀初薩塞克斯郡大量的民間傳說，那裡是通往另一個世界的大門。一九〇九年貝克特（Arthur Beckett）的《白堊丘之靈》寫道：「如果你在無月之夜繞著錢克頓貝里環連走七圈，魔鬼就會從樹林裡出來，給你一盆湯。」用來收買你的靈魂，但這交易聽起來還眞爛。關於召魔故事，另外還有一些比較像樣的版本，說要召喚魔鬼的話，得在滿月之夜赤身裸體繞著錢克頓貝里環連走十七圈，或者在夏至的午夜沿錢克頓貝里環倒退連走七圈。據說用這種方式召喚來的不只是魔鬼，還有一位德魯伊①、一個騎著白馬的女子、一個白鬍子尋寶人、一個小女孩，以及凱撒和他的軍隊。想來在那種忙碌的夜裡，山丘頂上必定鬼潮洶湧。

此外我還發現，許多想在錢克頓貝里環露宿的人，最後都因爲山頂上某種看不見的存在而被迫放棄。一九三〇年代，斯泰寧的戈斯博士（Dr Philip Gosse）在他的《鄉間行》中宣稱：「即便在明亮的夏日，那裡還是給人某種不尋常的感覺，好像有什麼看不見的存在跟隨左右。走進森林暗處，就會感覺到有什麼東西在背後跟著。你停，他也停；你走，他就跟。」跟我本人的經驗相近得嚇人的一次鬧鬼見聞發生於一九六六年，一群機車騎士在錢克頓貝里環過夜。午夜前一直寂然無聲，然後開始出現一些細微的爆裂聲，然後似乎有個女子繞著圓環發出淒厲的哭聲。機車騎士倉皇奔逃，之後抱怨身體不適，頭痛、四肢無力等等。讀到這裡，一開始我有種恍然大悟的震撼，隨即也感到有點驕傲，畢竟我熬了過來，但那幫機車騎士卻全都落荒而逃了。

◆　◆　◆　◆

我在翠鳥羽色般的黎明天光中醒來：東方是橙色的積雲，頭頂上是一絲絲捲曲的藍色雲朵。我頭痛，骨頭也痠痛，繞著圓環走了一圈，想要為夜間那些尖叫聲找到解釋。毫無線索。一條白堊小徑在高丘上一路盤旋向東南東而去，於是我走上這條小徑。山丘的一側是布朗伯草堤，是白堊丘有著大片草地的肩膀，姿態優美地伸入亞杜河谷的高處。沿著草堤走了八百公尺後，小徑開始出現成千上萬隻蝸牛，殼上有條狀斑紋，是學名叫做 *Helix nemoralis* 的蝸牛，我不得不嘎吱嘎吱踩著牠們前進。某片野地裡，豚草上密密麻麻爬滿朱砂蛾的幼蟲。另一片野地裡粉紅色的錦葵綻放，突出於草地之上，彷佛有魔術師在這裡撒下假花。在那之間有拖拉機的痕跡，橫掃過兩片地，在那當中畫了一道弧線。我來到波特夫（Botolphs）的中世紀教堂時，陽光已經熱了起來。我的朋友羅德在白堊丘出生長大，是詩人、考古學家，也是勤練有成的作家。他在塔樓的陰影裡等我，要跟我一起走幾公里路。我很高興能夠見到他。

在亞杜河東方，白堊丘被小溪和河流切分成三塊長長的高地。在第一座名爲艾德巴頓丘（Edburton Hill）的高處，有座城壘的防禦工事，此地在春夏時節長滿了齊膝的長草野花。羅德跟我在那裡停步，乾燥的西風裡我們在花海中閒逛，談著托馬斯和拉維琉斯，以及我實在不該在錢克頓貝里環過夜的原因。一隻鷹在陡峭的坡地上尋找熱氣流，在地面上不斷振翅，直到突然找到了上升氣流，一隻翅膀的尖端反覆拍打，同時調整、改變方向，然後，全身姿態都變了，尾羽和初級飛羽伸展開來，雙翅鼓緊，直到終於能夠乘著那螺旋梯般的上升氣流，向著攀升的空氣振翼而去。

我們所坐的草地上有數十種植物，我只認得其中幾種，但羅德能認出許多：龍芽草、野生木樨草、紅花苜蓿、佛甲草、墨角蘭、山蘿蔔、矢車菊、蓬子菜、梣樹的幼苗、新生的山楂芽，還有高得古怪的柳蘭，這許多植物當中還有旋花等蔓生植物四處攀爬。我一直試圖要多認識一些英格蘭常見的野花，用的是十九世紀強斯牧師編寫的手冊《野地之花》，這本田野指南在維多利亞時代廣受歡迎，托馬斯也有一本，也使用過。強斯的著作讓托馬斯變成優秀的業餘植物學家、自學成功的白堊丘「優雅植物」專家。托馬斯的孩子們也很自然地熟知白堊丘的植物。當法瓊恩第一次到斯蒂普村他們家中造訪時，孩子們挑出一百種植物，考校她這些植物的名字（知道七十個算及格，八十個就算出眾）。

強斯撰寫《野地之花》的時候，還沒有什麼「使用者友善」的概念。舉例來說，龍芽草是白堊丘常見的植物，以藥性聞名，這位牧師就這種植物所寫的條目卻實在生澀難讀：

AGRIMONIA（龍芽草）——草本植物，有托葉，羽狀鋸齒形葉片，開黃色小花，釘形總狀花序，末端有特化苞葉，萼片五片，呈連續鱗疊狀……心皮兩枚，胚珠一顆，位於多刺的花萼內，果實為瘦果，一至兩顆。

我很難想像比這更難讓我實際辨認出龍芽草的描述。但這種寫法預設讀者都是專家，自有一種振奮人心的維多利亞風，就好像在讀一本僅供專業電工使用的洗衣機手冊。強斯的敘述還有一種抒情的精確性。例如他觀察到「捲疊」的葉子可能是：

摺合狀，或摺疊至主脈中央，像便條紙的兩半，如櫻桃；**褶狀**，形如扇子，如山毛櫸；**包旋狀**，如捲軸般捲起，如李樹；**內旋狀**，邊緣部分向上捲曲，如睡蓮；**外旋狀**，邊緣部分向後捲曲，如酸模；**鑷合狀**，葉子相接但不相疊；**疊瓦狀**，葉子相接部分如瓦片般重疊。

我們躺在草地上無所事事，因爲太陽和各種花朵的藥香味而昏昏欲睡，頭上有蒼蠅飛舞，編織出一道薄紗似的聲音帷幕，於是我想著，如果我睡著了，那些旋花植物的捲蔓就會爬上我的身體，悄悄纏繞我的四肢，醒來時我會像小人國裡的格列佛，永遠被綁縛在地上。

◆ ◆ ◆ ◆ ◆

托馬斯之所以多愁善感，最深切的原因是他抱有雙重渴望，既想旅行又想休息，既想遷徙又想定居。他的青年時代沉迷於伯洛，感覺「到處都有流浪精靈」。他深受道路和小徑那種葉慈式的浪漫所吸引，用史蒂文森的話來說，道徑像是一條「白色絲帶，潛藏著可能出發的旅行」。托馬斯在〈道路〉當中寫道：「……從不／然而我對道路從不感厭煩／儘管漫長、困難、乏味／終將永遠蜿蜒。」當他因爲褐雨燕的長程遷徙、尖鳴疾飛而將之當作自己的圖騰鳥時，他就顯露了這一面。

但托馬斯也希望能在一個地方一心一意地長住。有時候，當他躺在白面子樹下，或者正在種植藥草和蔓生植物時，他會興起一種「永久扎根」的渴望。無法移動的樹木，遷徙的飛鳥，兩者是他文字中最爲特殊的形象；穩定的森林，移動的路徑，是他筆下最特出的兩種地景特徵。向下鑽的根，向上行的腳步，都影射了人與世界的關係，是兩組對立的隱喻。

托馬斯很早就注意到，現代性中最突出的張力，在於一方面要移動、要置換，另一方面卻要定居、要有所歸屬。前者如今無所不在，但後者，即便曾經有此可能，如今也已然消逝，鄉愁因此生成。早在漫遊和返家之間的張力成形之初，托馬斯便已經體驗此一拉扯。我也了解這種拉扯。一九〇九年托馬斯寫道：「這兩種互不相容的渴望很難休戰，一者要在大地上不斷前行，另一者則要永久安頓在一個地方，就像業已入土，自此與改變兩不相涉。」海倫在他死後提到：「漢普郡是他的家。」然而想要移動的渴望在他心中再度湧起，「於是他離開漢普郡，從軍去了，此後再也不知家爲何物。」

◆ ◆ ◆ ◆ ◆

我在旋花植物捲住我之前便站起身子，跟羅德一起繼續我們的旅程，拖著疲憊的雙腿，步履沉重地走著，橫過幾條B級公路，通過停車場和被稱爲「魔鬼堤」（Devil's Dyke）的乾旱山谷。那是兩側陡峭的峽谷，是白堊永凍層在最近的冰河時期被鑿穿而形成。下午我們走在白堊丘最長的稜線「布朗頓平原」（Plumpton Plain）上，我渴切地仰望那些鷹，希望自己也有一雙翅膀，那麼只要幾分鐘我就可以飛數公里遠。

羅德跟我在金斯頓村（Kingston）作別，之後我轉向賈克路，這是一條寬闊的古老步道，從布萊頓鎮到雷威斯市，一路通向金斯頓丘頂的高地，此地上岸的漁獲都會經由這條道路運往北方城鎮的市場販售。我在高地上遊蕩，尋找睡覺的地方。我經過山塘和墳塚，還看到一大片倒栽在自己傘頂上的蘑菇，黑色的蕈摺好像燒黑的書頁。最後我選中兩叢金雀花之間一片蔥鬱的草地，金雀花叢正好擋風。草地上蓬子菜長得繁盛，正好當我的床墊。

頭頂上方一百多公尺高處雲雀顫音歌唱，音符如金箔般飄落。哈德森曾描寫一八九九年某個明亮的夏日傍晚，他來到金斯頓丘稜線上，見到薊草種籽隨風飄散有如暴風雪，像是「隱約可見的銀白星子」。那眞是非凡的景致。哈德森隨即寫道：「我任自己沉浸在那歡愉裡，別無他求。」他憶起南美大草原也曾有過類似的景象，那時他在夜間騎馬外出，在隨風飄蕩有一人之高的薊籽冠毛中縱馬狂奔。他的馬怯於那「縹緲的銀色迷霧」，「在黑暗中微弱地閃現奇異的白色之光」。我記得二戰時期南方白堊丘頂各處都散落著一種被稱爲「碎片」的薄帶，是德國軍機刻意撒下，意在擾亂英軍雷達。薊籽冠毛、碎片、金箔般的鳥唱、銀白的銀白、音調、字詞、景致，全都開始變化、模糊……

托馬斯經常被稱爲「地域詩人」，但一地無常的變幻遠比地景的安定性更令他著迷。他爲大自然的「現在式」所傾倒——樹籬上歌唱的畫眉鳥、冰冷的星光、指尖片羽的飄忽——但他也留心於地景的不穩定性，知道記憶會不聽使喚地將一地連向另一地，知曉我們在聯想之迷霧的縹緲銀光中前進、觀看，也知道即便我們相信自己身處的世界再真實不過，地景也會使我們的心智突然游移，在我們的心智上施耍詭計。對托馬斯來說，地域（place）通常以地點（locations）的總和而對人起作用，而那些地點，有的已然被拋諸腦後，有的卻還在難以觸及之處。

這正是閱讀托馬斯的作品會產生違和感的原因。他的詩句不是和諧的夢境。他一方面極其理解地景能撫慰人心，同時也清楚認出那些會陪著我們一起轉變的裂縫和古怪的交接處。李維斯對他的描述很中肯，說他「在意識邊緣」鑽研——他的作品通常都跟難以掌握之事或放在無法企及之地的暗示有關。他很晚期的一首詩〈燈火逝去〉寫道：

多少道路和小徑
自第一絲曙光初興
上到樹巔
便將行旅者欺騙
此刻乍然模糊難辨
而就此沒入路間

模糊與沉沒，眨眼與忽略，過去於托馬斯而言滿是裂隙，至多只有部分可能復原如初。記憶與地景都在流動。音響針尖會染上灰塵，聲音，就算聽得到，也已帶著雜音且扭曲，或者在我們轉動轉盤時，被干擾的靜電暫時奪去。

荷姆斯（Richard Holmes）在《腳步》一書中將傳記作者的活動比喻爲「一種追尋，一種跟蹤，追索著某個人穿越過去的道路所留下的實體蹤跡」。荷姆斯在他自己追尋的過程當中了悟到，亦步亦趨的傳記作者其實從不曾眞正觸及傳主，至多不過撞見傳主過去的存在所遺留的次級線索：一瞥之間的餘暉、視網膜上的魅影、精神上的蛛絲馬跡。荷姆斯警告道：「你永遠捕捉不到它們，不可能，你永遠不可能眞的捉到……」我去行走托馬斯走過的路徑，爲的就是要認識他這個人，但總被他成功迴避。他始終是難以企及的形影，在小道彎處或樹籬縫隙間，我偶有那麼驚鴻一瞥，但他依然謎樣難解。然而我卻從旅程中遇到的人們身上學到許多。他們就像托馬斯，地景於他們而言，與自我覺知有著難解難分的關係，某些特定的地方或天候則是豐富的恩典。伊恩航行於他的海道，白藍柯徜徉在林間小徑，史帝夫在礫石間大步行走，安娜與芬利步上荒原，薛佛走上走入群山，拉亞漫遊於以色列和巴勒斯坦的背斜層，全都在保持道路開放通暢。我認爲這才是我眞正的發現：不是找到托馬斯的幽靈，但卻了解對他乃至於對許多人來說，心智是一種地景，步行則是橫越地景的一種方式。

在我上方，褐雨燕正在陡坡上巡狩黃昏的氣流。牠們急速卻又流暢地轉彎，速度之快，讓人以爲那氣流像蜂巢般有許多透明管道，而褐雨燕就在其中滑翔，否則無從解釋牠們如何能夠那樣技藝高超地轉彎。牠們在天空留下飛行路徑的輪廓，在那高處勾勒出反覆不斷生成的風肩與風谷。空氣彷彿有自己的地形學，因爲飛鳥而顯形。

• • • • •

次日早晨，我又被歡唱的雲雀叫醒。現在我已經有足夠的經驗，知道有雲雀就不可能有睡眠，於是黎明之前我就走下雷威斯，繼續走上卡本山的南坡，也是白堊丘僅有的一座偏離主脈的主峰。紫色的墨角蘭隨著溫暖的微風搖擺。我摘下一朵山蘿蔔的花，又拔了一束野生的百里香。

我在格林德村（Glynde）附近越過烏茲河。這河流的河堤骯髒不堪，接近氾濫平原和近海處已經開始變成環狀。小徑再度攀升到費萊丘。起絨草開著紫藍色的花，種子槽在種子穗上緊密排列成螺旋狀。一隻蜜蜂把頭埋進藍色的花裡，像順水漂流一樣，張著腿，徹底陶醉在花裡。

那天稍晚，我雙腿疲憊地來到搖籃丘（Cradle Hill），走近東坡上從白堊裡刻出來的巨大馬形。我下方是卡克米爾河，油亮地向海蜿蜒流去。我走下陡坡來到河邊，沿河走了四、五公里。河畔棕色的泥巴上滿是鳥的腳印，我的靴子印也加入了蒼鷺、鷸鷸、海鷗及白鷺足跡的行列，印痕扎實，尤勝於那個冬夜我在雪上留下的腳印。

河水是牛奶巧克力色。我撿了一枝白鷺飛羽，白得像是洗衣粉，又採了一把濱根，葉子是誇張巴洛克風的心形。在西福德附近，一隻鷸鷸把頭埋進水裡，深色的身體上上下下，然後突然起身，口中啣著一條鰻魚。鰻魚扭打拍動身體，僵硬得像單車鉸鏈，趁著鸕鶿一不小心，轉身脫逃了。

黃昏前一小時，我站在白堊小丘頂，俯瞰著下方的卡克米爾港，也是卡克米爾河流入英吉利海峽的出海口。海灣寬闊，滿布卵形燧石，前灘的坡度相當平緩，以前有守衛的碉堡，如今已然頹圮。海防的房舍坐落在西邊的高地上，東邊則是白色的七姊妹崖，像清洗後晾曬的床單似地排成一線。

懸鈴木的枝間，羽翼未豐的幼鴞正在嘗試飛翔。一頭淺色的馬一動不動地站在收割過的田地裡，向北凝望。潮水高漲，離岸約三十公尺處，海水是帶綠的牛奶色。海浪淘洗著前灘和斷崖上的白堊，被海水捲走的顆粒在藍綠色無語的海上載浮載沉。

我走下海岸，沿著滿是卵形燧石的潮汐線步行。在七姊妹崖第一座崖腳下，我注意到一堆像蛋一樣堆疊的灰色燧石，就在懸崖的正下方。我把它們一個一個撿起來，大感驚訝。每一塊石頭上都有用白堊畫成的動物，風格接近拉斯科洞窟壁畫，圖像很天真，線條卻十分流暢。鹿、海鷗、鶖、海豹、人。某個午後必然曾有誰坐在這裡，從懸崖上取了一片白堊，在這些燧石上畫了這些圖樣。

我把那當中最大的燧石放在一道平坦的白堊露頭上，然後將其他石頭由大到小依次往上堆疊。鶖在海豹上，海豹在鹿上，鹿在人上。這是河口簡單的疊石，標誌此行的終點，也是我下到海濱的標記。我向海峽那邊眺望，目光越過斷崖波濤中漸漸消解的白堊。小徑白如緞帶，燧石白如冬雪，而白鷺之白，簡直炫人眼目。

• • • • •

這白堊沉積岩形成了南部的白堊丘，如今同樣的白堊沉積岩沉入了英吉利海峽，又在法國北部的加萊灣一帶再度浮現而成陸地。一戰期間，西線的許多戰事都發生在布滿白堊及燧石的地方，而英格蘭的南部是由同樣的巨大白堊紀沉積岩構成，是一種地質上的延續。

一九一七年二月，托馬斯走近戰壕時，注意到阿爾拉和英格蘭南部的白堊丘地形極其相似，令他感到毛骨悚然：好像他從前線轉身，就可以直直走回罕布郡的那些步道。那年二月廿六日他在給朋友的信中寫道：「我很喜歡我們所在的這片鄉間，這開闊的白堊丘陵地有大片犁過的田地，丘頂上還有一些雜樹林。那些已然頹圮的村莊有磚牆、茅草屋頂和顏色柔和的白色石塊，過去一定非常美麗。」他僥倖活過身處戰壕的十週，而在那段期間，他經常研讀他帶上前線的南鄉夢之地圖。

上戰場的前一年，他在〈道路〉一詩中寫道：

如今道路都向法蘭西
而沉重是那生者
的腳步；但死者
回返以輕盈的舞跡：
任何道路帶來
給我或自我取回
全都與我相依偎
一路喋喋在胸懷

充塞了，那孤寂
反覆於丘地的小道
安靜吧，村鎮的喧囂
和成群過客的暫棲

托馬斯爲什麼會去法國，如今我們已無從得知，只能自行想像，沿著他內心的道路回溯，進入他的過往，他稱之爲「魂境」的所在。

＊注1：德魯伊（Druid），直譯爲橡樹賢者，在古凱爾特文化中地位崇高，扮演多重重要角色。他們是祭司、法律事務的仲裁者、學者、醫生、政治人物。德魯伊是識字的階級，但據稱他們絕不以文字記載知識，因此現存並沒有德魯伊本身留下的文字紀錄，但曾與他們交流過的文化確實有關於德魯伊的記載，其中最早的便是凱撒的《高盧戰記》，或許這跟當地民間傳說中會同時召喚出德魯伊和凱撒及其軍隊有關也未可知。譯注

十五、鬼魂

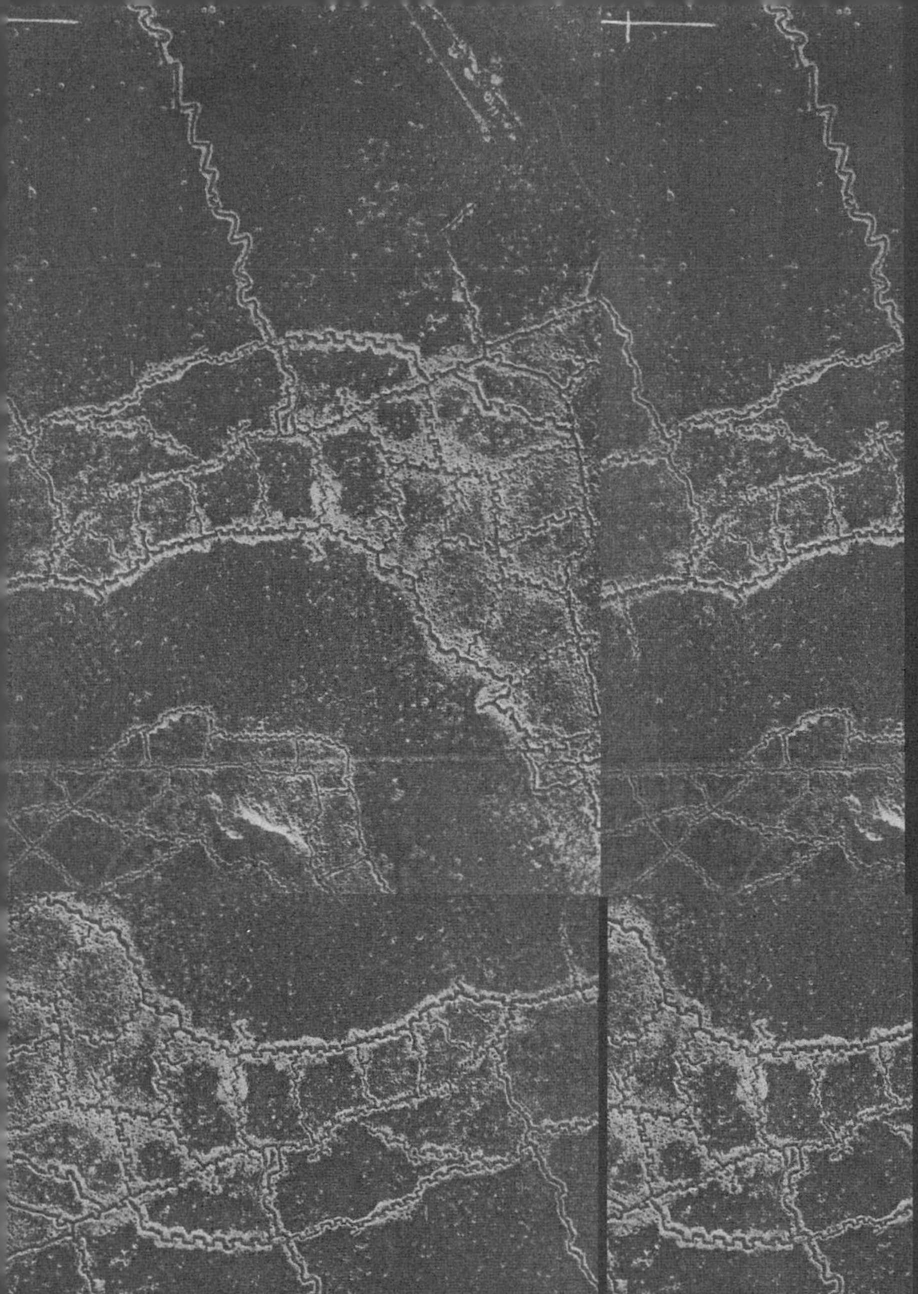

一九一七年四月八日，復活節禮拜天，阿拉斯戰役前夕。托馬斯坐在防空壕裡的彈藥箱上，讀著日記，回思過往。痲袋包疊起的牆臭氣逼人。雙芯油燈從玻璃燈罩中透出黃褐色光暈。他馬克杯裡的水覆著一層薄冰。

聲音傳來。有人在唱〈布蘭特先生〉：**然後來了三個行旅人，三個行旅人／行過那夜色——噢……**

那日記是附書籤帶的口袋本，裝訂在褐色的豬皮裡。日記中有一則寫到「晴朗溫暖的復活節」，結尾提到托馬斯站在前方指揮哨時，一枚十五公分砲彈落在他兩公尺外，但沒有爆炸；另一枚爆炸的砲彈擦傷他的頸部。日記本的最後幾頁上，他就未完成的詩寫下潦草的筆記：「新月與每顆天星之光」；「清晨寒冷晴朗傷我肌膚，熨我心靈」；「我從不曾懂上帝的旨意」。

在外面，人們唱起另一首歌：〈前往提貝瑞里的漫漫長路〉。

清晨五點半要發起拂曉攻擊，攻其不備，以砲火偷襲拉開序幕。這攻擊行動的代號是「颶風轟炸」，要爲後面的步兵攻擊德軍前線清道。托馬斯和他的砲兵連將發射部分砲火。這幾天來，他的砲兵一直在練習一種新式觸發引信，那是設計來汽化鐵絲刺網。偷襲的時機和準頭都必須很精確：砲陣要同步射擊，同時要根據每一門砲在快速、密集發射時所導致的砲管降能比率，校正每一門砲的彈道，以應付明天的狀況。

托馬斯走路的步伐大而輕快，有節奏、輕鬆搖擺，像是漫不經心的快走，悠然卻迅速。他的眼睛是藍色（或是灰色），頭髮是黃褐色（或許是沙黃色，或者根本就是金色），面色有點幼鹿似的羞怯。他身上帶著粗花呢、泥炭和菸草的味道。外套特別縫上很大的口袋，方便他攜帶地圖、書籍和蘋果。他走路時總是帶著一支手杖，榛木製，有時用的是梣木製，但他最喜歡的還是冬青木手杖。他不喜歡戴手表。他步行時通常會帶著一英寸比一英里的地圖，要看地圖時，就把手杖夾在臂下，地圖攤在他的大手上，看完了再把地圖摺回去，因爲「看出有一些全然無跡的小徑」而再度上道。他步行時多半不說話，就算有人同行也一樣。托馬斯的朋友法瓊恩多年來一直愛慕他，而她說，跟著托馬斯走過一條小徑之後，「再去走同一條小徑時，你的走法會不同。你會用新方式來認識它。」

◆　◆　◆　◆　◆

托馬斯自少年時代起便執著於步行，喜愛遊走四方。他出生在倫敦南部的蘭貝斯區，最初的步行經驗是附近的郊區，如旺茲沃思公地和溫布頓公地等。從那時候起他也已經是觀察家了。他有一本日記，寫滿大自然的流水帳。他會記下某年第一株紫羅蘭開花的日期，標出各個鳥巢的地點，記錄自己偶然看見蒼鷺捕捉到鰻魚、松雀鷹瘋狂追逐椋鳥。他也會提及現象，例如雲朵懸在天上像一袋袋布丁，以及蒸騰熱氣召出的幻象。他也是收藏家，收集的多半是花朵和鳥蛋。他爬到樹上的鳥巢拿鳥蛋，但總會在巢中留下一個，如此鳥就會再回來下蛋。

他發展出一種全納式的植物學觀點，對野草和野花一視同仁。他讚賞千里光，因為千里光花色豔麗，有若黃銅。別人忽略遺漏的事物吸引著他，「廢墟中綻放的夾竹桃之花」，或者幾乎深入倫敦中心的「東南與查塔姆鐵路沿線，那窄長的楔形地帶開滿的鳶尾花」。

他經人介紹而認識海倫時，兩人都只有十七歲。海倫幾乎馬上就意識到，「只有跟他在一起，才能獲得平靜」，後來果眞如此。兩人談戀愛的時候幾乎都在步行，一起走過田野、小巷和步道，默頓郊外、里奇蒙公園、旺茲沃思公地。剛開始的時候，海倫連山毛櫸和樺樹都分不出來，她又近視，觀察鳥類也很困難，於是托馬斯教她各種鳥鳴聲，這樣不用看也可以分辨鳥類。兩人一起壓花製作標本，直立委陵、瀉根、風信子、蓬子菜、遠志草等等。托馬斯到處閒逛，藉機展現他對田野學的信手拈來和無所不知。在默頓區的一座雜樹林裡，他找到一個緊實又生滿苔蘚的蒼頭燕雀巢，放在手中像球一般穩固。在里奇蒙公園裡蒼鷺集結產卵之地，他爬上一棵蘇格蘭松，帶下一顆蒼鷺蛋，看起來像是被擠壓過的地球儀。

海倫覺得自己被提升到一個新的世界，與托馬斯和大自然間有著雙重的親密感。許多年後她回憶往事：「如今想來可眞奇怪，竟然有那麼一段時間，我辨識不出如肌膚般紋理細膩的山毛櫸樹皮，像人類四肢一樣的大樹主幹與枝幹，因爲繁盛的葉子而彎曲的枝條，張開像一隻賜予的手。」海倫能夠從樹枝的彎曲而感受到大度慷慨，恰正說明了她本人的性情。

兩人第一次做愛是在海倫二十歲生日當天，在溫布頓公園的榛樹和白樺樹雜木林裡，繁盛枝葉層層蔭蔽的林間空地上。托馬斯用白色瀉根爲她編了一圈花環，晚上還送她一枚鑲著紅寶石、有家族徽紋的金戒指，那是他的曾祖父，一位西班牙船長傳下來的。

兩人祕密結婚時，托馬斯還只是牛津大學的大學生。夫妻到處搬家，先是暫居倫敦，後來在肯特郡租了一戶農舍。兩人的關係以海倫純粹的愛爲基礎。但無條件付出愛很辛苦，承受這種愛又更加困難，這種愛會在接受的那一方激起一種殘酷的態度，而在日後的歲月裡，這正是托馬斯的寫照。這樣的愛願意原諒一切，這樣的愛熱切地將所有過錯視爲美德，好像在宣告被愛者的無能：你配不上我的愛，你付出的愛**永遠**不及我付出的愛。除此之外，由於了解到如此愛你的人**不可能被你傷害到**，你們之間的愛是不朽的愛，於是你幾乎可以不抱任何歉疚去試著傷害對方。這變成一種挑戰。

托馬斯的抑鬱隨著年月而增長，憂鬱症那狡獪的牙齒囓咬得更緊更深，他對海倫的傷害也愈來愈大。她很脆弱，容易受傷，但她的愛無比堅韌強大，兩者疊加，使托馬斯更想在感情上一再傷害她。

孩子接連出生。先是兒子梅爾芬，然後是女兒布朗玟。托馬斯經常不在家，有時候是人不在家（展開長程徒步行旅，或者外出研究），有時候是心不在家（人在，但忙於寫作）。他粗製濫造寫出數以百計的評論，還有長如書籍的歷史文章和傳記，總是趕到交稿的最後一刻。他接下這些辛苦工作只是爲了支付家用，而這耗盡他的心力，換回的是沮喪。他的心情像天氣般變化莫測，而且有時候也受天氣變化影響。大雨可能將他的憂鬱淋光，也可能使他被憂鬱淹沒而更感絕望。他狀況不好的時候就責怪海倫，挑剔她平庸，說她沒有抱負。他在一封信裡寫道：「我討厭這些工作，我沒有活力，沒有創見，沒有愛。我只會傷害別人。」而海倫總是耐心地「等待光明重現」，從不質疑托馬斯是否有權利以這樣殘酷的態度對待她。

於是他以艱困的步行自我懲罰，那是一種消蝕自己，同時忘卻自己的方式。有時他在傍晚出門，整夜不停走路，破曉前才形容枯槁地回家。有時這種運動能使他安定下來，但有時只會讓他變得更糟。

他高興的時候情況如何？噢，那樣日子就很好過了。家裡充滿故事和音韻。他邊唱歌邊幫孩子洗澡，等他們擦乾身體，穿好衣服，他就把孩子抱到膝上，從口中拿下陶菸管，腦中想到什麼歌就唱什麼歌。他的聲音低沉，歌曲多樣，威爾斯民謠、粗鄙下流的歌曲、歡快的水手工作歌。托馬斯不能沒有歌曲，夏普展開英格蘭民謠復興運動時，他幾乎立刻投入。他出版了一本步行敘事曲和謠曲選輯，名爲《獻給天地的詩與歌》。在他的心目中，民謠和腳步都是重要的民主形式：起源具有集體性，但又隨著每一個歌手和步行者而變化。兩者也都很激進，間接駁斥私有財產的概念。他喜歡〈中世紀的英格蘭民謠〉〈夏日已至〉勝過任何貝多芬的大作。他在自己的詩作〈小徑〉裡寫到一條通往學校的古道，穿過樹林「如銀之流動，細細流淌」。小路上生滿苔蘚，四下落葉紛紛，卻因爲孩子的腳步而始終通暢。小徑是河床，孩子是河水，河中「他們的足流奔淌」。

◆　◆　◆　◆　◆

托馬斯一家從肯特郡搬到罕布郡的斯蒂普村。最初住在莓田舍，後來搬進名爲綠莊的房子。屋子坐落在上百公尺高的台地邊緣，可以俯瞰十一公里外的錢克頓貝里環和南方白堊丘的稜線，以一條古老的小徑通往外界。那小徑覆上厚厚的腐葉，殘破不堪，在山毛櫸和紫杉林中曲折前行，直到抵達又長又矮的綠莊。這是一棟莫里斯式的①

新屋，木板和橫樑都取材自當地的橡樹，釘子、鉸鏈和門窗搭扣都在村裡製造，磚頭在附近燒製，連門檻用的都是當地的石頭。每當谷地雲霧繚繞，感覺上就好像置身海洋上的木製加雷翁大帆船，在洶湧波濤中咯咯作響。

縱然這屋子魅力萬端，他們還是沒有墜入它的情網。他們視房屋爲活物，總是做種種試探，想知道他們與房屋在精神上是否契合。之前他們搬離一棟房子，因爲它受了詛咒，搬離另一棟房子則是因爲它不冷不熱缺乏情趣。托馬斯試著安頓下來，在自己書房的門口挖了一道溝，在裡面種植百里香、迷迭香、薰衣草和松蘿，但他們很快就意識到，儘管綠莊坐落的方位絕佳，景致壯闊，它的新意卻帶有敵意，他們不可能在那裡安居。屋子位在那樣的高地上，閣樓總有風聲呼嘯，在迷霧中與世隔絕，冷得通心徹肺。托馬斯的憂鬱症愈加嚴重。他感覺自己被工作、被婚姻困住，在家裡也不快樂。他渴望著要建立自己的人生之路。

他藉由步行來回應對綠莊的失望。走在古老的小徑上似乎能使生活變得不那麼複雜，就好像走入某種原型或某則寓言：小徑、森林、月亮、旅人。他漫遊到田野遠方，連在豪雨中也不罷休。多數時候雨水可以使他冷靜下來，因爲在雨中他脫離了過去和未來。雨如托馬斯所願地沖走他的一部分，從他身上取走了「一切，只留下行走於黝黯樹林的力量，像腳下嘶嘶作響的綠草，謙卑地享受自然的力量」。多數時候，他鍾愛的地景具有的那種「溫柔可人」彌補了他自身的缺憾，但也有一些時候，他狀況最糟的時候，自然的美麗與豐饒於他而言卻彷彿一種譴責。「我不是大自然的一部分。我孤身一人。在我之內，只有死卻的心和腦；在我之外，只有雨。此外，我的世界一無所有。」他痛苦地省悟，人可能太過輕易就將自然視為夥伴、朋友、安慰。自然可以是神醫，但也同樣可以冷酷地裝聾作啞，以漠不關心拒人千里。河之向海而奔，白堊之白，鷹之環視，莫不如此。但他也知道，承認彼此兩不相涉，或許也自有一種令人心曠神怡的回報，就像誤以為能獲得回應的妄想也可能產生深刻的效果——人不是非得二者擇一不可。

住在肯特郡及罕布郡的那些年月裡，托馬斯不外出行走時，他就閱讀關於行走之書。柯立芝②和哈茲利不墨守成規，以循徑而行來表達異議。班揚③和清教徒謹守傳統，以循徑而行來表示順從。塞萬提斯與流浪英雄故事，馬洛禮④和中世紀騎士傳奇，威爾斯的《馬賓諾瓊》⑤及吉拉爾杜斯⑥。說起塞萬提斯，托馬斯語帶推崇地表示，他有「道路感」（sense of roads）。馬洛禮的《亞瑟之死》「如果少了道路的描寫，傳奇故事便不會如此活靈活現」。他很喜歡藍斯洛的故事，騎著馬「長途跋涉，行過多少荒野路」。他甚至認為莎士比亞也是道徑作家，在《辛白林》中「氣勢磅礴地描寫鄉野之開闊，多少道路縱橫其上，志向高遠之路，命運坎坷之途」。托馬斯從十九世紀關於開闊大道的傳奇小說汲取養分，例如史蒂文森的《行旅之歌》、伯洛筆下的吉普賽狂想曲、柯貝特[7]的《鄉野遊騎》（他的文句讓托馬斯聯想到走路時手腳的擺動），以及傑弗瑞[8]的作品——尤其是傑弗瑞，他是托馬斯的英雄，他的文風逐漸「把枝葉伸到」托馬斯的文風中，「就像枴杖的把手」。這枴杖穩定且友善地掌控了持杖者的手。然而托馬斯依舊感到不解的是，人如何能夠在盧梭式的幻想中，誤以爲步行是「原始的行動」，「對人來說自然而然」，因此而誤以爲自己已回復到「純淨的莊嚴」？

托馬斯自己的作品不論在形象上或結構上都跡徑交錯。當他寫到蜿蜒曲折之路，他的句法也同樣蜿蜒曲折。他從哈茲利的作品學到這種反身式的寫作習慣，哈茲利本人則將步行這種「詩體學」嵌進文法的深處。也是從哈茲利那裡，他學到提出一個論點後又再將之局部撤回的「認識論的力量」（epistemological power）。在托馬斯的想像中，文本一次又一次地與地景重疊：「大地之上小徑最亮麗／晨昏都有鞋印鑿痕跡／都有腳掌和翼尖做套印／或者分別展現個性。」徑道是文句，旅人穿著鞋的雙腳，是筆尖的摩擦，是印刷的鉛字。托馬斯很清楚，閱讀和行走會相互滲透，也知道我們心裡有許多不斷變化的世界地圖，而那地圖用華茲華斯的話來說：「是介於人生和書籍中間的紋理」。

托馬斯也開始思考「思考」一事，以及物理世界如何激發我們創造那些超越認知的知識。在幾封他寫給朋友博頓利的信裡，他形容自己沿著薩福克郡海岸一路行去，撿到「香檳軟木塞、水手的帽子、安特衛普的啤酒瓶、魚箱、柳橙、檸檬、洋蔥、香蕉莖、水蝕的木材，以及最精美扁平和最圓潤的卵石，黑的、白的、鴿灰色的、有紋理的、麥色的」。他寫信給博頓利道：「沒有一個〔卵石〕不引發我的思考，或者應該說，將我的某一部分抽離到思考之外。」托馬斯觀察到，被引發而思考，和被抽離到自己的思考之外，兩者並不相同，此一觀察記錄了一種過渡／轉變（transition）：從己身對石頭的感知，轉變到被石頭施加於己身的感知，其眞確顯而易見。

自然和地景頻頻以此種方式影響托馬斯，樹木、飛鳥、岩石和道徑不再只是被思考的對象，卻轉變成主動的、歡快的存在，使人得以了解此情此景之外別無他法可以了解之事。他在早期一首題名爲〈三月〉的詩中提到鶇時寫道：「牠們有所知——我在牠們歌唱時亦有所知。」他感受到光的飄落，各色各樣的表面、斜坡與地景的音聲，都以某種方式一同進入他所謂的「沒有鑰匙的大腦空間」。他也感受到本能和身體（感覺到的卵石的光滑，可見的光線的顆粒）必然以某種方式得知有意識的心智所無法理解的東西。天氣尤其如此，是他思考「不可或缺的一部分」。法瓊恩注意到：「其他人談論天氣，但愛德華〔托馬斯〕活在天氣中。」就跟三十年後薛佛所體驗到的一樣，托馬斯意識到天氣是我們走入之境：「風、雨、流動的道路、健壯的四肢、熱烈運作的大腦，以及我們所創造的一切……我們和暴風雨原是一而二、二而一。」而且，不去談論心智的狀況，而去考慮心智的氣壓或是心智的氣象學，對我們可能還更有利。

托馬斯漸漸發展出一種思考的模式。不，應該說，不只是思考的模式，而是**自我**的模式。不是什麼根植於地並隨著時間流逝而穩定成長的東西，而是一套隨時變動的屬性，藉由我們在世界中的旅行，而有各種增補或削減的東西。地景與自然不是僅僅任由人類觀看，不是的，它們用力地壓上壓入我們的身體與心智，以極其複雜的方式影響我們的心境和感受。它們以兩種方式向我們提出謎題，既費人疑猜，又具有穿透力。托馬斯知道實情確實如此，因為他自己的腳、他的雙腳，感受到了這一切。法瓊恩也很敏銳地觀察到這一點：「他跟**自己**走路，跟他的眼睛耳朵鼻孔，以及他的長腿與大手一起走路。」

當然，如何運用文字那模糊失真的回聲倒影，以語言將這些能心領神會卻難以言傳的經驗記錄下來，是一大挑戰。詩是最接近的表達型式，托馬斯在閱讀中就看出這一點。但他從來沒有寫過詩，也沒什麼理由認為自己能夠寫詩。

◆ ◆ ◆ ◆ ◆

然而就在一九一三年間，托馬斯結識美國詩人佛洛斯特⑨，兩人成了朋友，一起在佛洛斯特夫妻所住的格洛斯特郡戴莫克村附近的田野和森林散步。那裡經常有詩人聚集，一起漫步、思考、飲酒。佛洛斯特和托馬斯幾乎在「遍布田野的起伏步道上」踏遍了所有他們想去的地方，有時一天走上四十公里，討論詩、博物學和即將來臨的戰爭。佛洛斯特創造了一個字來形容他和托馬斯的活動：談行（talks-walking）。

佛洛斯特鼓勵托馬斯從寫散文轉而寫詩。他告訴托馬斯，說隱身在散文背後的他其實是個詩人。佛洛斯特選了托馬斯遊記的一句話，將之重組成詩句，好讓托馬斯明白其實他一直都在寫詩，只是自己沒有察覺。法瓊恩以曼妙的文字寫道：佛洛斯特「製造了……這種不和諧的音變，這並不使〔托馬斯〕變成另一個人，而是同一個人，但調性不同。」托馬斯在這樣的重新定調及鼓勵之下，開始半猶豫半實驗地嘗試寫詩。他的第一首詩完成於一九一四年十二月三日。

然而那時戰爭已經爆發，全國都受到影響，火車班次亂成一團，車站擁擠不堪，後備軍人在朋友的搖旗送別下走上前線。托馬斯對於廉價的民族主義抱持懷疑，對自負的好戰精神嗤之以鼻，卻也急切地想要戰鬥，想要證明自己的勇氣，去保衛他所深愛的地景，想爲他一直以來因欠缺目標而鬱鬱寡歡的人生尋找目的。開戰後還不到一年，托馬斯來到人生的十字路口。那時佛洛斯特和家人已經移居美國，也勸托馬斯移民到新英格蘭，在那裡找到作家及詩人的工作。佛洛斯特會協助他在美國立足，他們可以遠離戰爭，過安全太平的日子。海倫卻要求托馬斯留在罕布郡。而英軍用人孔急，托馬斯感覺到自己「漸漸變成有自覺的英格蘭人」。那時候他已經三十六歲，又有妻小，並沒有當兵的義務，以他的狀況而言，不參戰絲毫無損他的名譽。法瓊恩後來寫道：「如果他選擇平安無事，他是可以平安無事的。」

那是托馬斯人生中最重大的抉擇，而他將之想像成道路的分岔。他「本來該在閱讀或欣賞三隻紅隼交錯飛翔」，卻轉而花很長的時間思索他的「道德地圖」，試圖「透析」自己的動機。十二月七日，他開始寫一首題名爲〈路標〉的詩，描述有人徬徨歧路，不知如何取捨，「我讀著路標。該選擇哪條道路才好？」如今想來，如果他能夠選擇其中一條路，之後再循原路返回，走上另一條路……

一九一五年六月，佛洛斯特寄給托馬斯一首詩的草稿，詩名爲〈未行之路〉，隱約受到當初他與托馬斯在戴莫克村田野漫步的回憶所啓發。托馬斯的熱切、他想要走遍每條道路的期望、他置身十字路口的挫折感，都被佛洛斯特轉化成精巧平衡的形而上寓言。這首詩如此開場：

黃樹林裡分岔兩條路
可惜我不能兩條都走
我是那旅人，長久踟躕
盡目光所及下望一條路
直到隱沒在矮樹叢後

而後選擇另一條路，同樣美好

……

托馬斯覺得自己被刺了一下，這首詩彷彿反映了他在參戰一事上的優柔寡斷。他將之視為一種驅策：**快點，你這傢伙，做個決定吧，別在岔路口躊躇不定**。托馬斯大大誤解了這首詩，但那時候他已經無從辨別箇中微妙之處。他回給佛洛斯特一封言辭激烈的信，並在數週後做出決定。六月初，他寫好遺囑，報名從軍。七月十四日他通過體檢。他領到軍餉，成為大倫敦軍團麾下藝術家步槍隊第廿八大隊四二九九號大兵。他獻身於一條道路，也清楚知道，此路有去無回。

我們無從了解他究竟為何從軍：一條路向遠方消逝，另一條路也漸漸淡出。這是失落在地圖摺痕中的許多事情之一。他可能自己也不清楚：「好幾個人問過我（爲何從軍），但我至今無法回答。」對博頓利來說，他至多只能將這個決定視爲「一系列漫長的心情與思索最終自然達至的結果」。托馬斯甚至沒有親口告訴海倫這個決定，而是從倫敦拍電報給她，而她只能說：「不不不，不要這樣。」

但他寫作的速度極快。如今他已置身法國，以生命爲代價的詩於是如水奔流。詩句（verse）一字源於拉丁文的 vetere，意爲「改變」。他在報名從軍到奔赴前線之間寫了將近六十首詩，有時候一天就寫一首，寫得既快又才情橫溢，包括〈路〉、〈我兩共行時〉、〈小路〉、〈綠道〉。這當中有些詩似乎比他本人還清楚他的命運，它們抽走一部分他的思考所不能及的自我。「未來與地圖／藏著我之所待。」

• • • • •

托馬斯的第一個正式職務是在艾賽克斯郡的野兔訓練中心擔任領航員。一有空閒他就偷偷寫詩。他不介意詩人知道他是士兵，卻不想讓士兵知道他是詩人。托馬斯非常驚訝自己竟然熱愛軍旅生活，比方說擦亮高統戰壕靴，他得把左手伸進靴子裡，右手擦拭鞋尖，直到靴子光亮到能夠映出他的臉。他很驚訝自己竟然喜歡那一成不變的例行公事，比方帶領A班的士兵行軍時，教導他們如何使用稜鏡羅盤來讀地圖。他也很驚訝自己竟然喜歡艾賽克斯郡。他很驚訝憂鬱一掃而空，那「黑暗的絕望」如今讓道給「平靜的接受」。

他在艾平森林丘頂上找到一間破敗的小屋，名為「高地山毛櫸」，海倫可以帶著孩子住在那裡，他休假時要看望他們也很方便。他們住在那裡的第一個冬天，下雪的時候，時間放慢了腳步，現代的一切似乎都消褪了。他在一封信裡寫道：「這裡很好，很有冬日情調，山地看來無法通行，我不由得想，它們應該跟兩千年前看起來一樣吧。」

一九一六年十二月初，命令傳來，徵召志願者奔赴法國戰場。托馬斯很快就報名參與。一月六日他回到高地山毛櫸，與家人度過啓程往法國之前的最後幾天。他裝得若無其事，但海倫卻辦不到。他和兒子梅爾芬一起研究地圖，試著教海倫用三稜鏡羅盤來測定方位，結果她哭了。一開始他們只是話中帶刺，後來乾脆爭吵起來，而後海倫又哭出來，最後兩人總算言歸於好。他啓程的那天早晨，屋子周遭的雪結凍，堅如鐵石，上面鳥的腳印看起來有如象形文字。托馬斯交給海倫一本書，裡面抄錄了他寫的所有詩。「妳要記得，不管發生什麼事，我們之間永遠都好好的。」他這樣說。空氣中瀰漫著一股冷得刺骨的霧。

托馬斯走了，沒有在硬實結冰的雪上留下足印。海倫站在門邊看著他離去，直到他的身影消失在霧裡。他一邊走下山丘，一邊喊著：「coo-ee!」⑩彷彿他正要回家而不是要離開。海倫也用「coo-ee!」的叫喊回應。兩人就這樣彼此應答，聲音愈來愈弱，愈來愈弱。

上船前一天，托馬斯租了一輛單車，騎著車從肯特郡的臨時駐地出發，去向英格蘭作別。那是怎樣的一趟旅程！沒有樹籬的道路沿著長長的丘坡起伏，丘上零星點綴著荊棘，刺柏標示著古道的去路。無雲的蒼白天空。微弱的夕陽。悠長的黃昏。

◆ ◆ ◆ ◆ ◆

開拔日：一九一七年一月廿九日。托馬斯和戰友穿過黎明前的黑暗來到車站。空氣非常寒冷，非常平靜。士兵跺著腳取暖。托馬斯是七名指揮官之一，七人的麾下共有一百五十名士兵，還有四門廿三公分的榴彈砲，如此構成第二四四砲兵攻擊連。

士兵唱著〈把煩惱裝進舊行囊〉的歌曲。

他們搭乘一列寒冷的火車來到南安普敦，在那裡一直等到黃昏。托馬斯走來走去殺時間，同時取暖。內陸方向有一座湖泊，湖面上零星結著冰，有鳥潛入水中，在那之後是黝黑的樹林。有些士兵在荒地上玩橄欖球。隨著天色暗去，海鷗彷彿不是在飛翔，而是漂浮在空中。

晚上七點，他們步履沉重地走上鬆垂的踏板，登上「莫娜女王號」。海水翻騰不定。托馬斯在渡海期間只是休息，並沒有睡覺，在艙房裡聽著外面的笑鬧咒罵。

凌晨四點鐘，阿弗勒港。高聳蒼白的屋宇從窗口投下條狀的光亮，碼頭燈則拋下弧形的光暈。他們行軍通過細雪飄落的小鎮。法軍的哨兵穿著連帽的寬鬆長大衣，帶著附有彎形刺刀的步槍。晚餐是乾糧，佐以起司和果醬。那天夜裡他們睡在帳篷裡，每個帳篷睡十二人，每個人蓋兩張毯子禦寒。中尉聚集在燈下，熬夜檢查信函。

一天又一天的等待。一夜又一夜的苦寒。黑色簡陋的運兵船從西北方駛來。野戰醫院列車從東方開到，載來駭人的傷兵。最後在二月四日，他們在寒凍中花了好幾個小時將槍枝裝上火車。完成之後，他們坐在月台上一捆捆的棉花上，等著搭乘火車奔赴前線。

大家唱起歌：〈一條長長的荒野小道〉。

火車終於開到的時候，有些人開始起鬨，叫著：「出示車票！請出示車票！」然後安靜下來。夜裡十一點整，火車蹣跚啓動，「噢耶」的歡呼聲像漣漪般在車廂裡擴散，但火車甚至尚未駛離髒雪覆蓋的空曠月台，車廂就又陷入了沉寂。

◆ ◆ ◆ ◆ ◆

火車發出刺耳的聲音，經過阿蘭庫爾，經過亞眠，一路駛往杜朗。托馬斯看向窗外樹林蔥鬱的白堊丘。他已經再度回到他的「南鄉」。一列列白楊樹列，槲寄生落盡花葉，只剩枝條。他們正身處北法海拔最高之處，道路都結冰了。

他們又繼續前往蒙迪庫，在部分頹圮的穀倉暫時紮營。敵機像蒼白的飛蛾飄過天空，在黑暗的榴彈砲火中竟顯得莊嚴寧靜。托馬斯搭了一張桌子，坐在桌前處理文書。他記起曾有過這麼一個夜晚，他在白堊丘上，仰望天空，好奇地想：「這同樣的月亮往東到達莫斯河時，又會見到些什麼？」軍隊再度開拔，沿著滿是砲彈碎片的小徑行走，到達丹維爾，駐在阿拉斯道旁，那裡離墳墓園很近，最近才剛有三人在那裡下葬。已經可以聽見大機槍的聲音了。遠處傳來機關槍的聲音。托馬斯從瞭望哨眺望下方積雪又破碎的大地。閃現微光的鐵絲網，枯死的樹木。一具屍體橫陳鐵道橋下。彈坑讓托馬斯想起古墳和土塘。四下都是道路：鋪著木板呈之字型的小路、淺淺的蜿蜒的小徑，還有中世紀殘留的莊園地界，如今都已成了沒徑，充作部隊行動和補給的掩護。

晚餐時軍官吃牛肉罐頭、起司和白酒。有人帶了一部留聲機，那曲臂和閃亮的喇叭讓托馬斯憶起旋花植物。他寫信給海倫，有時候一週就寫了五封信。距離似乎反而使婚姻變得比較美滿。

留聲機放起輕快活潑的歌曲：〈等我長到和父親一樣大〉、〈爸爸出門時都去了哪裡？〉

時間就樣過去了。砲火猛烈地向南攻擊，直到靠近安克黑河附近。一匹白馬拖著石磨，勤奮地走著，一圈又一圈。農民設法如常生活。留聲機裡播放著〈聖母頌〉。

就像熟悉他處地景一樣，托馬斯透過步行和觀察，也開始認識這裡的地景。他沒想到在這樣一個破碎的地方竟然有這麼豐富的生命。在他火力範圍之內的田野上有野兔、松雞和野鴨，融雪中新草正在萌芽。黑頭鵐交談甚歡，白嘴鴉呱呱大叫。各色植物垂掛在戰壕邊緣，有著繖狀花序的剪秋羅，繁茂糾纏的雜草，還有一團團的薊草。

留聲機播放著〈您睡了嗎？〉。到歌曲尾聲，所有人都沉默下來。

托馬斯寫戰地紀錄，睡眠狀況很不好。照明彈點亮夜空。大機槍掃射時，他感覺五內翻騰。他的桌子和壁爐架上堆滿了待查信件。有一天晚上沒有砲聲，只聽得到機關槍和步槍射擊的聲音。他懶散地躺著，玩味字詞和韻腳。Rifle and idle, vital and rifle〔步槍和懶散，致命和步槍〕。好奇怪啊，步槍的聲音在德國巨型加農砲的陪襯下，竟然令人感到放鬆，機關槍的聲音居然像有人正在敲門。

他到阿拉斯去，這城市讓他聯想到英格蘭的巴斯市。白色的房舍，百葉窗，穹頂，空無一人的廣場。有太多東西讓他想起家鄉和白堊丘各郡。在街上被哨兵攔下時，他答以暗號「薩塞克斯郡」。一個發神經的上尉叫他的人馬將松雞趕上半空，一邊吹口哨一邊大喊：「瞄準完畢！」好像正在威爾特郡進行射擊訓練。托馬斯駐地西邊有一座山丘，名爲電報丘，德軍狙擊手就埋伏在那戰略要地。有一天，托馬斯在觀察哨上仰頭一望，看到成雙成對的紅隼在天上翱翔，跟莫頓丘和拉德康丘上飛翔的紅隼沒有兩樣，只是這裡的紅隼上方還盤旋著五架飛機。

托馬斯移防到一棟廢棄的大屋子，屋內牆上還掛著鏡子和油畫。傍晚他會閱讀莎士比亞的十四行詩或佛洛斯特的詩作。每當槍聲大作，他和其他軍官聽不到彼此講話的聲音，他們就像魚一樣動嘴巴，試圖透過讀唇來了解對方的話。托馬斯的上司是面色紅潤的中校，以前任職於印度殖民地，儘管不斷有士兵陣亡，還是不改他那戲謔的習慣，親暱地稱呼敵人爲「臭不要臉的……德國佬」。

留聲機播放著培爾金，樂聲迴盪於整棟建築。

托馬斯開始視世界爲無聲的畫面。站立在泥濘地裡的德軍戰囚，每個人都把自己的一隻手靠在旁邊人的肩膀上。纏著頭巾的印度人站在穀倉門口，手裡牽著一隻羊，繩子套在羊的脖子上。一整排又黑又細瘦的樹木襯著午後明麗的天空。三月初的某一天，他親眼目睹皇家空軍折損了四架飛機。最後一架飛機從空中墜落時，油箱燒得白熱，兩名飛行員都成了焦炭，地面一片餘燼。

留聲機播放著蕭邦的〈搖籃曲〉。

第二四四砲兵連向前推進，將要展開首度攻擊。士兵大步行走，吹著口哨〈晨起感覺眞好〉和〈少年吟遊詩人〉。十五公分砲悶響，野戰砲聲如歌唱，機關槍彈殼四濺。風吹動彈坑裡的積水，交織圖形有如刀刃。

留聲機播放著〈艾倫河〉。

某天晚上，托馬斯躺在床上，開始認爲自己將葬身此處，會在這寬闊的房間被砲彈炸死。那是他第一次眞正起了恐懼感——竟然是在這樣的一個地方！他會衣著齊整地死去嗎？他該把床拖到靠窗那一邊，還是靠煙囪那一邊？他要不要睡到樓上去，這樣砲彈爆炸時他會落得遠一點？或是就睡在地面層，乾脆直接被垮下的樓房壓死？思考的時間太多了，而他想要一口一口地將長日啃到核心。破曉時分，他聽著鶫鳴唱。

留聲機播著托馬⑪歌劇《迷孃》裡的嘉禾舞曲。

又是三月飄雪天，雪細而風強。托馬斯正忙著把皇家飛行隊在空中偵察任務中拍回來的照片組成有意義的模式。從空中（從鷹或戴頭盔的飛行員的角度）看來，整個戰壕系統就像一面小路和沒徑交織、四通八達的複雜網路。除了照片，他還用上光測法，和含有三角排列傳聲器的新式聲波測距技術。這一切努力都是為了一個目的：鎖定並摧毀德軍的火砲掩體，那些掩體隱身在山脊之後，經過偽裝，連空中偵測都無法辨認。

皇家飛行隊的一名無線電操作員在朗讀《海華沙之歌》：他們漫步走下狹徑／小溪將他們引領／鹿和野牛的足跡／綴邊緣於軟泥……」雲雀鳴歌飛越無人之境。椋鳥聊得嘈嘈切切，而戰壕裡左輪槍響，是獵殺老鼠的聲音。

觀察哨上，危險又乏味的工作日復一日。在接骨木和荊棘的籬笆裡，托馬斯使用野戰望遠鏡向外窺探，籬笆上則有麻雀和畫眉啁啾。行動的爆發總是隨機又令人困惑，雖在意料之中，卻在預期之外。愈來愈多家庭生活被他遺忘。等待使他意興闌珊。他覺得自己沒有朋友、孑然一身，連靴子都被爛泥吞沒。三月十四日早晨，他向外望著無人之境，看到一張燒焦的紙在空中繾綣，朝他飛來。不過那不是紙，而是一隻蝙蝠，大概是從隆維爾的某棟建築殘骸上被震落下來。他還注意到一條灰綠色的小徑橫過無人之境，在滿地瘡痍中依舊可辨。這條小徑以前應該是通往阿拉斯的古道，可見要消抹一條小徑是多麼困難。某個深深的大砲彈坑裡積貯著綠色的水，大得可以倒映完整的樹影。托馬斯寫信給梅爾芬，要他幫單車上油，等夏天他回家時，他們就可以一起騎車外出。

留聲機播放著〈你認識約翰皮爾啊？〉

在這裡，軍事和大自然被緊緊壓縮，兩者密不可分。德國佬的砲彈往博蘭方向飛越他們頭頂時，聲音彷彿返家的椋鳥，每分鐘就有二、三十發。托馬斯看到一顆巨砲爆炸，立姿狀如白樺。雲雀鳴歌時，他覺得自己所向無敵。地下的種子因爲轟炸和挖掘壕溝而露出地表，在早春四下萌芽綻放，在屍骨和雜亂的錫罐之間生長，好像超現實主義的畫作。

◆　◆　◆　◆

消息傳來，不久便要向前挺進。托馬斯急切地想衝入即將到來的猛烈戰火。到了三月中旬，他每天都要練習射擊四百到六百發子彈，多半是瞄準維米嶺。他用透鏡羅盤檢視標靶和彈著點，指針總像是喝醉酒一般，在刻度盤的液體中搖晃。

三月廿四日，托馬斯來到波朗前線的一處進攻地點。那天他在給海倫的信中寫道：我的「新陣地，想像一下，是一個古老的白堊坑洞，裡面有新生小樹叢，白樺、榛樹等等，沐浴在溫暖的陽光之下，我坐在白堊堆上，背靠著凹陷的坑壁。想像一下這樣一個白堊坑洞，雖然布滿踩踏出來的小徑，卻還生著青苔，還有一隻兔子留在這裡。燦爛陽光下多麼溫暖，但置身蔭影下卻感覺寒冷。白堊令人目眩。柳絮是微黑的白……」

三月底和四月初的早晨晴朗無雲，但依舊寒冷，春季攻擊行動已經準備就緒。清晨五點十五分，雲雀開始歌唱，畫眉在六點加入，隨後槍聲大作。托馬斯和他的人馬裝填沙包，用來鞏固掩體，爲戰鬥做準備。羅賓和史密斯是衆人裡歌喉最好的，兩人唱起了諷刺劇《賓男孩》當中的二重唱。托馬斯讀著《馬克白》。

海倫寫信給老友珍奈，胡頓的妻子。托馬斯曾將《伊克尼爾道》題獻給胡頓。海倫驕傲地告訴珍奈，即使遠在他鄉，托馬斯依然是詩人，「爲那裡的美麗而欣喜，而且他能發現別人注意不到的美……我的雙眼、雙耳和雙手都在期盼著他，幾乎每天晚上我都夢到他回來了，我們再度聚首。」

四月四日，整日砲火不斷，發射了六百枚，但幾乎徒勞無功。空氣因砲火而飄搖，好像鬆弛的船帆在勁風中颯然作響。托馬斯的腳一直又濕又冷。蓍草纖細的綠色羽葉爲前方掩蔽壕的草地裝上羽翼。托馬斯讀著《哈姆雷特》。

四月七日和八日的這個週末，他們在古老的沒徑中將重型火砲排成一列，對齊前線。德軍的砲火攻擊異常猛烈。托馬斯寫信給海倫：

最親愛的
睡前，我在掩蔽壕內用我的手提箱當桌子寫信給妳。砲火就像滿月時分在岸邊破浪的狂暴海潮……兩星期前我初次見到樹林間的美麗村莊，現在已成殘根斷枝中的廢墟一片。陽光明耀，雲雀和松雞和喜鵲和籬雀歡好，戰壕成了運送傷兵的通道，在一兩天內就要將他們運回後方……
昨夜我睡得很好，而現在有陽光有煦風，我們還要熬過這漫長的一日，一有機會我就會將這封信寄出。
永遠屬於你的愛維

留聲機播放著〈巨怪之死〉。

• • • • •

復活節後的週一，四月九日，阿拉斯戰役的第一天，以英軍大規模火砲攻擊拉開序幕，一如其行動代號，「颶風轟炸籬雀」。空氣因砲彈的爆裂而下沉翻攪。托馬斯在觀察哨上觀察著彈點，指揮砲火攻擊。在那冬日般冰冷的黎明薄曦裡，在猛然發動的密集火力攻擊的掩護下，第一波地面部隊開始朝敵軍前線挺進。

那天上午，英軍大獲全勝，以反砲擊火力摧毀了德軍的大半重機槍，步兵則神不知鬼不覺地殲滅了德軍步兵。隨著火力減小，英軍士兵紛紛自戰壕中現身，手舞足蹈。

托馬斯走出防空壕，靠在門上，想要點起他的陶菸斗。白雪和紅日，一道瘦稜綿延達數公里長。他才剛充塡了一點菸絲，正在此時，一枚德軍砲彈落在他附近，砲彈飛過造成的眞空使他重重摔倒在地。

他身上沒有傷口。落在身邊的陶菸斗沒有破損。是氣壓震盪取走他的性命。因爲空氣乍然消失，他的心臟於是停止跳動。那致命的眞空在他的日記本上留下壓力線，一圈圈有如靜水上的漣漪。

◆ ◆ ◆ ◆ ◆

海倫正在縫紉，麥芳維坐在旁邊，正把染色羊毛塞進明信片上刺出來的洞裡，要做出野鴨，好寄給遠在法國的父親。海倫看到窗外有電報送信員停下單車，將單車倚在籬笆上。他將電報遞給海倫，她默然讀著。對方等待著看是否有覆電。「沒有回覆。」海倫說。

海倫寫信給佛洛斯特，但她不知道該用什麼時態才好。「確實有那麼一瞬間，視力和知覺都消失了。他也一樣很好，之前很好，現在也很好。你很愛他，我希望有一天我們能夠見面，談談他，因爲他是很優秀很耀眼的人。」

・・・・・

托馬斯口袋裡的東西都裝在盒子裡交給海倫，包括一本日記，裡面夾著一幀照片、一張滑落的紙條和一封皺皺的信。信是海倫寫給他的。照片是海倫的照片。那張紙條的一面寫著地址和姓名，另一面則是三行用鉛筆潦草記下的詩句：

那裡每道轉彎可能都通往天堂
抑或每個角落都可能藏著地獄
道路閃亮，像雨後的水漫溢山丘

托馬斯在阿拉斯戰役的筆記本上寫下最後的詩句時，看到了什麼？英格蘭南鄉的古道，還是被砲彈橫掃、蜿蜒通向前線的補給路？也許兩者皆有，交相疊合，其中一條路以自己的方式通往另一條路。

＊注1：莫里斯式（Morrisian），指遵循、仿造莫里斯（William Morris, 1834–1896）的風格、主張。莫里斯是英國美術工藝運動（Arts & Crafts Movement）的旗手之一，提倡手工藝的回歸。譯注

＊注2：柯立芝（Samuel Taylor Coleridge, 1772–1834），英國著名詩人、哲學家與文學評論家。著名詩作有〈古舟子之詠〉（*The Rime of the Ancient Mariner*）。譯注

＊注3：班揚（John Bunyan, 1628–1688），英格蘭宗教戶家，著有宗教寓言《天路歷程》（*The Pilgrim's Progress*）。譯注

＊注4：馬洛禮（Sir Thomas Malory, c. 1415-18–1471），著作《亞瑟之死》（（*Le Morte d'Arthur*）是後世寫作亞瑟王傳奇的重要參考。譯注

＊注5：《馬賓諾瓊》（*Mabinogion*）是十二、三世紀威爾斯的散文故事集（此處依威爾斯語音譯）。譯注

＊注6：吉拉爾杜斯（Giraldus Cambrensis, ca. 1146–ca. 1223），又稱威爾斯的吉拉德（Gerald of Wales），是十二世紀出身威爾斯的傳奇學者及僧侶，史學著作影響深遠。譯注

＊注7：柯貝特（William Cobbett, 1763–1835），英國報人，也是出身農人家庭的下議員。主張民主、新聞自由，辦報抨擊英政府腐敗，甚至因此入獄。也曾兩次流亡國外。譯注

＊注8：傑弗瑞（John Richard Jefferies , 1848–1887），有「英國十九世紀最重要的自然文學作家」之譽，也是博物學家。譯注

＊注9：佛洛斯特（Robert Lee Frost, 1874 – 1963），美國名詩人，著名詩作包括〈未行之路〉（*The Road Not Taken*）、《火與冰》（*Fire and Ice*）等。

＊注10：COO-ee 是澳洲原住民的高聲呼喊，用於打招呼。譯注

*注11：托馬（Ambroise Thomas, 1811–1896），法國作曲家，歌劇代表作爲《迷孃》（*Mignon*）及《哈姆雷特》（*Hamlet*）。

*注12：托馬斯名爲 Edward，此處的署名是夫妻間的暱稱 Edwy。譯注

十六、印跡

泥地上的腳印，兩對腳印，向北行去。一個男人和一個女人，靠得很近，一起向前走，與海岸線平行，速率大約是每小時六公里半，顯然是出行，而不是採集食糧。我們所知道的是，男子約一百九十公分高，女子比他矮約三十公分。男子的大腳趾指甲既大又尖，女子則有拱起的足弓。出行的那一天，約五千年前的一個夏日，陽光熾烈，微風清和，海潮低平。紅鹿和西方狍出來了，在潮間帶的淤泥上遊走，留下清晰的足印。此外還有小孩子。一群小孩子一起玩耍，在泥地上嬉鬧，留下一團交錯的小腳印。

我把腳放在那男子的第一個腳印旁，以同樣的步幅向北行去，跟他一樣邁著大步。暴雨和陽光沿著海岸線推移，有時光線斜射而來。向北的海上出現一道虹。河流匯入海口處，風力發電機的白色葉片旋轉著。西方遠處的愛爾蘭海上，一片巨大的積雨雲正在生成。

這史前行跡在利物浦北方數公里處，在一名爲弗姆比角（Formby Point）的海岸線上，堪稱土地所保存最驚人的檔案資料。距今五千至七千年前，這地區是片鋸齒狀的海岸線，被排水通道和狹窄的小海灣所切分。之後，就跟現在一樣，沙丘逐漸堆積，構成一道斷斷續續的鹹/淡水沙堤。沙丘以內是灌木沼澤，生長著赤楊、白樺、柳樹和矮櫟。潮間帶中有一面蘆葦鑲邊的淺淺潟湖，近海的前灘則是緊實的淤泥。這是物種繁多興盛的棲地，可以養活爲數相當可觀的鳥類、動物和人類。

人或動物行經前灘時，會在淤泥上留下腳印。如果陽光夠強的話，淤泥經過一天就會變硬，印上去的足跡會凝固定形。附近的沙丘吹來的細沙會塡滿或覆蓋那些足跡。當潮水掩至，只要水勢夠溫和，那些被太陽曬硬被細沙充塡的痕跡又會再度覆上軟泥。那組腳印會被一層層新淤泥壓得緊實，如果條件適當的話，每一層都會保留人類走過的痕跡。如此這般，千百年來，成千上萬的腳印被保存下來，堆積在層層疊加的淤泥上，好像頁數不斷增長的書籍。

新石器時代晚期的某個時刻，海岸線開始向西擴張。首先是近岸處的淤泥被掩蓋，之後則是潮間帶的潟湖，然後是離岸的沙洲。腳印被安全地保存在新的土地之下，很久以後，在十八世紀初，這地區被遼闊的沙塵暴侵襲，人們放棄村莊，遷徙他處，如此那些腳印又被埋進沙丘裡。不過晚近時期，弗姆比角中段開始受到海岸侵蝕，也就是在這裡，中石器時代和新石器時代那些包藏著腳印的淤泥終於現身，之後很快地被層層剝除。

現在，每當大潮或小潮有巨浪侵襲海岸，或者有暴風雨從愛爾蘭海吹來時，淤泥的頂端就會被沖刷掉，露出下方較早留下的一層。大海逆推歷史洪流，倒掀一頁又一頁。如此時光日復一日向前推移，淤泥下的歷史便年復一年向後倒退。每次海水退去，新的淤泥層便顯露出來，有時這表層就帶著史前徒步行旅的痕跡。這些痕跡可資辨讀的時間很短，可能只有三、五天甚至三、五個小時。每一片新露出的地層都只停留一段很短的時間，下一次巨浪或風暴來襲時，這一層便被掀去，露出下一層。

我和那名男子邁著同樣的步伐行走，此時他正行經一片泥灘的斜坡。這片泥灘傾斜入水之處，看起來很像書的毛邊紙頁。色澤厚重的棕褐色淤泥上，每一層的厚度大約都是二公分半左右。在此出現了紅鹿和西方狍的腳印。狍的蹄印小而尖，紅鹿的蹄印像是大型的問號。那男人繼續走著，我也跟著他走。

弗姆比角的淤泥裡埋藏的腳印多得驚人。有五千年前的野豬、狼和狗的腳印，還有山羊、馬、紅鹿的腳印。紅鹿的蹄印長達十三公分，比現在最大的紅鹿大了一倍。悠哉閒逛的蠣鷸也冒出來了（小小的，四處遊蕩的足跡，看起來像箭頭）。鶴的腳底成T字形，旁邊還有幼鶴的腳印。有古代歐洲野牛像盤子那麼大的腳印，這種龐大動物早在青銅器時代就已經在不列顛被捕獵一空，形象則被畫在法國拉斯科洞窟壁畫上。一頭歐洲公野牛的肩部約有一．八公尺寬，身體從頭到尾長達三公尺。

此外還有數以千計的人類腳印。有些足跡非常清晰，考古學家甚至能以此來推斷腳印主人的身材、走路的速度、步伐的節奏。留下腳印的泰半是女人和小孩，赤腳走在沙泥上，可能在採集食物：在平坦的沙地和水塘裡尋找蝦子和竹蟶，或在離岸的潟湖和小溪邊尋找鳥蛋。這當中有一名成年女子，可能正懷孕，彎曲的腳趾顯示她在這滑溜溜的地面上抓地有點困難。男人的腳印緊跟著紅鹿和西方狍，印得較深，朝一定目標前進，大概是在奔跑，在追捕動物。

我亦步亦趨地跟著那男人的腳印向北，風像一隻手般攬著我的腰部，推著我向前。南風強烈，吹過乾燥的沙地，激起滾滾沙塵，長長的金色海蛇在沙丘和濱草間悠然游行。

弗姆比角的足跡深具啓發性，因爲那是特定行旅的紀錄。由於我們對留下足印的行者所知極少，因此顯得神祕萬端。就像拉斯科洞窟壁畫上的信手塗抹，是確然存在卻不復再有的行動所遺留的痕跡，那隻手掌或這隻腳掌的肌理被壓印進洞窟牆面或海灘，它們的形狀和間距，讓我們回溯到三百六十萬年前一組類似的動作，但除此以外，我們幾乎一無所知。誰留下這些痕跡？如此特別，同時又如此平凡？美索不達米亞人以蘆葦筆在泥塊上寫下最早的楔形文字時，這些人在此留下了這些痕跡，當時他們心裡是何感覺？

要追蹤這些蹤跡，要在它們旁邊留下自己的足跡，可不像時光旅行那麼簡單，不是一轉身便能回到中石器時代。不是這樣的。這種體驗當中有一種奇詭，與「共在感」有關：史前與現在相契合，乃至於無從分辨究竟是誰走入誰的足跡。那種親密與遙遠的結合，賦予這些痕跡一種攪擾人心的力量。它們是最早的文本之一，來自歷史上一段沒有文字敘事的時期。追隨著這些痕跡，我們讀著最早的故事，不是以印刷（print）的形式呈現，而是以腳印（footprint）的形式表述。

我一步步向前走，曾經循徑而走的種種景象浮上記憶，迅速、清晰，好像正在播放的幻燈片：週年紀念號緩緩北航前往蘇拉岩時，那綠色磷光的尾流；英格蘭白堊丘的條條白色小徑；那以三塊互倚的疊石標示出來、有塘鵝飛越的馬努斯小徑；掃帚道那鏡像般的路徑。感官的回憶浮現：巴勒斯坦石灰岩地帶那尖銳刺耳的聲音；西班牙松樹林裡那纖細卻堅如鐵石的松針；黑山脈的砂岩塵踩在腳下如此柔軟。記憶中的空間感有大有小，路易斯島空曠荒原上的牧羊人小棚屋；拉瑪拉地區 qasr 那涼爽的內部；項恩群島一道石拱之下那玻璃般深色的澄淨水面。而這是多少人啊，多少循徑而走的旅人。

繼續走著，向北走，追隨著那古老的腳印。微風中帶著鹹味，鹽分滲入鼻中。大片的積雲緩緩膨脹，有些形成緊實的團塊，有的呈螺旋形，有的是托樑形，有的像溝渠，有的像冰塔，有的像巨大的棉圓莢。雲的底部是橫向的風切線，那下方是深色的雨幕。那男人和我往北來到一群小腳印裡，是孩子在泥地戲耍留下的痕跡。而今天那裡正好有兩個小孩，光著腳跳躍著。突然間我感到一股潮水的推力，要將我推向家裡，推回我的孩子身邊，我想好好保護他們，讓他們能夠不受傷害，抵擋時間。

弗姆比角腳印是以「光刺激發光技術」（OSL）來定年，這種技術以石英細粒的精密計時功能為基礎。石英若是置於黑暗當中（比方說埋在爛泥裡），就會不斷吸附電子。從有待定年的地點採取石英，石英不能受到光的汙染，然後將石英置於實驗室氖光燈下。氖光可以讓石英釋出囤積的電子，而根據測量到的電子釋放速率與數量，就可以得到石英埋藏在黑暗中的精確年代。這是白色石頭的最後一段旅程，標示著時間，顯示回到過去之路。

各種圖像浮現眼前，點點滴滴，來自於腳下走過的路途。白色的石頭，白色的馬匹，飛翔的島嶼，熱切的眼睛，海市蜃樓，淹沒的土地，飛翔的夢想，翻轉和重疊，路的通行權利（rights of way）與路的儀式（rites of way），隼和地圖：這一切景象有如太陽系儀上的黃銅球，繞著軌道移動，相逢於不太可能交會之處。這當中有一種向秩序擺動的傾向，聚合的一切細節都被早前的腳踏所封印。大地本身布滿了文字、語彙、篇章、歌謠、記號與故事。不論何時，不論何處，道徑從郡擴散到國家，以型態而非情節為人所記憶，帶來結合與差異，將相似處擇取出來，偏離熟悉的配置。我在想，如果能夠從無限高遠之處俯瞰地球，那麼回首與前瞻都屬可能，於是數千年間的人類行跡都將歷歷在目，是我們這個物種閃現微光的「嗅跡」。

往北方續行。有一個右腳足印突出於泥地之上，彷彿是站在鏡面另一側的什麼人所留下。我在正面。他在反面。

史諾多尼亞（Snowdonia）的群山呈一道弧線向西南綿延而去，吸引著我的視線。安格爾西島（Anglesey）在朦朧薄霧中有如暗影之島模糊可見。三隻白嘴鴉在前方海灘上昂首闊步，又一隻白嘴鴉落下，隨後一起振翅向北飛去。內陸方向有一隻松雀鷹安然靠在赤楊枝上，狡獪地隱身枝葉之後，只露出橙色的眼睛。濱草中有一個塑膠袋在風中抖動。海鷗飛翔，時而呈V字型，時而呈W型。

我在那男子的最後一個腳印旁停步。那是五千年前的腳印，而我的道路也止於他停步的所在。我轉身向南望向自己來時的足跡。太陽再度透過雲層斜射而下，那些積滿水的腳印突然成了一面面鏡子，映著天空和顫動的雲朵，以及望向那水鏡中的任何人。

譯名對照

柯拉利層黏土｜ Corallian clays

11 劃及以上

接觸泉｜ contact spring
喀斯特化｜ karstifised
優先道路｜ preferential pathways
優勢路徑｜ preferential pathways
鎂質石灰岩｜ magnesian limestone

地名、路名、山河名

1-5 劃

上西發利亞｜ Lower Westphalians
上提特｜ Upper Tilt
下西發利亞｜ Lower Westphalian
夕利群島｜ Scillies
大卻斯福鎮｜ Great Chesterford
大雅茅斯｜ Great Yarmouth
大斷崖｜ An Sgor Mhòr
小艾德半島｜ Aird Bheag
小麥故弦月道｜ Wheat eld Crescent
小藍溪｜ Na Feadanan Gorma
不列塔尼｜ Brittany
丹維爾｜ Dainville
五朔柱｜ Maypole
五道｜ Five Lanes
厄亡道｜ Doomway

地理、地質名詞

1-5 劃

二疊紀沙岩和三疊紀砂岩｜ Permian and Triassic sandstones
二疊紀泥岩｜ Permian mudstones
人造地景｜ hand landscaping
三疊紀泥岩｜ Triassic mudstones
上里亞斯｜ Upper Lias
下里亞斯｜ Lower Lias
大鲕狀岩｜ Great Oolite
中里亞斯｜ Middle Lias
分冰嶺｜ ice-shed
牛津黏土｜ Oxford clay

6-10 劃

生物地理學｜ Biogeography
生態地域區｜ bio-region
白堊丘｜ chalk
石灰質砂層｜ cornbrash
地峽道｜ isthmus roads
安普菲層黏土｜ Ampthill clays
伯利恆岩層｜ Bethlehem formation
希伯崙岩層｜ Hebron formation
亞塔岩層｜ Yatta formation
底鲕狀岩｜ Inferior Oolite
沼澤｜ Fens
金默瑞橋黏土｜ Kimmeridge clays

布拉斯克群島｜ Blaskets
布林德荒原｜ Brindled Moor
布朗伯草堤｜ Bramber Bank
布朗頓平原｜ Plumpton Plain
布萊阿索｜ Blair Atholl
布萊瑞亞克山｜ Braeiarch
布萊頓鎮｜ Brighton
布雷馬｜ Braemar
布蘭開斯特海道｜ Brancaster Roads
弗姆比角｜ Formby Point
本內維斯山｜ Ben Nevis
瓜達拉馬山區｜ Guadarrama mountains
白峰｜ White Peak
白楊道｜ Poplar Drive
皮爾頓｜ Pirton
石丘峰｜ Carn'a Mahaim

6-10 劃

伊克尼爾道｜ Icknield Way
列昂｜ Léon
劣相島｜ Foulness
吉爾吉斯｜ Kyrkyzstan
圭佛森城｜ Gravesend
多尼葛｜ Donegal
多格沙洲｜ Dogger Bank
多格蘭｜ Doggerland
多勒夫｜ Dolev
多塞特郡｜ Dorset
安克黑河｜ Ancre
安格爾西島｜ Anglesey
托利島｜ Tory
托利登群丘｜ Torridon Hills
托利灣｜ Tory Sound
厄拉浦島｜ Ulapool
天空島｜ Skye
天鵝道｜ swan road
尤伊斯｜ Uist
巴芬灣｜ Buffin Bay
巴斯市｜ Bath
巴斯克｜ Basque
巴塔哥尼亞｜ Patagonia
巴塘｜ Batang
戈蘭高地｜ Golan Heights
扎卡乾谷｜ Wadi Zarqa
比斯開灣｜ Bay of Biscay
水門｜ Watergate
王室趕牲道｜ Cañada Real
丘系角｜ Ceann Chùisil
加利西亞｜ Galicia
加萊灣｜ Pas-de_Calais
包德荒原｜ Bodmin Moor
北安普頓郡｜ Northanptonshire
北羅納島｜ North Rona
卡本山｜ Mount Caburn
卡克米爾河｜ River Cuckmere
卡斯提爾｜ Castille
卡達達那斯｜ Kaldadarnes
卡爾巴乾谷｜ Wadi Kalb
史諾多尼亞｜ Snowdonia
外赫布里底群島｜ Outer Hebrides
外銀窪｜ Outer Silver Pit
布里尼斯｜ Breanish
布里雍村｜ Brion
布拉加｜ Bragar
布拉西之岩｜ Brazil Rock
布拉西島｜ Hy-Brazil
布拉馬普特拉河｜ Brahmaputra

里阿塔峰｜ Liathach
亞伯丁｜ Aberdeen
亞杜河｜ River Adur
亞眠｜ Amiens
佩斯郡｜ Perthshire
卑爾根｜ Bergen
奇德｜ Chideock
幸運群島｜ Fortunate Isles
拉斯科｜ Lascaux
拉斯喀喀村｜ Ras Karkar
拉瑪拉｜ Ramallah
拉德康丘｜ Ludcombe
旺茲沃思公地｜ Wandsworth Common
昌都｜ Camdo
林敦故道｜ Old Litton Lane
林登村｜ Linton
法羅群島｜ Faeroes
法蘭西之路｜ Camino Francés
波旁尼卡道｜ Calzada Borbónica
波特夫｜ Botolphs
肯特郡｜ Kent
金提島｜ Kintyre
金斯頓丘｜ Kingston Down
金斯頓村｜ Kingston
阿弗勒港｜ Le Havre
阿因昆亞｜ A'yn Qenya
阿利金峰｜ Beinn Alligin
阿希尼博因峰｜ Assiniboine
阿勒浦港｜ Ullapool
阿斯普林岬｜ Asplin Head
阿斯圖里亞斯｜ Asturias
阿爾卡札城堡｜ Alcázar
阿瑪達不拉姆峰｜ Ama Dablam
阿蘭庫爾｜ Alaincourt
死亡之路｜ doodwegen
灰冰斗｜ Grey Corries
米拉斯塔｜ Mealasta
艾平森林｜ Epping Forest
艾克山｜ Arkle
艾克斯雷馬都拉｜ Extremadura
艾利城｜ Ely
艾根峰｜ Beinn Eighe
艾雷島｜ Islay
艾德巴頓丘｜ Edburton Hill
艾賽克斯郡｜ Essex
行者之丘｜ Walker's Hill
西福德｜ Exceat
西線｜ Western Front
伯克郡｜ Berkshire
佛納倫山｜ Foinaren
克勞奇河｜ River Crouch
克羅塔村｜ Clothall
利奧波德城｜ Leopoldstadt
坎布里亞郡｜ Cumbria
坎塔布里安｜ Cantabrian
孚連堤｜ Fleam Dyke
希布倫｜ Hebron
折多｜ Zheduo
杜朗｜ Doullens
沃什灣｜ Wash
沃爾丘｜ War Down
芒克頓法雷採石場｜ Monkton Farleigh Quarry
貝斯岩｜ Bass Rock
貝爾法斯特｜ Belfast
貝德福郡｜ Bedfordshire
里奇蒙公園｜ Richmond Park
里拉山脈｜ Rila mountains

埃文河｜ River Avon
埃文霍丘｜ Ivinghoe Beacon Buckinghamshire
夏儂河｜ River Shannon
座位關｜ Bealach an t-Suidhe
庫窪乾谷｜ Wadi 'qda
格利歐馬巴｜ Griomabhal
格林斯比｜ Grimsby
格林德村｜ Glynde
格洛斯特郡｜ Gloucestershire
格連提特山谷｜ Glen Tilt
桑噶爾谷地｜ Zanskar valley
泰晤士河｜ River Thames
海法｜ Haifa
海珊國王橋｜ King Hussein Bridge
海路｜ sea lanes
烏伊格｜ Uig
烏茲河｜ River Ouse
特羅拉馬雷｜ Trollamaraig
珠穆朗瑪峰｜ Everest
神惠島｜ Island of the Blessed
納普丘｜ Knapp Hill
脊道｜ Ridgeway
馬伯洛｜ Marlborough
馬林｜ Malin
馬約郡｜ Mayo
馬特洪峰｜ Matterhorn
馬博洛白堊丘｜ Marlborough Downs
高威｜ Galway

11-15 劃

勒奇斯溝｜ Lurchers Gully
基爾鎮｜ Baile-na-Cille
康瓦爾半島｜ Cornish peninsula
阿蘭群島｜ Aran islands
勃克斯格洛村｜ Boxgrove Sussex Downs
南鄉｜ South Country
哈里斯｜ Harris
哈芬爵溪｜ Havengore Creek
哈爾佩斯徑｜ Harepath Lane
垂斯科島｜ Tresco
威斯特羅斯｜ Wester Ross
威爾特郡｜ Wiltshire
威爾德｜ Weald
怒岬｜ Cape Wrath
柯伯克海岬｜ Kebock Head
柯克沃｜ Kirkwall
柯茲窩｜ Cotswolds
柯琳達角｜ Colinda Point
洋道｜ ocean roads
洛斯湖｜ Loweswater
派翠克山｜ Croagh Patrick
科孚島｜ Corfu
科斯漢姆｜ Corsham
紅山山脈｜ Cairngorms
紅山山脈北坳｜ Northern Corries
紅砂岩古道｜ Old Red Sandstone
紅關｜ Lairig Ghru
耶利哥｜ Jericho
耶路撒冷苦路｜ Via Dolorosa
英格蘭湖區｜ Lake Disctrict
修文山｜ Suilven
唐尼角｜ Dunnet Head
唐恩鎮｜ Downe
唐斯塔布丘｜ Dunstable Downs
唐寧崎｜ Dunwich
埃夫伯里｜ Avebury

隆維爾｜ Ronville
雅法｜ Jaffa
項恩群島｜ Shiant Islands
黑山脈｜ Black Mountains
黑湖｜ Dubh Loch
塔夫潭｜ Pools of Tarf
塔貝｜ Tarbert
塔蘇因峰｜ Beinn Tharsuinn
塞倫蓋提｜ Serengeti
塞哥維亞｜ Segovia
塞爾塞迪利亞村｜ Cercedilla
奧夫克頓｜ Uffington
奧伊斯湖｜ Loch an Ois
奧克尼群島｜ Orkneys
奧斯騰｜ Ostend
奧福岬角｜ Orford Ness
奧德姆｜ Oldham
搖籃丘｜ Cradle Hill
新地島｜ Novaya Zemlya
暗礁鼻｜ Sròin na Lic
楚拉馬｜ Trolamal
溫布頓公地｜ Wimbledon Common
溫斯特島群｜ Unst
溫斯頓村｜ WInston
瑞索湖｜ Loch Reasort
碎地｜ An Talamh Briste
義本鎮｜ Eastbourne
聖大衛鎮｜ St David
聖加侖｜ St Gallen
聖克魯茲｜ Santa Cruz
聖雅各伯巡禮路｜ Camino de Santiago
聖瑪麗島｜ St Mary's
聖戴維岬｜ St David's Head
蒂河｜ River Dee
康瓦爾郡｜ Cornwall
掃帚道｜ Broomway
教士灘｜ Priest Skear
梅普林沙洲｜ Maplin Sands
甜徑｜ Sweet Track
畢奇島｜ Beechey
畢肯丘｜ Beacon Hill
莫克姆灣｜ Morecambe Bay
莫斯河｜ Muese
莫斯格｜ Morsgail
莫斯格莊園｜ Morsgail
莫頓丘｜ Mutton
都明多村｜ Tomintoul
傅恩弗利亞｜ Fuenfría
凱瑟尼斯郡｜ Caithness
博多克鎮｜ Baldock
博利頓｜ Buriton
博蘭｜ Beaurains
彭布羅克郡｜ Pembrokeshire
彭特蘭灣｜ Pentland Firth
惡魔角｜ Devil's Point
提特河｜ River Tilt
斯多林頓｜ Storrington
斯托諾威｜ Stornoway harbour
斯克里｜ Scrìb
斯岳克登｜ Skjolden
斯泰寧｜ Steyning
斯溫頓鎮｜ Swinton
斯蒂普村｜ Steep
舒安那格戴山谷｜ Gleann Shuainagadail
萊尼基谷｜ Rhenigidale
萊奇沃斯市｜ Letchworth Garden City
費萊丘｜ Firle Down

人名、種族名

1-5 劃

16 劃及以上

多茲｜Dodds
安娜｜Anne Campbell
艾丁豪森｜Walter Ettinghausen
艾希亞｜Asia
艾倫少校｜Major George Allen
艾略特｜George Eliot
艾蓮娜｜Elena
西列克｜Václav Cilek
伯洛｜George Borrow
伯格｜John Berger
佛恩｜Henry Vaughan
佛納｜Willoughby Verner
佛斯特｜E. M. Forster
克里斯｜Kris
克里瑟拉｜Chrisella Ross
克拉克｜Thomas Clark
克林瓊人｜Klinchon
克勞福｜Osbert Crawford
克萊爾｜John Clare
克萊蒙｜Samuel Clemens
利利先生｜Mr Lily
利薩｜Lizard
吳爾芙｜Virginia Woolf
希拉比｜John Hillaby
李維斯｜F. R. Leavis
李歐｜Leo
杜瑞爾｜Lawrence Durrell
貝克特｜Arthur Beckett
貝都因人｜Bedouin
貝瑞｜Wendell Berry
里克｜Rick Ridgeway
佩克｜Edward Peck
佩德羅五世｜Pedro V
奈許｜John Nash
巴利｜J. M. Barrie
巴洛｜John Burroughs
巴索｜Keith Basso
巴瑟爾｜Basel
巴錯｜Batso
戈林｜Charles Goring
戈斯博士｜Dr. Philip Gosse
包斯威爾｜Boswell
卡林｜Karim
卡諾｜Melchor Cano
古恩｜Neil Gunn
史考特｜Walter Scott
史考特船長｜Captain Scott
史帝夫｜Steve Dilworth
史耐德｜Gary Snyder
史蒂文斯｜Wallace Stevens
史蒂文森｜Robert Louis Stevenson
尼可森｜Adam Nicolson
尼采｜Nietzsche
布列南｜Gerald Brenan
布倫西妲｜Brenhilda
布倫登｜Edmund Blunden
布朗尼｜Thomas Browne
布朗玟｜Bronwen
布萊克｜George Blake
布萊頓｜Enid Blyton
布蘭特｜Bill Brandt
白藍柯｜Miguel Ángel Blanco
皮西亞斯｜Pythease

6-10 劃

伊凡｜Yvon Chouinard
伊凡｜Muir Evans
多朗｜Torrans

夏普｜ Cecil Sharp
恩斯利｜ John Emslie
恭文達喇嘛｜ Lama Gonvinda
泰納｜ Hippolyte Taine
海德堡人｜ Homo heidelbergensis
班揚｜ John Bunyan
班雅明｜ Walter Benjamin
納許｜ Paul Nash
索畢士｜ Sopwith
馬士基｜ Maersk
馬汀｜ Martin Martin
馬努斯｜ Manus McLennan
馬查多｜ Antonio Machado
馬洛里｜ George Mallory
馬洛禮｜ Sir Thomas Malory
馬修森｜ Peter Matthiessen
馬斯菲爾｜ John Masefield

11-15 劃

培爾金｜ Peer Gynt
密勒日巴｜ Milarepa
強｜ Jon Miceler
強尼戴普｜ Johnny Deppish
強納森｜ Jonathan Wright
強斯牧師｜ Reverend C. A. Johns
梅芬｜ Merfyn
梅基｜ Melky Maclean
梅菲爾｜ Herman Merville
梅瑟施密特｜ Clemens Messerschmid
梭羅｜ Thoreau
淮特｜ Gilbert White
符克斯｜ Cyril Fox
符爾頓｜ Hamish Fulton
荷姆斯｜ Richard Holmes
帕爾默｜ Samuel Palmer
拉亞｜ Raja Shehadeh
拉維琉斯｜ Eric Ravilious
法瓊恩｜ Eleanor Farjeon
波克斯比｜ Horace Boxby
波洛克｜ Jackson Pollock
波赫士｜ Jorge Luis Borges
肯恩｜ Kenn
芬利｜ Finly MacLeod
金｜ Kim Schmitz
金登沃德｜ Frank Kingdon-Ward
阿密歐｜ Amyot
阿諾德｜ Bram Thomas Arnold
阿濟茲｜ Aziz
哈地｜ Thomas Hardy
哈茲利｜ William Hazlitt
哈登｜ A. R. B. Haldane
哈維｜ William Harvey
哈德森｜ W. H. Hudson
垂恩｜ Thomas Traherne
威廉斯｜ Vaughan Williams
威廉森｜ Henry Williamson
查特文｜ Bruce Chatwin
柯立芝｜ Coleridge
柯貝特｜ William Cobbett
柯林斯｜ Wilkie Collins
柯爾尼｜ Richard Kearney
洛伊德｜ Matt Lloyd
派翠克｜ Patrick Arnold
珍奈｜ Janet Hooton
胡頓｜ Harry Hooton
迪金｜ Roger Deakin
韋斯特｜ Rebecca West
夏勒｜ George B. Schaller

作品名、法案名

6-10 劃

《腳步》｜ Footsteps
〈路標〉｜ Singpost
〈道路〉｜ Roads
〈漁家〉｜ At the Fishhouses
〈綠道〉｜ The Green Road
《賓男孩》｜ Bing Boys
〈論花崗岩〉｜ Über der Granit
〈燈火逝去〉｜ Lights Out
《懺悔錄》｜ Confessions
《獻給天地的詩與歌》｜ Poems and Songs for the Open Air
《蘇格蘭趕牲道》｜ The Drove Roads of Scotland

其他名詞

1-5 劃

人類世｜ Anthropocene
三腳塔｜ rùdhan
山巒俱樂部｜ Sierra Club
不列顛及外國聖經學會｜ British and Foreign Bible Society
月狂症｜ lunacy
水之箔｜ tain
加雷翁大帆船｜ galleon
可動財｜ movable wealth
石南島號｜ The Heather Isle

6-10 劃

光刺激發光技術｜ optically stimulated luminescence,
光榮號｜ HMS Glorious

《格蘭坪隘口》｜ A Pass in the Grampians
《海之場域》｜ Sea Room
《海華沙之歌》｜ The Song of Hiawatha
《草葉集》｜ Leaves of Grass
《馬賽航記》｜ Massaliote Periplus
《高地河流》｜ Highland River

11 劃及以上

《強森的一生》｜ Life of Johnson
〈您睡了嗎？〉｜ Dormez-Vous
《採石場世界》｜ The Quarry World
〈晨起感覺真好〉｜ It's Nice to Get Up in the Morning
《第三個警察》｜ Flann O'Brien, The Third Policeman
〈通往島群之路〉｜ The Road to the Isles
《通往羅馬的道路》｜ The Path to Rome
《野地之花》｜ Flowers of the Field
《雪豹》｜ Snow Leopard
〈喜馬拉雅之線〉｜ A Line in the Himalayas
〈等我長到和父親一樣大〉｜ Wait Till I'm as Old as Father
《鄉野遊騎》｜ Rural Rides
《鄉間行》｜ Go to the Country
《黑羊與灰隼》｜ Black Lamb and Grey Falcon
〈搖籃曲〉｜ Berceuse
〈楊柳〉｜ Aspens
〈聖母頌〉｜ Ave Maria

塔布恩｜ taboun
塔棒｜ aboun
新月形金飾｜ gold lunulae
腳座｜ footplinth
僧伽羅語｜ Sinhalese
嘉禾舞曲｜ gavotte
歌徑之網｜ web of songlines
赫布里底｜ Hebridean
趕牲時代｜ droving centuries
齊格星辰｜ Ziggy Stardust
優芬頓白馬｜ Uffington Horse
賽恩阿巴斯巨人｜ Cerne Abbas Giant
闊灣號｜ Broad Bay
隱花色素｜ cryptochrome
薩拉提莫家族｜ Zalatimo
鏡像射線｜ mirror-line
多歧性｜ manifold
成年禮｜ rites of passage
克勞巴人｜ Grauballe man
杜威十進位圖書分類法｜ Deway Decimal
週年紀念號｜ Jubilee
定居點｜ settlements
明輪船｜ paddle steamer
東南與查塔姆鐵路｜ South-Esatern and Chatham Railway
金髮美女樂團｜ Blondie
阿爾拉之役｜ Battle of Arras
哈德遜馬克三型轟炸機｜ Hudson Mark III
威明頓巨人｜ Wilmington Giant
柯琳達號｜ Colinda
茅斯燈塔船｜ Mouse Lightship
陌托邦｜ xenotopias
徒步橫貫｜ foot transect
貢千｜ gomchen
追夢者｜ dream-runners
馬努斯之石｜ Manus' Stones
高地號｜ HMS Highlander

11 劃及以上

斜桁小船｜ sgoth Niseach
梅斯豪石室｜ Maes Howe
莫里斯式｜ Morrisian principle
莫娜女王號｜ Mona Queen
富蘭克林號｜ Franklin
敞船｜ open boat
森林圖書館｜ La biblioteca del Bosque
等向空間中的認知不諧｜ cognitive dissonance in isotropic spaces
雅各賓黨人｜ Jacobitism

故道 以足為度的旅程

THE OLD WAYS
A JOURNEY ON FOOT

作　　者｜羅伯特．麥克法倫（ROBERT MACFARLANE）
譯　　者｜NAKAO EKI PACIDAL
校　　對｜魏秋綢
責任編輯｜賴淑玲
視覺設計｜格式 INFORMAT DESIGN CURATING—莊皓
內文排版｜謝青秀
行銷企畫｜陳詩韻
總 編 輯｜賴淑玲

社　　長｜郭重興
發行人兼出版總監｜曾大福
出 版 者｜大家出版
發　　行｜遠足文化事業股份有限公司
231 新北市新店區民權路 108-2 號 9 樓
電　　話｜(02)2218-1417
傳　　真｜(02)8667-1065
劃撥帳號｜19504465　戶名．遠足文化事業股份有限公司
法律顧問｜華洋國際專利商標事務所　蘇文生律師
定　　價｜420 元
初版一刷｜2017 年 10 月
初版四刷｜2021 年 12 月

國家圖書館出版品預行編目 (CIP) 資料

故道：以足為度的旅程 / 羅伯特．麥克法倫 (Robert Macfarlane) 著；Nakao Eki Pacidal 譯．-- 初版．-- 新北市：大家出版：遠足文化發行, 2017.10

面；　公分

譯自：The old ways : a journey on foot

ISBN 978-986-95342-4-6(平裝)

1. 旅遊文學 2. 英國

741.89　　106017266